全国应用型本科土建类专业"十四五"规划教材

土木工程施工技术

主　编　黄丽芬　余明贵　赖华山
副主编　傅小珠　张伟明
　　　　张碧韩　周玲玲

武汉理工大学出版社
·武　汉·

内 容 简 介

本书是校企合作的结晶，以最新的现行土木工程专业有关技术规范和规程为依据，对土木工程中常用的施工技术和施工方法进行了全面的介绍。本书不仅介绍了目前仍采用的一些传统施工技术，而且增添了最近几年发展起来的土木工程施工新理论、新技术和新工艺的相关内容。

全书共9章，主要介绍：土方工程、地基与基础工程、钢筋混凝土结构工程、砌体工程、预应力混凝土工程、防水工程、装饰装修工程、装配式混凝土工程、BIM工程施工技术。本书可作为普通高等院校土木工程专业、工程管理专业和工程造价专业的教材，也可作为相关专业师生和土木工程技术人员的参考书。

图书在版编目(CIP)数据

土木工程施工技术/黄丽芬，余明贵，赖华山主编. —武汉：武汉理工大学出版社，2022.1
ISBN 978-7-5629-6469-8

Ⅰ.①土…　Ⅱ.①黄…　②余…　③赖…　Ⅲ.①土木工程-工程施工-高等学校-教材　Ⅳ.①TU74

中国版本图书馆CIP数据核字(2021)第206021号

项目负责人：高　英　汪浪涛　　**责任编辑**：高　英
责 任 校 对：陈　平　　**排版设计**：正风图文
出 版 发 行：武汉理工大学出版社
社　　址：武汉市洪山区珞狮路122号
邮　　编：430070
网　　址：http://www.wutp.com.cn
经　　销：各地新华书店
印　　刷：武汉市籍缘印刷厂
开　　本：787×1092　1/16
印　　张：14
字　　数：358千字
版　　次：2022年1月第1版
印　　次：2022年1月第1次印刷
定　　价：34.80元

前　言

“土木工程施工技术”是土木工程专业的专业核心课，它主要论述土木工程施工中各主要工种的施工技术和施工工艺。本书注重对基本原理和基本方法的阐述，并结合当前土木工程领域新的施工技术和施工方法，突出实用性、应用性和可操作性，从土木工程实际需要出发，坚持实际应用能力的培养，引导学生“学、做”为一体，努力培养适应现阶段岗位需要和未来的生产、建设、管理和服务需要的高素质技术应用型人才。

本书是校企合作共同编写而成，书中充实了大量土木工程一线案例，并努力做到图文并茂、深入浅出、通俗易懂。本书可作为普通高等院校土木工程专业、工程管理专业和工程造价专业的教材，也可作为相关专业师生和土木工程技术人员的参考书。

本书的编写分工为：闽南理工学院黄丽芬编写第 1、3、9 章；中大（福建）工程建设集团有限公司余明贵编写第 2 章；闽南理工学院赖华山编写第 5 章；闽南理工学院傅小珠编写第 4 章并负责绘制本书的插图及校对工作；中大（福建）工程建设集团有限公司张伟明编写第 8 章；闽南理工学院张碧韩编写第 6 章；闽南理工学院周玲玲编写第 7 章。全书由黄丽芬进行审校和统编。

土木工程施工技术的发展日新月异，限于编者的水平，书中可能存在不足之处，敬请专家、同仁和广大读者批评指正。

编　者

2021 年 5 月

目　录

1　土方工程 …… (1)

1.1　土的工程分类和性质 …… (1)

1.1.1　土的工程分类 …… (1)

1.1.2　土的工程性质 …… (2)

1.2　场地平整 …… (4)

1.2.1　场地设计标高的确定 …… (4)

1.2.2　场地平整土方量的计算 …… (7)

1.2.3　基坑与基槽土方量计算 …… (10)

1.3　土方调配 …… (11)

1.4　土方开挖与基坑支护 …… (19)

1.4.1　人工开挖 …… (20)

1.4.2　机械开挖 …… (20)

1.4.3　基坑开挖的注意事项 …… (26)

1.4.4　基坑支护 …… (27)

1.5　土方的填筑与压实 …… (31)

1.5.1　土料的选用与处理 …… (31)

1.5.2　基底处理 …… (31)

1.5.3　土方填筑与压实 …… (32)

1.5.4　影响填土压实的因素 …… (34)

1.5.5　填土的质量控制 …… (35)

1.6　降排水施工 …… (36)

1.6.1　排水施工 …… (36)

1.6.2　降水施工 …… (39)

1.6.3　轻型井点降水的布置 …… (41)

1.6.4　井点系统涌水量、井点管根数及间距计算 …… (43)

1.6.5　抽水设备的选择 …… (44)

1.6.6　轻型井点施工工艺 …… (45)

1.6.7　防止或减少降水对周围环境的影响 …… (45)

习题 …… (46)

2　地基与基础工程 …… (47)

2.1　基坑验槽与地基加固处理 …… (47)

2.1.1　基坑验槽 …… (47)

2.1.2　地基处理方法 …… (48)

2.2 桩基础施工 …… (52)
2.2.1 预制桩施工 …… (52)
2.2.2 灌注桩施工 …… (56)
2.2.3 人工挖孔桩 …… (65)
习题 …… (67)
3 钢筋混凝土结构工程 …… (68)
3.1 模板工程 …… (68)
3.1.1 模板的分类 …… (69)
3.1.2 模板设计 …… (73)
3.1.3 模板的安装与拆除 …… (75)
3.2 钢筋工程 …… (77)
3.2.1 钢筋连接 …… (77)
3.2.2 钢筋的加工 …… (83)
3.3 混凝土工程 …… (87)
3.3.1 混凝土的制备 …… (87)
3.3.2 混凝土的运输 …… (92)
3.3.3 混凝土的浇筑和养护 …… (95)
习题 …… (108)
4 砌体工程 …… (109)
4.1 砌筑材料 …… (109)
4.2 砖砌体工程 …… (110)
4.2.1 砖砌体的砌筑形式 …… (110)
4.2.2 砖砌体的砌筑工艺 …… (111)
4.2.3 砌体施工质量要求 …… (112)
4.2.4 混凝土构造柱 …… (113)
4.3 砌块砌体工程 …… (114)
4.3.1 砌块的种类及规格 …… (114)
4.3.2 中小型砌块施工 …… (115)
4.4 脚手架工程 …… (116)
4.4.1 立杆式钢管脚手架 …… (117)
4.4.2 门式脚手架 …… (119)
4.4.3 升降式脚手架 …… (120)
4.4.4 悬挑脚手架 …… (120)
4.5 垂直运输机械 …… (121)
习题 …… (124)
5 预应力混凝土工程 …… (125)
5.1 预应力混凝土概述 …… (125)
5.1.1 预应力混凝土的优缺点 …… (125)
5.1.2 预应力钢筋的种类 …… (126)

5.1.3 对混凝土的要求 …… (128)
5.1.4 预应力锚固体系 …… (129)
5.1.5 张拉设备 …… (130)
5.1.6 预应力的施加方法 …… (131)
5.2 先张法预应力混凝土施工 …… (131)
5.2.1 台座 …… (132)
5.2.2 夹具 …… (133)
5.2.3 施工工艺 …… (134)
5.3 后张法预应力混凝土施工 …… (137)
5.3.1 预应力筋制作及锚具 …… (138)
5.3.2 施工工艺 …… (143)
5.3.3 无粘结预应力施工 …… (147)
习题 …… (147)
6 防水工程 …… (149)
6.1 地下防水工程 …… (149)
6.1.1 结构自防水 …… (150)
6.1.2 表面防水层防水 …… (151)
6.1.3 止水带防水 …… (153)
6.2 屋面防水工程 …… (154)
6.2.1 卷材防水材料及构造 …… (154)
6.2.2 卷材防水施工的基本要求 …… (155)
6.2.3 高分子卷材防水屋面的施工 …… (156)
6.2.4 涂膜防水屋面 …… (157)
6.2.5 保护层和隔离层施工 …… (162)
习题 …… (162)
7 装饰装修工程 …… (164)
7.1 抹灰工程 …… (164)
7.1.1 一般抹灰工程 …… (164)
7.1.2 装饰抹灰工程 …… (167)
7.2 饰面板(砖)工程 …… (168)
7.2.1 饰面砖工程 …… (168)
7.2.2 饰面板工程 …… (171)
7.3 幕墙工程 …… (172)
7.4 吊顶工程 …… (174)
7.4.1 木龙骨吊顶 …… (175)
7.4.2 轻钢龙骨吊顶 …… (177)
7.4.3 吊顶工程施工质量验收 …… (180)
习题 …… (181)

8 装配式混凝土工程 …… (182)
8.1 装配式混凝土结构施工技术概述 …… (182)
8.1.1 装配式建筑结构分类 …… (182)
8.1.2 装配式建筑结构的常用构件 …… (183)
8.1.3 装配式混凝土结构施工 …… (183)
8.2 预制构件的现场堆放 …… (185)
8.2.1 场地要求 …… (185)
8.2.2 构件堆放方式 …… (185)
8.2.3 构件堆放示例 …… (186)
8.3 构件安装技术 …… (187)
8.3.1 安装前准备 …… (187)
8.3.2 预制墙板安装 …… (187)
8.3.3 预制柱安装 …… (189)
8.3.4 预制梁安装 …… (191)
8.3.5 预制楼板安装 …… (192)
8.3.6 预制外挂板安装 …… (194)
8.3.7 内隔墙板安装 …… (195)
8.3.8 预制楼梯安装 …… (195)
8.3.9 其他预制构件安装 …… (196)
8.4 构件连接技术 …… (197)
8.4.1 套筒灌浆连接 …… (197)
8.4.2 直螺纹套筒连接 …… (199)
8.4.3 浆锚连接 …… (200)
8.4.4 牛担板连接 …… (201)
8.4.5 螺栓连接 …… (202)
习题…… (203)
9 BIM 工程施工技术 …… (204)
9.1 BIM 技术基本知识 …… (204)
9.1.1 BIM 技术较二维 CAD 技术的优势…… (204)
9.1.2 BIM 技术在工程施工中的作用 …… (205)
9.2 BIM 施工模拟技术的应用 …… (205)
9.2.1 施工方案模拟体系流程 …… (205)
9.2.2 BIM 施工方案模拟技术应用 …… (205)
9.3 BIM 施工应用及模型导入 …… (206)
9.3.1 BIM 技术施工应用的准备工作 …… (206)
9.3.2 BIM 施工数据准备 …… (210)
9.3.3 BIM 模型导入、检查及优化 …… (210)
习题…… (212)
参考文献…… (213)

1 土方工程

【本章要点】

本章主要内容包括建筑场地和基坑(槽)施工的基本理论知识和施工技术,即土的基本性质,土方的开挖、运输和压实,土方工程量的计算与调配,土方机械化施工,与基坑(槽)施工密切相关的施工排水、基坑边坡与支护等内容。

【学习目标】

掌握:土的工程性质,应用土的可松性解决实际问题;基坑(槽)土方量计算;单斗挖土机的土方开挖方式;土方边坡的稳定性分析;土方压实方法和影响压实的因素。

熟悉:土的含水率、土的渗透性及土方边坡的概念;基坑降水方法和流砂产生的原因与防治方法;人工降低地下水位方法的适用性;基坑(槽)的验收内容和方法;土料选择和填土压实的一般要求;填土压实的质量要求。

了解:土的工程分类;轻型井点设计思路及管井井点降水的应用。

在建筑工程施工中,土方工程主要包括平整、开挖、运输、填筑等过程和施工降排水、土壁支撑等准备工作和相关辅助工作。

土方工程施工的特点是:工程量大,施工工期长,劳动强度大,施工条件复杂,又受气候、水文、地质、场地限制、地下障碍等因素的影响,不确定因素多,存在较大的危险性。因此,在土方工程施工前,应详细分析与核对各项技术资料(如地形图,工程地质和水文地质勘察资料,地下管道,电缆和地下、地上构筑物情况及土方工程施工图等),进行现场调查研究,选择合理的施工时期,制定合理的施工方案,采用可靠的措施,保证工程的质量与安全,高效益地完成工程的建设。

1.1 土的工程分类和性质

1.1.1 土的工程分类

土的种类繁多,在土方工程施工和工程预算定额中,按土的开挖难易程度,土分为八类(十六级),如表1-1所示。前四类为一般土,即:一类土(Ⅰ级)为松软土,二类土(Ⅱ级)为普通土,三类土(Ⅲ级)为坚土,四类土(Ⅳ级)为砂砾坚土;后四类为岩石,即:五类土(Ⅴ、Ⅵ级)为软石,六类土(Ⅶ～Ⅸ级)为次坚石,七类土(Ⅹ～ⅩⅢ级)为坚石,八类土(ⅩⅣ～ⅩⅥ级)为特坚石。土的类别越高,则越坚硬,越不易开挖,但土体结构越稳定,开挖后土体越不易松散、坍塌。

表 1-1　土的工程分类

类别	土的级别	土的名称	土的可松性系数		开挖方法及工具
			K_s	K_s'	
一类土（松软土）	Ⅰ	砂土；粉土；冲积砂土层；疏松的种植土；淤泥（泥炭）	1.08～1.17	1.01～1.04	用锹、锄头挖掘
二类土（普通土）	Ⅱ	粉质黏土；潮湿的黄土；夹有碎石、卵石的砂、粉土混卵（碎）石；种植土；填土	1.14～1.28	1.02～1.05	用锹、锄头挖掘，少许用镐翻松
三类土（坚土）	Ⅲ	软及中等密实黏土；重粉质黏土；砾石土，干黄土，含有碎石、卵石的黄土；粉质黏土、压实的填土	1.24～1.30	1.04～1.07	主要用镐，少许用锹、锄头，部分用撬棍
四类土（砂砾坚土）	Ⅳ	坚硬密实的黏性土或黄土；含碎石、卵石的中等密实黄土、粗软石、天然级配砂石、软泥灰岩	1.26～1.37	1.06～1.09	先用镐、撬棍，然后用锹挖掘，部分用锲子及大锤
五类土（软石）	Ⅴ、Ⅵ	硬质黏土、中密的页岩、泥灰岩、白垩土、胶结不紧的砾岩；软石灰岩及贝壳石灰岩	1.30～1.45	1.10～1.20	用镐或撬棍、大锤挖掘，然后用爆破方法
六类土（次坚石）	Ⅶ～Ⅸ	泥岩；砂岩；砾岩；坚实的页岩、泥灰密实的石灰岩；风化花岗岩；片麻岩及正长岩	1.30～1.45	1.10～1.20	用爆破方法开挖，然后用风镐开挖
七类土（坚石）	Ⅹ～ⅩⅢ	大理岩；辉绿岩；玢岩；粗、中粒花岗、坚实的白云岩砂岩、砾岩、片麻岩、石灰岩；微风化安山岩；玄武岩	1.30～1.45	1.10～1.20	用爆破方法开挖
八类土（特坚石）	ⅩⅣ～ⅩⅥ	安山岩；玄武岩；花岗片麻岩；坚实的细粒花岗岩，闪长岩、石英岩、辉长岩、辉绿岩、玢岩、角闪岩	1.45～1.50	1.20～1.30	用爆破方法开挖

1.1.2　土的工程性质

土的工程性质对土方工程施工有直接影响，也是进行土方施工设计必须掌握的基本数据。其中对施工影响较大的是土的密度、含水量、可松性等。

（1）土的天然密度

土在天然状态下单位体积的质量，称为土的天然密度，它与土的密实程度和含水量有关。在选择汽车运土时，可用天然密度将载重量折算成体积。土的天然密度用 ρ 表示，其计算公式为：

$$\rho=\frac{m}{V} \tag{1-1}$$

式中 m——土的总质量(kg)；

V——土的总体积(m^3)。

(2)土的干密度

土的干密度是指单位体积土中固体颗粒的质量。它在一定程度上反映了土颗粒排列的紧密程度，可用来作为填土压实质量的控制指标。土的干密度用 ρ_d 表示，其计算公式为：

$$\rho_d=\frac{m_s}{V} \tag{1-2}$$

式中 m_s——土中固体颗粒的质量(kg)。

(3)土的含水量

土的含水量是指土中水的质量与固体颗粒质量之比，它受外界雨、雪、地下水的影响而变化。当土的含水量超过30%时，机械施工会很困难。一般，当土的含水量超过20%时就会使运输汽车打滑或陷轮，回填土夯实时若土的含水量过大，则会产生橡皮土现象而无法夯实。土的含水量对土方边坡稳定性也有直接影响。土的含水量用 w 表示，其计算公式为：

$$w=\frac{m_w}{m_s}\times 100\% \tag{1-3}$$

式中 m_w——土中水的质量(kg)，为含水状态时土的质量与烘干后土的质量之差；

m_s——土中固体颗粒的质量(kg)，为烘干后土的质量。

(4)土的可松性

土的可松性是指土经开挖后组织破坏、体积增加，虽经回填压实仍不能恢复成原来体积的性质。它可用最初可松性系数 K_s 和最终可松性系数 K_s' 表示，其计算公式分别为：

$$K_s=\frac{V_2}{V_1} \tag{1-4}$$

$$K_s'=\frac{V_3}{V_1} \tag{1-5}$$

式中 V_1——土在自然状态下的体积(m^3)；

V_2——土经开挖后松散状态下的体积(m^3)；

V_3——土经回填后压实状态下的体积(m^3)。

(5)土的压缩性

土的压缩性是指土经运输、填压后体积会压缩的性质，用土的压缩率 P 表示，其计算公式为：

$$P=\frac{\rho'-\rho_d}{\rho_d}\times 100\% \tag{1-6}$$

式中 ρ'——土压实后的干密度(kg/m^3)。

(6)土的透水性

土的透水性是指当水力坡度等于1时水的渗透速度，用渗透系数 k 表示，其计算公式为：

$$k=\frac{Q}{AI}=\frac{v}{I} \tag{1-7}$$

式中 Q——单位时间内渗透的水量(m^3/s)；

A——渗透水量的总横截面面积(m^2)；

v——渗透水流的速度(m/s);

I——水力坡度,即高低水位之差与渗透距离的比值。

1.2 场地平整

大型土木工程项目通常都要确定场地设计平面,进行场地平整。选择合理的场地设计标高十分重要。确定场地设计标高的原则是:满足施工工艺和运输的要求;尽量利用地形,以减少挖方量;场地内挖填方量力求平衡,使土方运输费用最少;考虑最高洪水位的影响等。场地设计标高通常采用"挖填土方量平衡法"来计算。

1.2.1 场地设计标高的确定

(1)场地设计标高 H_0 的初定

首先利用地形图的方格网或将场地划分成方格边长为 10~40 m 的方格网(图 1-1),然后求出各方格角点的标高。地形平坦时,可依据地形图上相邻两等高线的标高,用插入法求得;地形起伏或无地形图时,可在现场打设木桩定出方格网,并用仪器测出。

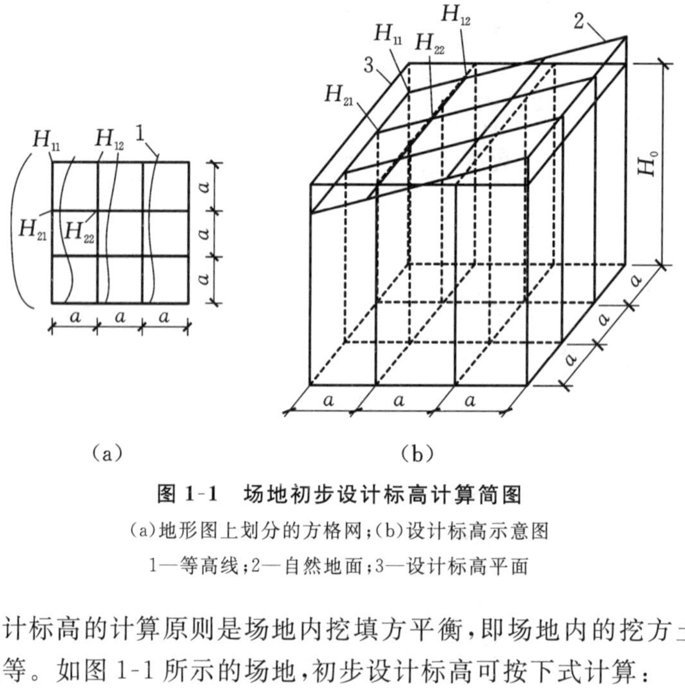

图 1-1 场地初步设计标高计算简图

(a)地形图上划分的方格网;(b)设计标高示意图

1—等高线;2—自然地面;3—设计标高平面

场地初步设计标高的计算原则是场地内挖填方平衡,即场地内的挖方土方体积与填方所需土方体积相等。如图 1-1 所示的场地,初步设计标高可按下式计算:

$$H_0 na^2 = \sum\left(a^2 \frac{H_{11}+H_{12}+H_{21}+H_{22}}{4}\right)$$

即

$$H_0 = \sum\left(\frac{H_{11}+H_{12}+H_{21}+H_{22}}{4n}\right) \tag{1-8}$$

从图 1-1 可知,H_{11} 为一个方格的角点标高;H_{12}、H_{21} 为相邻两个方格公共角点标高;

H_{22} 为相邻四个方格公共角点标高。如果将所有方格的四个角点标高相加，则类似 H_{11} 这样的角点标高加一次，类似 H_{12} 的角点标高加两次，类似 H_{22} 的角点标高要加四次。因此式(1-8)可改为：

$$H_0 = \frac{\sum H_1 + 2\sum H_2 + 3\sum H_3 + 4\sum H_4}{4n} \tag{1-9}$$

式中　n—— 方格数；

a—— 方格边长(m)；

$H_{11}, H_{12}, H_{21}, H_{22}$—— 任一方格四角点标高(m)；

H_1—— 一个方格仅有的角点标高(m)；

H_2—— 两个方格共有的角点标高(m)；

H_3—— 三个方格共有的角点标高(m)；

H_4—— 四个方格共有的角点标高(m)。

(2) 调整计算所得设计标高

在实际工程中，对计算得到的设计标高，还应考虑如下因素进行调整，该工作通常在完成土方量计算后进行。

① 土的可松性影响。由图 1-2 可知，考虑土的可松性引起设计标高的增加值 Δh 及调整后的设计标高 H'_0，设计标高调整后的总挖方体积 V'_W 应有：$V'_W = V_W - A_W \Delta h$。

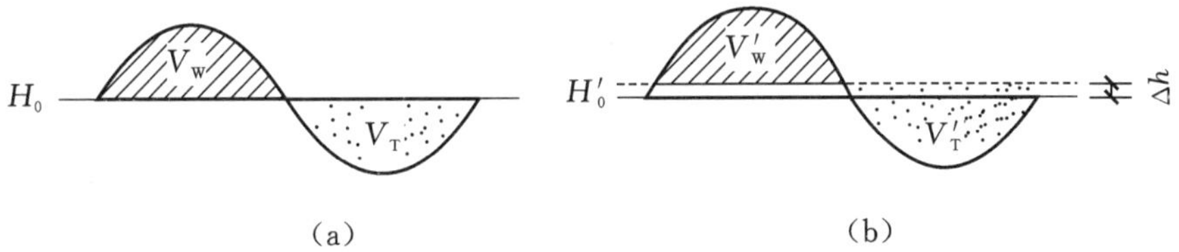

图 1-2　设计标高调整示意图

(a) 理论设计标高；(b) 调整后设计标高

总填方体积为 $V'_T = V'_W K'_s = (V_W - A_W \Delta h)K'_s$，此时，填方区标高也应提高 Δh，保持与挖方区一致，即 $\Delta h = \dfrac{V'_T - V_T}{F_T}$，将 $V'_T = V'_W K'_s = (V_W - A_W \Delta h)K'_s$ 代入得：

$$\Delta h = \frac{K'_s(V_W - A_W \Delta h) - V_T}{A_T}$$

因 $V_T = V_W$，整理上式得：

$$\Delta h = \frac{V_W(K'_s - 1)}{A_T + A_W K'_s} \tag{1-10}$$

式中　V_W, V_T—— 按 H_0 计算出的总挖方、总填方体积(m^3)；

A_W, A_T—— 按 H_0 计算出的挖方区、填方区总面积(m^2)；

K'_s—— 土的最终可松性系数。

根据计算的 Δh，场地平整的设计标高应调整为：

$$H'_0 = H_0 + \Delta h \tag{1-11}$$

② 弃土、借土的影响。设计标高以上的各种填方工程(如修筑路堤填高的土方)会导致

设计标高的降低；设计标高以下的各种填方工程（如场地内大型基坑挖出的土方）会导致设计标高的提高；考虑经济因素而将部分挖方就近弃土于场外或将部分填方就近从场外借土也会导致设计标高的降低或提高，调整后的设计标高 H'_0 按下式计算：

$$H'_0 = H_0 \pm \frac{Q}{na^2} \tag{1-12}$$

式中　Q—— 场地按 H_0 平整后多余或不足的土方量（m^3）；

n—— 场地方格数；

a—— 方格边长（m）。

（3）泄水坡度的影响

调整后的设计标高是一个水平面的标高，而实际施工中要根据泄水坡度的要求（单坡泄水或双坡泄水）计算出场地内各方格网角点实际设计标高。

① 单向泄水时，场地方格中各角点设计标高的计算方法

场地用单向泄水时，以计算出的初步设计标高 H_0（或调整后的设计标高 H'_0）作为场地中心线（与排水方向垂直的中心线）的标高，如图 1-3 所示。场地内方格任一角点的设计标高为：

$$H_n = H_0（或\ H'_0）\pm li \tag{1-13}$$

式中　l—— 该点至设计标高 H_0 的距离（m）；

i—— 场地泄水坡度（%），不小于 0.2%；

H_n—— 场地各方格任一角点的设计标高（m）；

$\pm$—— 该点若比 H_0 高则用“+”号，反之用“-”号。

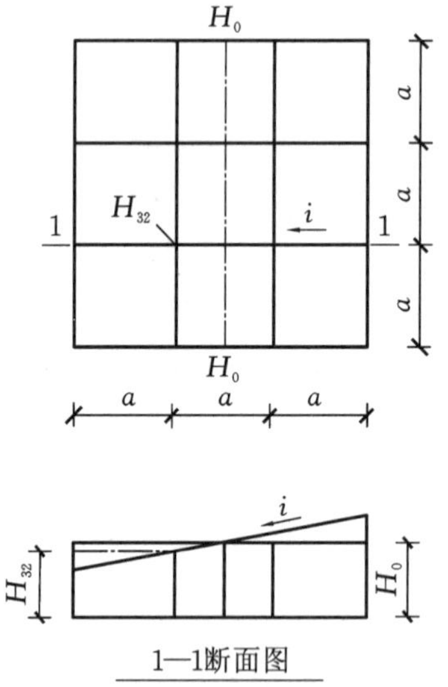

图 1-3　单向泄水坡度示意图

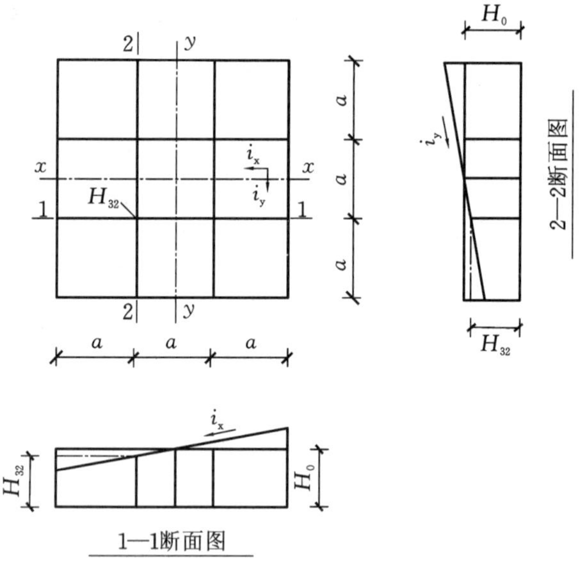

图 1-4　双向泄水坡度示意图

例如图 1-3 中，南点 H_{32} 的设计标高为：$H_{32} = H_0$（或 H'_0）$- 0.5ai$

② 双向泄水时，场地方格中各角点设计标高的计算方法

场地用双向泄水时，以计算出的初步设计标高 H_0 作为场地中心点的标高，如图 1-4 所示。场地内方格任一角点的设计标高为：

$$H_n = H_0 (\text{或 } H'_0) \pm l_x i_x \pm l_y i_y \quad (1\text{-}14)$$

式中 l_x, l_y—— 该点沿 $x—x$、$y—y$ 方向距场地中心线的距离(m);

i_x, i_y—— 场地沿 $x—x$、$y—y$ 方向的泄水坡度(%)。

例如图 1-4 中,角点 H_{32} 的设计标高为:$H_{32} = H_0(H'_0) - 0.5ai_x - 0.5ai_y$

【例 1.1】 某建筑场地方格网如图 1-5 所示,方格边长 $a = 20$ m,单面排水,$i_y = 0.3\%$。不考虑土的可松性的影响。试求:(1) 场地设计标高 H_0;(2) 考虑泄水坡度后各角点的设计标高。

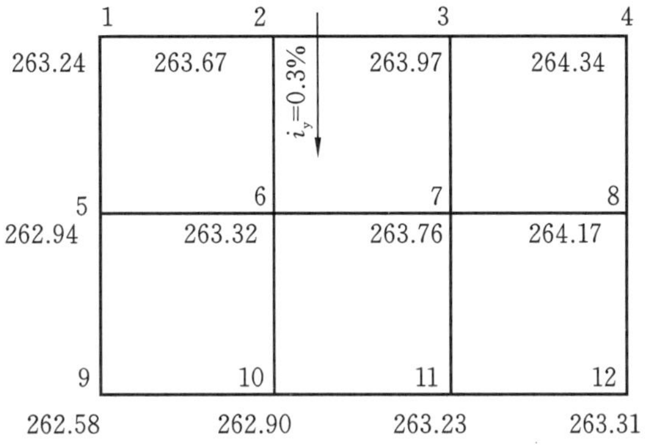

图 1-5 建筑场地方格网

【解】 (1) 计算场地设计标高 H_0

$$\sum H_1 = 263.24 + 264.34 + 263.31 + 262.58 = 1053.47 \text{ m}$$

$$2\sum H_2 = 2 \times (263.67 + 263.97 + 264.17 + 263.23 + 262.90 + 262.94) = 3159.76 \text{ m}$$

$$4\sum H_4 = 4 \times (263.32 + 263.76) = 2108.32 \text{ m}$$

$$H_0 = \frac{(\sum H_1 + 2\sum H_2 + 4\sum H_4)}{4n} = \frac{(1053.47 + 3159.76 + 2108.32)}{4 \times 6} = 263.40 \text{ m}$$

(2) 计算考虑泄水坡度后各角点的设计标高

$$H_1 = H_0 + l_y i_y = 263.40 + 20 \times 0.3\% = 263.46 \text{ m}$$

$$H_2 = H_3 = H_4 = H_1 = 263.46 \text{ m}$$

$$H_5 = H_6 = H_7 = H_8 = H_0 = 263.40 \text{ m}$$

$$H_9 = H_0 - l_y i_y = 263.40 - 20 \times 0.3\% = 263.34 \text{ m}$$

$$H_{10} = H_{11} = H_{12} = H_9 = 263.34 \text{ m}$$

1.2.2 场地平整土方量的计算

采用方格网法计算场地平整的土方量时,应根据方格网各方格角点的自然地面标高和实际采用的设计标高,算出相应的角点填挖高度(施工高度),场地设计标高确定后,需平整的场地各角点的施工高度可计算求得,然后按每个方格角点的施工高度算出填、挖土方量,并计算场地边坡的土方量,这样即得到整个场地的填、挖土方总量。计算前先确定"零线"的位置,有助于了解整个场地的挖、填区域分布状态。零线即挖方区与填方区的交线,在该线上,施工高度为零。零线的确定方法是:在相邻角点施工高度为一挖一填的方格边线上,用插入法求出零点(O) 的位置(图 1-6),将各相邻的零点连接起来即得零线。其具体计算步骤如下。

(1) 计算场地各方格角点的施工高度

场地各方格角点的施工高度计算式为:

$$h_n = H_n - H \tag{1-15}$$

式中　h_n—— 角点施工高度(m),即填挖高度,以“+”为填方,“−”为挖方;

H_n—— 角点的设计标高(m);

H—— 角点的自然地面标高(m)。

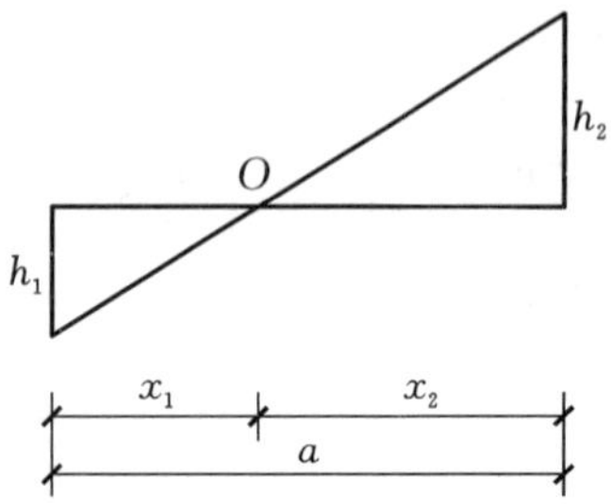

图 1-6　插入法求零点位置

(2) 计算零点位置

在一个方格网内同时有填方或挖方时(即相邻角点施工高度为一正一负),对应的这条方格网就存在零点,应先算出方格网边上的零点的位置,并标注于方格网上,连接零点即得填方区与挖方区的分界线(零线),零点的位置可用插入法按下式计算(图 1-6)。

$$\left.\begin{aligned} x_1 &= \frac{h_1}{h_1 + h_2} \times a \\ x_2 &= \frac{h_2}{h_1 + h_2} \times a \end{aligned}\right\} \tag{1-16}$$

式中　x_1,x_2—— 相邻两角点至零点的距离(m);

h_1,h_2—— 相邻两角点的施工高度(m),取绝对值;

a—— 方格网的边长(m)。

【例 1.2】　条件同例题 1.1,计算各角点的施工高度(以“+”为填方,“−”为挖方)。

【解】　按式(1-15) 计算各角点施工高度 h_n(以“+”为填方,“−”为挖方)

$$h_1 = 263.54 - 263.24 = 0.30 \text{ m}$$

$$h_2 = -0.13 \text{ m}, h_3 = -0.43 \text{ m}, h_4 = -0.80 \text{ m}$$

$$h_5 = 0.54 \text{ m}, h_6 = 0.16 \text{ m}, h_7 = -0.28 \text{ m}$$

$$h_8 = -0.69 \text{ m}, h_9 = 0.84 \text{ m}, h_{10} = 0.52 \text{ m}$$

$$h_{11} = 0.19 \text{ m}, h_{12} = -0.89 \text{ m}$$

根据插入法求零点位置并标出零点,绘制出场地的零线,如图 1-7 所示。

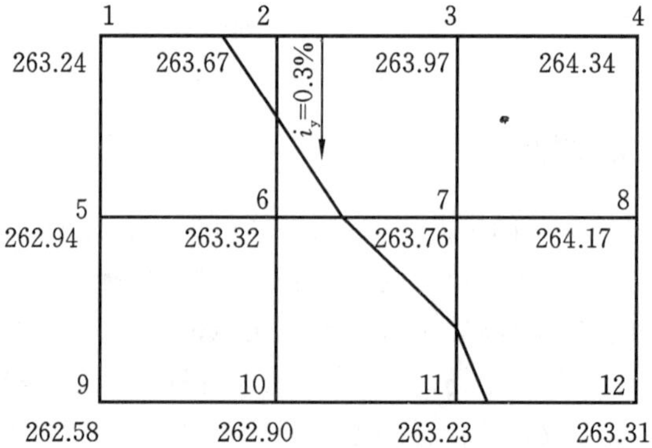

图 1-7　建筑场地零线

(3) 计算场地挖填土方量

场地挖填土方量的计算，应先计算方格网中各方格的挖填土方量，按照区域逐个对方格进行挖填土方量计算，共有四种情况，如表 1-2 所示，分别将挖方区（或填方区）所有方格土方量汇总，即得到整个场地的挖填土方量。

表 1-2　土方量计算表

项目	图式		计算公式
一点填方或挖方（三角形）	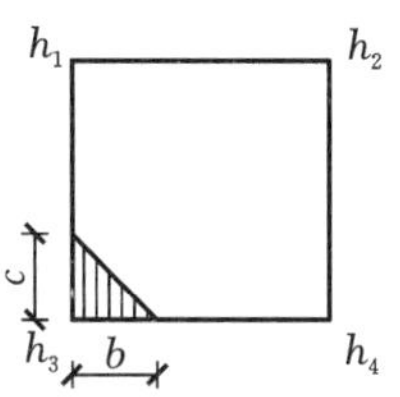	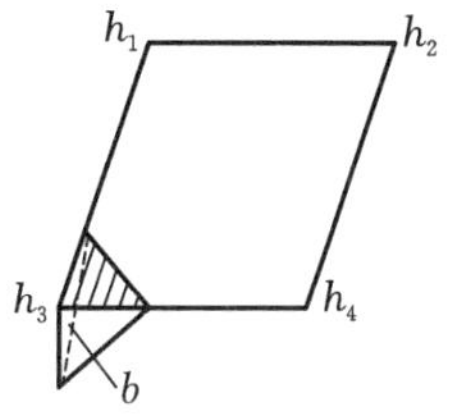	$V=\frac{1}{2}bc\frac{\sum h}{3}=\frac{bch_3}{6}$ 当 $b=a=c$ 时，$V=\frac{a^2h_3}{6}$
两点填方或挖方（梯形）	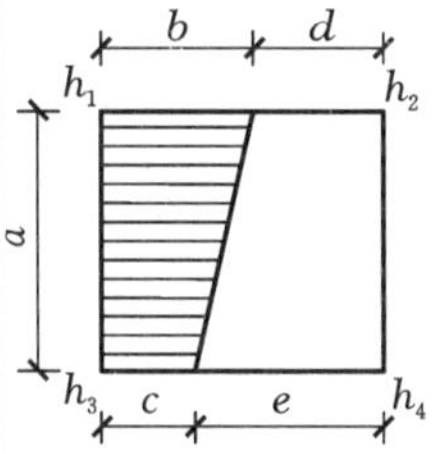	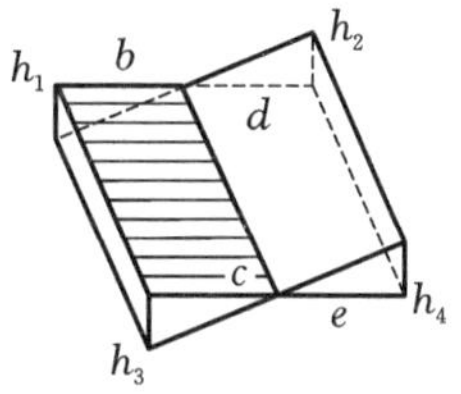	$V_+=\frac{b+c}{2}a\frac{\sum h}{4}=\frac{a}{8}(b+c)(h_1+h_3)$ $V_-=\frac{d+e}{2}a\frac{\sum h}{4}=\frac{a}{8}(d+e)(h_2+h_4)$
三点填方或挖方（五角形）	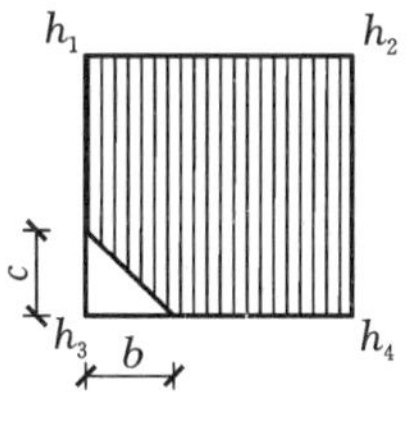	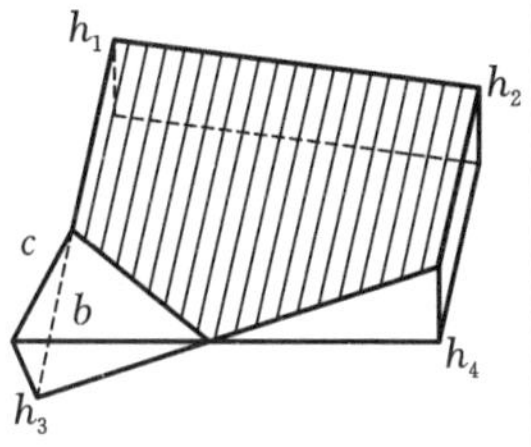	$V=\left(a^2-\frac{bc}{2}\right)\frac{\sum h}{5}$ $=\left(a^2-\frac{bc}{2}\right)\frac{h_1+h_2+h_4}{5}$
四点填方或挖方（正方形）	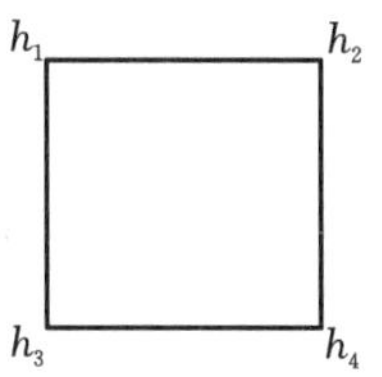	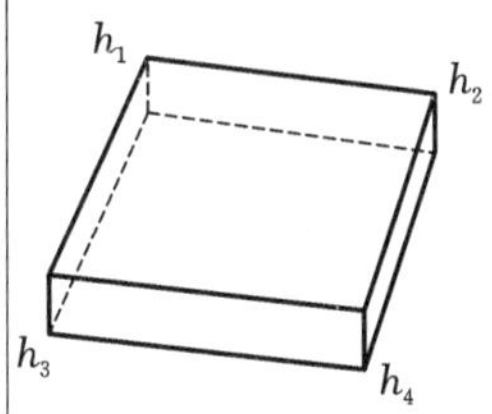	$V=\frac{a^2}{4}\sum h=\frac{a^2}{4}(h_1+h_2+h_3+h_4)$

(4) 四周边坡土方量计算

场地的挖方区和填方区的边沿都需要做成边坡，以保证挖方土壁和填方区的稳定。边坡的土方量可以划分成两种近似的几何形体进行计算，一种为三角棱锥体[图 1-8 中 ① ～ ③、⑤ ～ ⑪]，另一种为三角棱柱体[图 1-8 中 ④]，然后应用几何公式分别进行土方计算，最后将各块汇总，即得场地边坡总挖、填土方量。

① 三角棱锥体的计算公式为：

$$V_1 = \frac{1}{3} S_1 l_1 \tag{1-17}$$

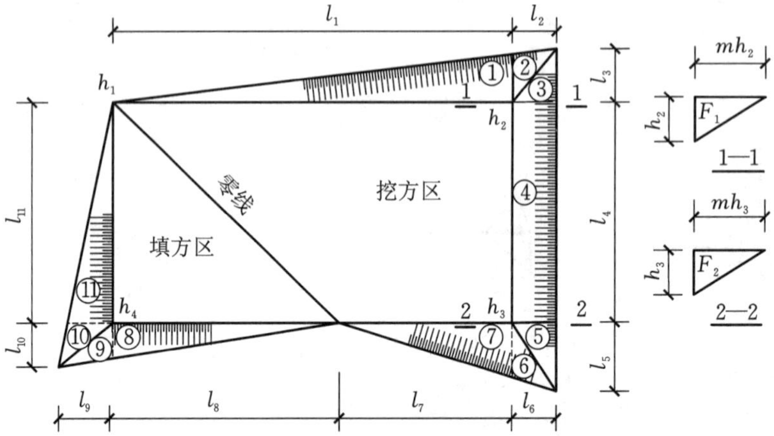

图 1-8　边坡土方量分段计算示例

式中　S_1—— 边坡 ① 的端面面积(m^2)；

l_1—— 边坡 ① 的长度(m)；

V_1—— 边坡 ① 的三角棱锥体体积(m^3)。

② 三角棱柱体的计算公式为：

$$V_4 = \frac{S_1 + S_2}{2} \times l_4 \tag{1-18}$$

$$V_4 = \frac{l_4}{6} \times (S_1 + 4S_0 + S_2) \tag{1-19}$$

式中　l_4—— 边坡 ④ 的长度(m)；

S_1, S_2, S_0—— 边坡 ④ 两端及中部的端面面积(m^2)。

1.2.3　基坑与基槽土方量计算

(1) 基坑土方量计算

基坑的土方量计算可以近似地按立方体几何中的拟柱体体积公式计算，如图 1-9(a) 所示，其计算公式为：

$$V = \frac{H}{6} \times (A_1 + 4A_0 + A_2) \tag{1-20}$$

式中　H—— 基坑深度(m)；

A_1, A_2, A_0—— 基坑上底面积、下底面积、中截面面积(m^2)。

(2) 基槽土方量计算

基槽土方量可沿长度方向分段计算。当基槽某段内横截面尺寸不变时，其土方量即为该段横截面的面积乘以该基槽长度，如图 1-9(b) 所示。其计算公式为：

$$V=\sum_{i=1}^{n}\frac{L_i}{b}\times(A_{i1}+4A_{i0}+A_{i2}) \tag{1-21}$$

式中　A_{i1}，A_{i2}——i 分段两端的面积(m^2)；

A_{i0}—i 分段中截面面积(m^2)；

L_i—i 分段长度(m)。

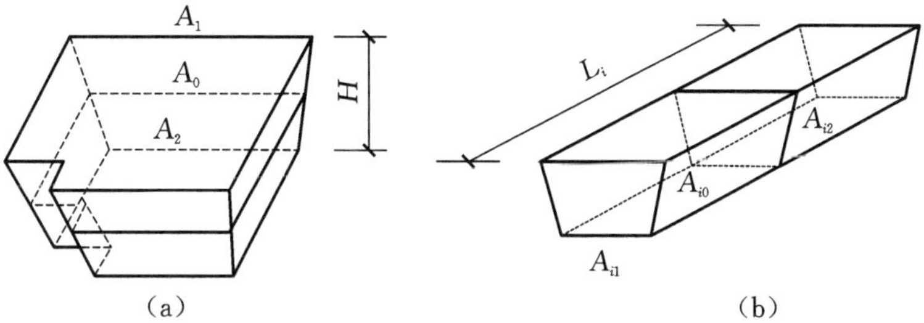

图 1-9　基坑、基槽土方量计算简图

(a) 基坑；(b) 基槽

1.3　土方调配

土方调配就是对挖土的利用、堆弃和填土这三者之间进行综合协调的处理，使土方工程施工费用少，施工方便，工期短。因此，土方调配是进行场地平整设计的一个重要环节。

土方调配的原则是：力求挖填平衡、运距最短、费用最省，考虑土方的利用，以减少土方的重复挖填和运输。

土方调配的步骤是：划分调配区(绘出零线) → 计算调配区之间的平均运距(即挖方区土方重心至填方区土方重心的距离) → 确定初始调配方案 → 优化方案判别 → 绘制土方调配图表。

(1) 划分调配区

进行土方调配时，首先要划分调配区。划分调配区时应注意下列几点：

① 调配区的范围应与工程建(构) 筑物的平面位置相协调，并考虑它们的开工顺序、工程的分期施工顺序。

② 调配区的大小应满足土方施工主导机械(如铲运机、挖土机等) 的技术要求。

③ 调配区的范围应与土方工程量计算用的方格网协调，通常可由若干个方格组成一个调配区。

④ 当土方运距较大或场地范围内土方不平衡时，可根据附近地形，考虑就近取土或就近弃土，这时一个取土区或弃土区都可作为一个独立的调配区。

⑤ 调配区划分还应尽量与大型地下建筑物的施工相结合，避免土方重复开挖。

例如，某场地调配区划分如图 1-10 所示。

(2) 调配区之间的平均运距确定

平均运距即挖方区土方重心至填方区土方重心的距离。确定平均运距需求出各个调配区土方重心,其方法如下。

先按下式求出各挖方区或填方区土方重心坐标 X_0、Y_0:

$$X_0 = \frac{\sum (x_i V_i)}{\sum V_i} \tag{1-22}$$

$$Y_0 = \frac{\sum (y_i V_i)}{\sum V_i} \tag{1-23}$$

式中 x_i,y_i—— 第 i 块方格的重心坐标;

V_i—— 第 i 块方格的土方量。

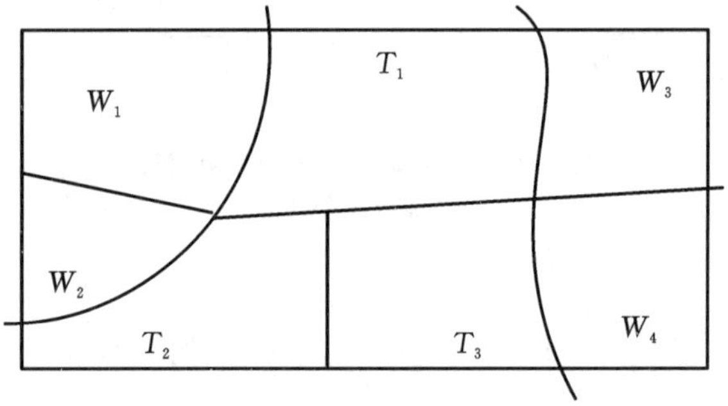

图 1-10 调配区重心坐标示意图

当地形复杂时,也可采用作图法近似地求出形心位置来代替重心的位置。

重心位置求出后,填挖方调配区之间的平均运距(L_0)的计算公式为:

$$L_0 = \sqrt{(x_{0T} - x_{0W})^2 + (y_{0T} - y_{0W})^2} \tag{1-24}$$

式中 x_{0T},y_{0T}—— 填方区的重心坐标;

x_{0W},y_{0W}—— 挖方区的重心坐标。

也可将重心位置标于相应调配区图上,然后用比例尺量出调配区之间的平均运距。

(3) 土方施工单价的确定

如果采用汽车或其他专用运土工具运土,调配区之间的运土单价可根据预算定额确定。

当采用多种机械施工时,确定土方的施工单价时就比较复杂,因为不仅是单价核算问题,还要考虑运、填配套机械的施工单价,从而确定一个综合单价。

将上述平均运距或土方施工单价的计算结果填入土方平衡与运距(单价)表(表 1-3)。

(4) 用"线性规划法"进行土方调配时的数学模型

表 1-3 说明了整个场地划分为 m 个挖方区 A_1,A_2,…,A_m,其挖方量相应为 a_1,a_2,…,a_m;n 个填方区 B_1,B_2,…,B_n,其填方量相应为 b_1,b_2,…,b_n。假定填挖方平衡,即

$$\sum_{i=1}^{m} a_i = \sum_{j=1}^{n} b_j \tag{1-25}$$

表 1-3 土方平衡与运距(单价)表

挖方区	填方区						挖方量
	T_1	T_2	…	T_j	…	T_n	
W_1	x_{11} c_{11} / c'_{11}	x_{12} c_{12} / c'_{12}	…	x_{1j} c_{1j} / c'_{1j}	…	x_{1n} c_{1n} / c'_{1n}	a_1
W_2	x_{21} c_{21} / c'_{21}	x_{22} c_{22} / c'_{22}	…	x_{2j} c_{2j} / c'_{2j}	…	x_{2n} c_{2n} / c'_{2n}	a_2
…	…	…	x_{ef} c_{ef} / c'_{ef}	…	x_{eq} c_{eq} / c'_{eq}	…	…
W_i	x_{i1} c_{i1} / c'_{i1}	x_{i2} c_{i2} / c'_{i2}	…	x_{ij} c_{ij} / c'_{ij}	…	x_{in} c_{in} / c'_{in}	a_i
…	…	…	x_{pf} c_{pf} / c'_{pf}	…	x_{pq} c_{pq} / c'_{pq}	…	…
W_m	x_{m1} c_{m1} / c'_{m1}	x_{m2} c_{m2} / c'_{m2}	…	x_{mj} c_{mj} / c'_{mj}	…	x_{mn} c_{mn} / c'_{mn}	a_m
填方量	b_1	b_2	…	b_j	…	b_n	$\sum_{i=1}^{m} a_i = \sum_{j=1}^{n} b_j$

从 A_i 到 B_j 的平均运距为 c_{ij}，调整的土方量为 x_{ij}，因此土方调配问题可以用下列数学模型表达，即要求一组 x_{ij} 的值，使得目标函数 $Z = \sum_{i=1}^{m} \sum_{j=1}^{n} c_{ij} x_{ij}$ 为最小值，并满足下列约束条件：

$$\sum_{i=1}^{m} x_{ij} = a_i (i = 1,2,\cdots,m) \tag{1-26}$$

$$\sum_{j=1}^{n} x_{ij} = b_j (j = 1,2,\cdots,n) \tag{1-27}$$

根据约束条件可知，未知量有 $m \times n$ 个，而方程数为 $m \times n$ 个。由于填挖平衡，前面 m 个方程相加减去后面 $n-1$ 个方程之和可以得到第 n 个方程，因此，独立方程的数量实际上只有 $m+n-1$ 个。

由于未知量个数多于独立方程数，因此方程组有无穷多的解，而我们的目的是求出一组最优解，使目标函数为最小。这属于"线性规划"中的"运输问题"，可以用"单纯形法"或"表上作业法"求解。

"运输问题"用"表上作业法"求解较方便，用"单纯形法"则较烦琐。

(5) 用"表上作业法"进行土方调配

下面结合一个例子，说明用"表上作业法"求调配最优解的步骤与方法。

【例 1.3】 如图 1-11 所示的矩形广场，图中小方格的数字为各调配区的土方量(m^3)，箭杆上的数字为各调配区之间的平均运距(m)。求土方调配最优方案。

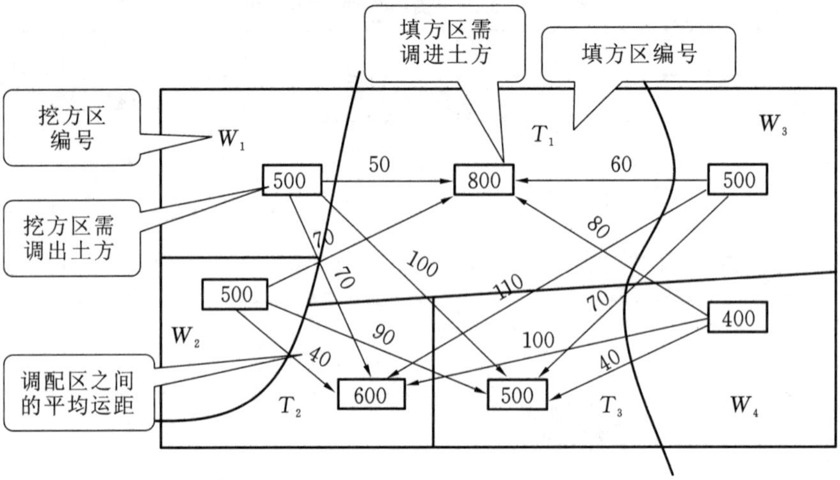

图 1-11　各调配区的土方量和平均运距

【**解**】 (1) 编制初始方案

初始方案的编制采用"最小元素法",即对应于价格系数 c_{ij} 最小的土方量 x_{ij} 取最大值,由此逐个确定调配方格的土方数及不进行调配的方格,并满足上述约束关系。

首先,将图 1-11 中的土方量及平均运距(本例即价格系数)填入计算表格中,见表 1-4。

表 1-4　各调配区土方量及平均运距

填方区 挖方区	T_1		T_2		T_3		挖方量 /m^3
W_1	x_{11}	50	x_{12}	70	x_{13}	100	500
		c_{11}		c_{12}		c_{13}	
W_2	x_{21}	70	x_{22}	40	x_{23}	90	500
		c_{21}		c_{22}		c_{23}	
W_3	x_{31}	60	x_{32}	110	x_{33}	70	500
		c_{31}		c_{32}		c_{33}	
W_4	x_{41}	80	x_{42}	100	x_{43}	40	400
		c_{41}		c_{42}		c_{43}	
填方量 /m^3	800		600		500		1900

在表 1-4 中找假想价格系数最小的方格($c_{22}=c_{43}=40$),任取其中一个,确定它所对应的调整土方量。如取 c_{43},则先确定 x_{43} 的值,使 x_{43} 尽可能大,考虑挖方区 W_4 最大挖方量为 400 m^3,填方区最大填方量为 500 m^3,则 x_{43} 最大为 400 m^3。由于挖方区 W_4 的土方全部调到了填方区 T_3,所以 x_{41} 和 x_{42} 都等于零。将 400 m^3 填入表 1-4 中 x_{43} 格内,同时 x_{41} 和 x_{42} 格内画上"×"号。

再在没有填上数字和"×"号的方格内,选一个 c_{ij} 最小的方格,即 $c_{22}=40$,使 x_{22} 尽量大($W_2=500$,$T_2=600$,取土方量 $x_{22}=500$),将500填入表1-5的 x_{22} 格内,同时 x_{21} 和 x_{23} 格内画上"×"号。

表1-5 土方调配的初始方案

挖方区 \ 填方区	T_1		T_2		T_3		挖方量/m^3
W_1	x_{11}	50 c_{11}	x_{12}	70 c_{12}	x_{13}	100 c_{13}	500
W_2	×	70 c_{21}	500	40 c_{22}	×	90 c_{23}	500
W_3	x_{31}	60 c_{31}	x_{32}	110 c_{32}	x_{33}	70 c_{33}	500
W_4	×	80 c_{41}	×	100 c_{42}	400	40 c_{43}	400
填方量/m^3	800		600		500		1900

重复以上步骤,按平均运距由小到大依次计算得到土方调配的初始方案计算结果(表1-6)。

表1-6 初始方案计算结果

挖方区 \ 填方区	T_1		T_2		T_3		挖方量/m^3
W_1	500	50 c_{11}	×	70 c_{12}	×	100 c_{13}	500
W_2	×	70 c_{21}	500	40 c_{22}	×	90 c_{23}	500
W_3	300	60 c_{31}	100	110 c_{32}	100	70 c_{33}	500
W_4	×	80 c_{41}	×	100 c_{42}	400	40 c_{43}	400
填方量/m^3	800		600		500		1900

表1-6中所求得的一组 x_{ij} 的数值,便是本例的初始调配方案。由于利用"最小元素法"确定的初始方案首先是让 c_{ij} 最小的那些格内的 x_{ij} 取尽可能大的值,也就是优先考虑"就近调配",所以求得的总运输量是较小的。但是这并不能保证其运输量是最小的,因此还需要进行判别,看它是否为最优方案。

(2) 最优方案判别

在“表上作业法”中，判别是否为最优方案的方法有许多。采用“假想价格系数法”求检验数较清晰、直观。该方法是设法求得无调配土方的方格（如本例中的 W_1-T_3，W_4-T_2 等方格）的检验数 λ_{ij}。判别 λ_{ij} 是否非负，如所有检验数 $\lambda_{ij} \geqslant 0$，则方案为最优方案，否则该方案不是最优方案，需要进行调整。首先求出表中各个方格的假想价格系数 c'_{ij}，有调配土方方格的假想价格系数 $c'_{ij}=c_{ij}$，如表 1-7 中“□”所示。

表 1-7　有调配土方方格的假想价格系数

填方区 / 挖方区	T_1		T_2		T_3		挖方量 /m³
W_1	500	50 50	×	70	×	100	500
W_2	×	70	500	40 40	×	90	500
W_3	300	60 60	100	110 110	100	70 70	500
W_4	×	80	×	100	400	40 40	400
填方量 /m³	800		600		500		1900

无调配土方方格的假想价格系数，用构成任意矩形的四个方格内对角线上的假想价格系数之和相等进行计算，求出无调配土方方格的假想价格系数，如表 1-8 中“○”所示。

表 1-8　无调配土方方格的假想价格系数

填方区 / 挖方区	T_1		T_2		T_3		挖方量 /m³
W_1	500	50 50	×	70 100	×	100 60	500
W_2	×	70 −10	500	40 40	×	90 0	500
W_3	300	60 60	100	110 110	100	70 70	500
W_4	×	80 30	×	100 80	400	40 40	400
填方量 /m³	800		600		500		1900

利用已知的假想价格系数，逐个求解未知的 c'_{ij}。寻找适当的方格构成一个矩形，最终

能求得所有的 c'_{ij}。这些计算均在表上作业。计算所得全部假想价格系数如表 1-8 所示。

假想价格系数求出后，按下式求出表中无调配土方方格的检验数：

$$\lambda_{ij}=c_{ij}-c'_{ij} \tag{1-28}$$

即把表 1-8 中无调配土方的方格右边两小格的数字上下相减，如 $\lambda_{12}=70-100=-30$，$\lambda_{13}=100-60=40$，$\lambda_{21}=70-(-10)=80$，将计算结果填入表 1-9。表 1-9 中可以只写出各检验数的正负号，因为我们只对检验数的正负号感兴趣，而检验数的值对求解结果无影响，因而可不必填入具体的值。

表 1-9　计算检验数

挖方区＼填方区	T_1		T_2		T_3		挖方量 /m^3
W_1		50	−	70	+	100	500
		50		100		60	
W_2	+	70		40	+	90	500
		−10		40		0	
W_3		60		110		70	500
		60		110		70	
W_4	+	80	+	100		40	400
		30		80		40	
填方量 /m^3	800		600		500		1900

(3) 方案的调整

第一步，在所有负检验数中选一个(一般可选最小的一个)，本例选择 λ_{12}，把它所对应的变量 x_{12} 作为调整对象。

第二步，找出 x_{12} 的闭合回路。其做法是：从 x_{12} 方格出发，沿水平与竖直方向前进，遇到适当的有数字的方格作 90° 转弯(也不一定转弯)，然后继续前进，如果路线确定，有限步后便能回到出发点，形成一条以有数字的方格为转角点的、用水平和竖直线连起来的闭合回路，见表 1-10。

表 1-10　求解闭合回路

挖方区＼填方区	T_1	T_2	T_3
W_1	500 ←	x_{12}	
W_2	↓	↑ 500 ↑	
W_3	300 →	100	100
W_4			400

第三步，从空格 x_{12} 出发，沿着闭合回路（方向任意）一直前进，在各奇数次转角点（以 x_{12} 出发点为零）的数字中，挑出一个最小的（本例为“100”），将它由 x_{32} 调到 x_{12} 方格中（即空格中）。

第四步，将“100”填入 x_{12} 方格中，被调出的 x_{32} 为零（该格变为空格）；同时将闭合回路上其他的奇数次转角点上的数字都减去“100”，偶数次转角点上数字都增加“100”，使得填挖方区的土方量仍然保持平衡，这样调整后，便可得到表 1-11 所示的新调配方案。

表 1-11 调整后的新调配方案

挖方区＼填方区	T_1		T_2		T_3		挖方量 /m^3
W_1	400	50 / 50	100	70 / 70	+	100 / 60	500
W_2	+	70 / 20	500	40 / 40	+	90 / 30	500
W_3	400	60 / 60	+	110 / 80	100	70 / 70	500
W_4	+	80 / 30	+	100 / 50	400	40 / 40	400
填方量 /m^3	800		600		500		1900

对新调配方案再进行检验，看其是否已是最优方案。如果检验中仍有负数出现，那就仍按上述步骤继续调整，直到找出最优方案为止。表 1-11 中所有检验数均为正号，故该方案即为最优方案。

最优土方调配方案的土方总运输量为：

$$Z=400\times50+100\times70+500\times40+400\times60+100\times70+400\times40=94000\ m^3\cdot m$$

将表 1-11 中的土方调配数值绘成土方调配图（图 1-12）。图中箭杆上数字为土方调配数值。最后，我们来比较一下最佳方案与初始方案的运输量。

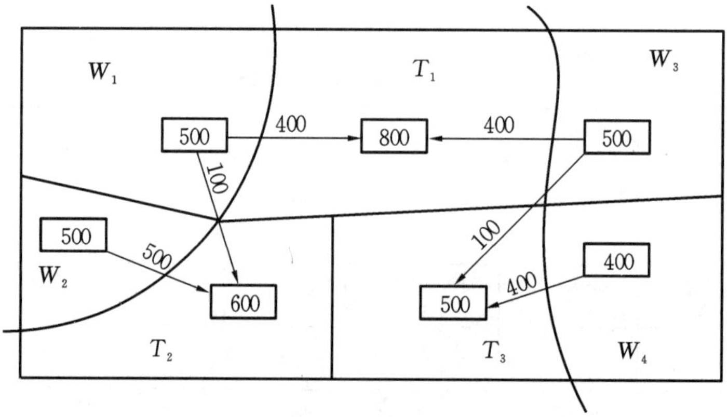

图 1-12 土方调配图

初始方案的土方总运输量为：

$$Z_0 = 500 \times 50 + 500 \times 40 + 300 \times 60 + 100 \times 110 + 100 \times 70 + 400 \times 40 = 97000 \text{ m}^3 \cdot \text{m}$$

$$Z - Z_0 = 94000 - 97000 = -3000 \text{ m}^3 \cdot \text{m}$$

即调整后总运输量减少了 3000 $\text{m}^3 \cdot \text{m}$。

土方调配的最优方案可以不止一个，这些方案调配区或调配土方量可以不同，但它们的目标函数 Z 都是相同的。有若干最优方案，为人们提供了更多的选择余地。

当土方调配区数量较多时，用上述表上作业法计算最优方案仍较费工。如采用手工计算，要找出所有最优方案需经过多次轮番计算，工作量很大。现已有较完善的电算程序，能准确、迅速地求得最优方案，而且还能得到所有可能的最优方案。

图 1-13 是土方调配最优方案计算的电算程序框图。

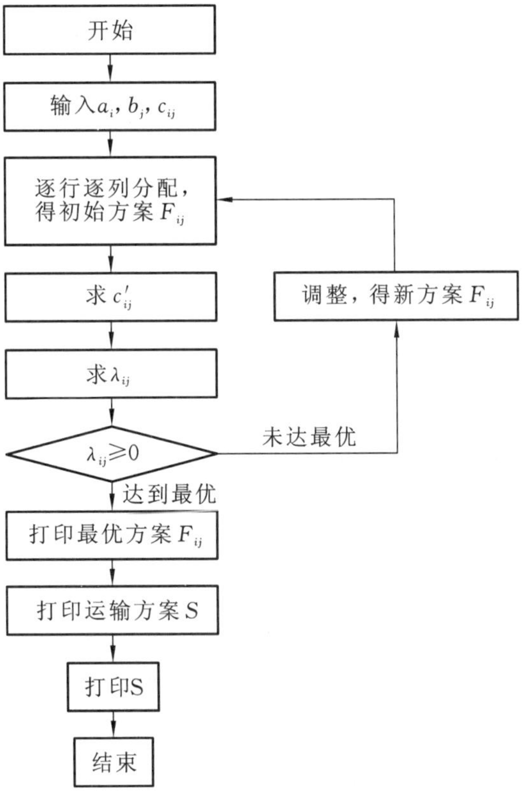

图 1-13　土方调配最优方案计算的电算程序框图

1.4　土方开挖与基坑支护

土方工程施工前应做好下述准备工作：

① 场地清理，包括清理地面及地下各种障碍物。在施工前应拆除旧房和古墓，拆除或改建通信设备、电力设备、地下管线及建筑物，迁移树木，去除耕植土及河塘淤泥等。

② 排除地面水。场地内低洼地区的积水必须排除，同时应注意雨水的排除，使场地保

持干燥，以利于土方施工。一般采用排水沟、截水沟、挡水土坝等措施来排除地面水。

③ 修筑好临时道路及供水、供电等临时设施。

④ 做好材料、机具及土方机械的进场工作。

⑤ 做好土方工程测量、放线工作。

⑥ 根据土方施工设计做好土方工程的辅助工作，如边坡稳定、基坑(槽）支护、降低地下水等。

土方开挖的顺序、方法应与设计要求一致，并遵循“开槽支撑、先撑后挖、分层开挖、严禁超挖”的原则。土方开挖按照开挖方法可以分为人工开挖和机械开挖，按照基坑深度和地质复杂程度可以分为浅基坑开挖和深基坑开挖。基坑支护主要分为浅基坑支护和深基坑支护。

1.4.1　人工开挖

人工开挖主要适用于小型土方工程、配合机械挖土进行局部修理、局部加深和边角及边坡尺寸修整等。

(1) 人工开挖施工顺序

确定开挖顺序和坡度 → 灰线切出坑槽边轮廓线 → 分层开挖 → 修整槽边、清底。

(2) 施工要点

① 测量定位，抄平放线，确定开挖的轮廓线，按放线自上而下、分层、分段依次进行开挖，禁止采用掏洞、挖空底脚和挖“伸悬土”的方法。

② 分层开挖时，每层深度不得超过 600 mm，每层应清底和出土，抛土应在距坑边 0.8 m 以外进行，且高度不得超过 1 m；多人同时施工时，应保持足够的安全距离，横向间距不得小于2 m，纵向间距不得小于 3 m，禁止面对面进行挖掘作业。

③ 地下水位以下的基础开挖，应预先降水，一般降至槽底标高下 500 mm。

④ 基底的开挖宽度和坡度，除考虑结构尺寸外，还应根据施工实际要求增加工作面宽度。

⑤ 雨季开挖时开挖面积不宜过大，应逐段逐片分期完成，并注意边坡稳定，加强对边坡、支撑、围堰等的检查。

⑥ 冬季开挖时，应防止地基土受冻，常用方法有翻松表土耙平法、覆盖防冻法和保温覆盖法等。

⑦ 在挖土过程中，应随时注意土质变化情况，如基底出现软弱土层、枯井、古墓，应与设计单位共同研究，采取加深换填或其他加固地基方法进行处理。遇有文物时，应做好保护，并报告当地文化管理部门妥善处理后再施工。

1.4.2　机械开挖

当面积和土方量较大时，为提高生产率，降低劳动强度，降低工程成本，加快建设速度，多采用机械化开挖方式和先进的作业方法。机械化开挖常用的机械有推土机、铲运机、挖土机等。

1.4.2.1　推土机施工

推土机是土方工程施工的主要机械之一，它是在履带式拖拉机上安装推土板等工作装置的机械。图 1-14 所示为液压操纵的 T2-100 型推土机外形图，该推土机除了可以升降推土板外，还可调整推土板的角度，因此具有较大的灵活性。

图 1-14　推土机

推土机操纵灵活，运转方便，所需工作面较小、行驶速度快、易于转移，能爬 30° 左右的缓坡，因此应用范围较广。

推土机适合于开挖一～三类土，多用于平整场地，开挖深度不大的基坑，移挖作填，回填土方，堆筑堤坝以及配合挖土机集中土方、修路开道等。为了提高推土机的生产率，必须增大铲刀前的土壤体积，减少推土过程中土壤的散失，缩短切土、运土回程等每一工作循环的延续时间。因此，常用的施工方法如下：

① 下坡推土(图 1-15)。推土机顺地面坡势沿下坡方向推土，借助机械往下的重力作用，可增大铲刀切土深度和运土数量，可提高推土机推土能力和缩短推土时间，一般可提高生产率 30%～40%，但推土坡度应在 15° 以内。

图 1-15　下坡推土

② 并列推土(图 1-16)。对于大面积的施工区，可用 2～3 台推土机并列推土，推土时两铲刀相距 150～300 mm；倒车时，分别按先后次序退回，这样可以减少土的散失而增大推土量，能提高生产率 15%～30%，但平均运距不宜超过 75 m，也不宜小于 20 m，且推土机数量

不宜超过 3 台,否则会引起倒车不便、行驶不一致,反而影响生产率的提高。

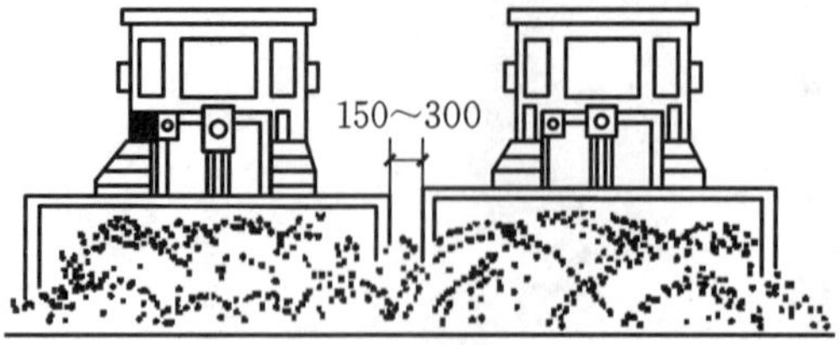

(a)

(b)

图 1-16　并列推土

③ 分批集中,一次推送(图 1-17)。当运距较远而土质又比较坚硬时,由于切土的深度不大,宜采用多次铲土,分批集中,一次推送,以便在铲刀前保持满载,有效地利用推土机的功率,缩短运土时间。

④ 槽形推土(图 1-18)。当运距远、挖土层较厚时,利用前次推土的槽形推土,可大大减少土壤散失,从而增大推土量。

图 1-17　分批集中,一次推送

图 1-18　槽形推土

此外,对于推运疏松土壤,且运距较大时,还应在铲刀两侧加装挡板,以增加铲刀的铲土体积,减少土壤向两侧散失,在土层较硬的情况下,则可在铲刀前面加装活动松土齿,当推土机倒退回程时,即可将土翻松,这样,便可减少切土时的阻力,从而提高切土运行速度。

1.4.2.2　单斗挖土机械

单斗挖土机是基坑(槽)开挖的常用机械。按行走机构不同,单斗挖土机分为履带式和轮胎式两类。按工作装置不同,单斗挖土机分为正铲、反铲、拉铲和抓铲四种。按传动方式不同,单斗挖土机分为机械和液压传动两种。

(1) 正铲挖土机

由于正铲挖土机(图 1-19)一般只用于开挖停机面以上土壤,因此其只适宜在土质较好、无地下水的地区工作，其机身可以回转360°，动臂可以升降，斗柄可以伸缩，铲斗可以转动，当更换工作装置后还可以进行其他施工作业。

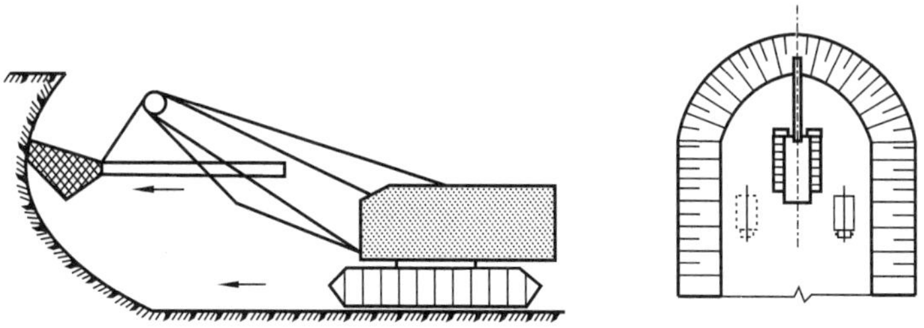

(a)　　(b)

图1-19　正铲挖土机

根据挖土机与运输工具的相对位置不同，正铲挖土机挖土和卸土的方式有以下两种：

① 正向挖土，后方卸土。采用该方式的挖土机向前进方向挖土，运输车辆停在它的后面装土。采用此方法挖土，工作面较大，但挖土机卸土时回转角大，运输车辆要倒车开入，运输不方便，故一般很少采用。只有在基坑宽度较小，而深度较大的情况下，才采用这种方式。

② 正向挖土，侧向卸土(图1-20)。采用该方式的挖土机向前进方向挖土，运输车辆停在侧面卸土(可停在停机面上或高于停机面处)。此方法应用较广，因挖土机卸土时回转角小，运输方便，故其生产率高。

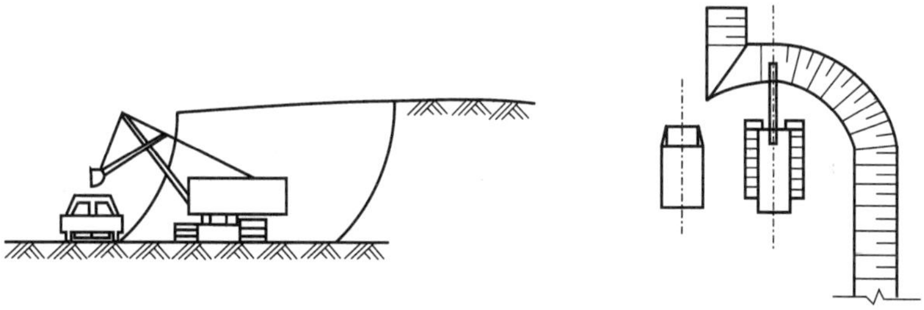

(a)　　(b)

图1-20　正向挖土，侧向卸土

(2) 反铲挖土机

反铲挖土机一般用于开挖停机面以下的土壤，不需设置进出口通道。反铲挖土机适用于开挖小型基坑、基槽和管沟，尤其适用于开挖独立柱基，以及泥泞的或地下水位较高的土壤。液压反铲挖土机如图1-21所示。

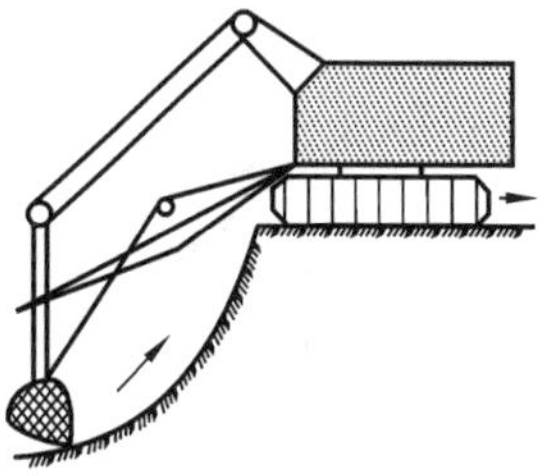

图1-21　液压反铲挖土机示意图

反铲挖土机的开行方式有沟端开行和沟侧开行两种。

① 沟端开行[图1-22(a)]

采用该方式的挖土机在基槽一端挖土，开行方向与基槽开挖方向一致。其优点是挖土方便，挖土深度和宽度较大。

② 沟侧开行[图1-22(b)]

采用该方式的挖土机在沟槽一侧挖土，由于挖土机移动方向与挖土方向垂直，所以稳定性较差，而且挖土深度和宽度均较小。但当土方可就近堆在沟旁时，此方法能弃土于距沟较远的地方。

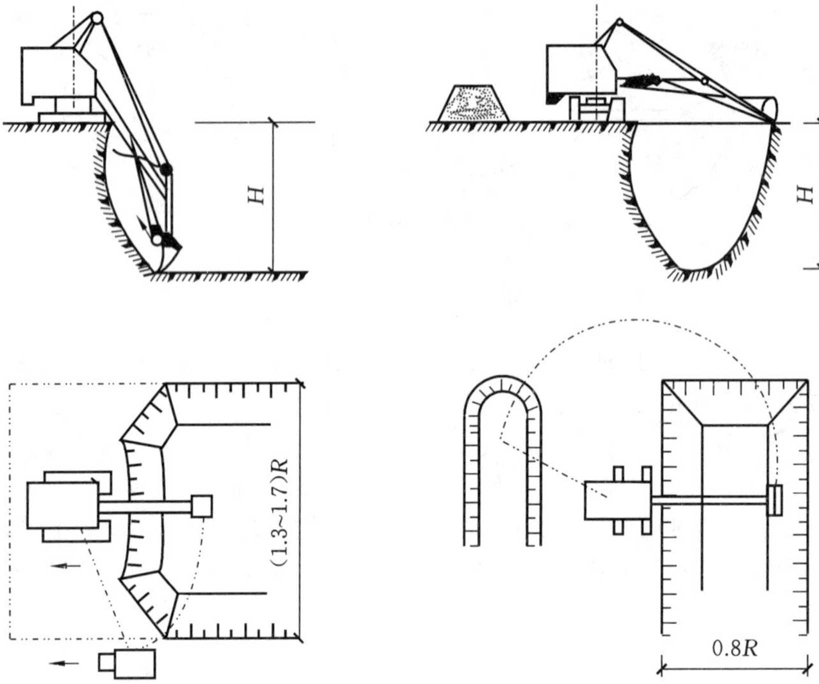

(a)　　　　　　(b)

图 1-22　反铲挖土机的开行方式

(a) 反铲沟端开行；(b) 反铲沟侧开行

H— 开挖深度；R— 挖土机回转半径

(3) 拉铲挖土机

拉铲挖土机(图 1-23) 的工作装置简单，可直接由起重机改装，其特点为铲斗悬挂在钢丝绳下无刚性的斗柄上。由于拉护支杆较长，铲斗在自重作用下落至地面时，借助于自身的机械能可使斗齿切入土中，故开挖的深度和宽度均较大，常用于开挖沟槽、基坑和地下室等，也可用于开挖水下和沼泽地带的土壤。

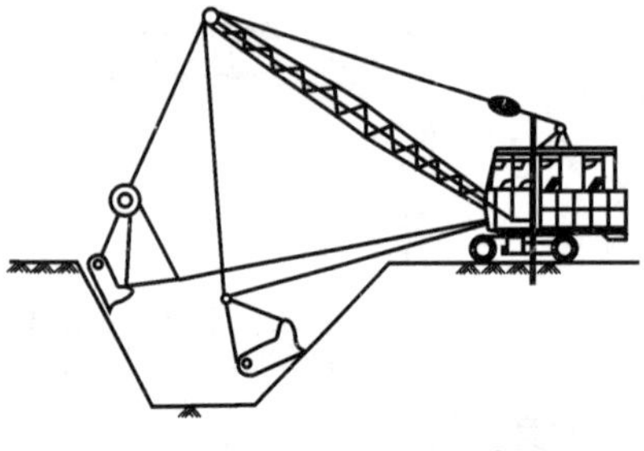

图 1-23　拉铲挖土机示意图

拉铲挖土机的开行方式和反铲挖土机一样，有沟端开行和沟侧开行两种。但它们都有边坡留土较多的缺点，需要大量人工来进行清理。在挖土宽度较小又要求沟壁整齐时，则可采用三角形挖土法，即挖土机的停机点相互交错地位于基坑边坡的下沿线上，每停一点在平面上挖去一个三角形的土块。这种方法可使边坡余土大大减少，而且由于挖、卸土时回转角度较小，所以生产率较高。

（4）抓铲挖土机

抓铲挖土机（图1-24）一般由正、反铲液压挖土机更换工作装置（去掉铲斗，换上抓斗）组成，或由履带式起重机改装组成，可用以挖掘独立柱基的基坑和沉井，以及其他挖方工程，最适宜于进行水中挖土。

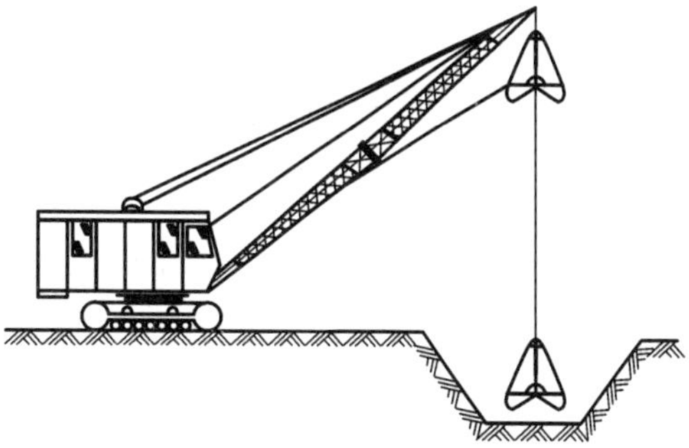

图1-24　抓铲挖土机示意图

挖土时直上直下，自重切土。对施工面狭窄而深的基坑、深槽、深井，采用抓铲挖土机可取得理想效果。抓铲挖土机还可用于挖取水中淤泥，装卸碎石、矿渣等松散材料。新型的抓铲挖土机也有采用液压传动操纵抓斗作业。抓铲挖土机挖土时，通常立于基坑一侧进行，对较宽的基坑则在两侧或四侧抓土。抓挖淤泥时，抓斗易被淤泥“吸住”，应避免起吊用力过猛，以防翻车。

1.4.2.3　土方施工机械的选择

土方机械化开挖应根据基础形式、工程规模、开挖深度、地质、地下水情况、土方量、运距、现场和机具设备条件、工期要求以及土方机械的特点等合理选择挖土机械，以充分发挥机械效率，节省机械费用，加快工程进度。

（1）平整场地

平整场地常由土方的开挖、运输、填筑和压实等工序组成。

地势较平坦、含水量适中的大面积平整场地，选用铲运机较适宜。地形起伏较大，挖方、填方量大且集中的平整场地，运距在1000 m以上时，可选择正铲挖土机配合自卸车进行挖土、运土，在填方区配备推土机平整及压路机碾压施工。挖填方高度均不大，运距在100 m以内时，采用推土机施工，灵活、经济。

（2）地面上的坑式开挖

单个基坑和中小型基础基坑开挖，在地面上作业时，多采用抓铲挖土机和反铲挖土机。

抓铲挖土机适用于一、二类土质和较深的基坑；反铲挖土机适用于四类以下土质、深度在4 m以内的基坑。

（3）长槽式开挖

长槽式开挖是指在地面上开挖具有一定截面、长度的基槽或沟槽，适于挖大型厂房的柱列基础和管沟，宜采用反铲挖土机。

若为水中取土或土质为淤泥，且坑底较深，则可选择抓铲挖土机挖土。

若土质干燥，槽底开挖不深，基槽长30 m以上，则可采用推土机或铲运机施工。

（4）整片开挖

对于大型浅基坑且基坑土干燥，可采用正铲挖土机开挖。若基坑内土潮湿，则采用拉铲或反铲挖土机，可在坑上作业。

对于独立柱基础的基坑及小截面条形基础基槽的开挖，则采用小型液压轮胎式反铲挖土机配以翻斗车来完成浅基坑（槽）的挖掘和运土。

（5）挖土机与自卸汽车配套计算

组织土方机械化施工时，必须使主导机械和辅助机械的台数相互配套，协调工作。主导机械(如挖土机)的数量应先根据其生产率和每班完成的工作量来考虑,并结合机械故障或其他原因而临时停工等因素,算出所需的机械台班数,再根据工期及工作面大小来确定具体数量。待机械数量确定后,按充分发挥其效能的原则确定出配套机械的数量。

1.4.3 基坑开挖的注意事项

基坑开挖施工必须按照 2018 年住房城乡建设部颁布的《危险性较大的分部分项工程安全管理规定》的相关规定执行。深基坑是指开挖深度超过 5 m(含 5 m),或深度虽未超过 5 m,但地质条件和周围环境及地下管线特别复杂的工程,反之则为浅基坑。开挖深度超过 3 m 或虽未超过 3 m 但地质条件和周边环境复杂的基坑,开挖前应制定专项施工方案,深基坑开挖前要制定专项支护设计方案,编制专项施工方案,并附具安全验算结果,通过专家论证,经施工单位技术负责人、总监理工程师签字后实施。

(1) 浅基坑开挖

① 基坑开挖的一般程序:测量放线→切线分层开挖→排降水→修坡→整平→留足预留土层等(图 1-25)。

② 基坑开挖时应进行全过程监测,并采用信息化施工方法,根据基坑支护体系和周边环境的监测数据,适时调整基坑开挖的施工顺序和施工方法。

③ 土方工程施工前,对于地下水位高的地基基础开挖,应预先降水,一般降至槽底标高下 500 mm,雨季施工时基坑槽应分段开挖,挖好一段浇筑一段垫层。

④ 相邻基坑开挖时,应遵循先深后浅或同时进行的施工程序,挖土应自上而下水平分段分层进行,边挖边检查坑底宽度及坡度,每 3 m 左右修一次坡,至设计标高后再统一进行一次修坡清底。

⑤ 基坑开挖时应尽量防止对地基土的扰动。基坑挖好后不能立即进入下道工序时,应预留 15(人工)~ 30 cm(机械)厚的土不挖,待下道工序开始前再挖至设计标高,以防止持力层土壤被阳光暴晒或雨水浸泡。

(2) 深基坑开挖

① 深基坑的挖土方案主要有放坡挖土(图 1-26)、中心岛式挖土、盆式挖土和逆作法挖土,无支护土方工程采用放坡挖土,有支护土方工程可采用中心岛式(也称墩式)挖土、盆式挖土和逆作法挖土。

图 1-25 基坑的切线开挖

图 1-26 大型基坑放坡开挖

放坡挖土适用于开挖深度不大、周围环境允许，经验算能确保边坡的稳定性的基坑。

中心岛式挖土宜用于支护结构的支撑形式为角撑、环梁式或边桁（框）架式，中间具有较大空间情况下的大型基坑土方开挖。此方法可利用中间的土墩作为支点搭设栈桥，挖土机可利用栈桥下到基坑挖土，运土的车辆亦可利用栈桥进入基坑运土，具有挖土和运土速度快的优点。但由于首先挖去基坑四周的土，支护结构受荷时间长，在软黏土中时间效应显著，有可能增大支护结构的变形量，对于支护结构受力不利，应在设计时充分考虑不利工况。

盆式挖土是先开挖基坑中间部分的土体，周围四边留土坡，土坡最后挖除。采用盆式挖土方法时，周边预留的土坡对围护结构有支撑作用，有利于减少围护结构的变形，其缺点是大量的土方不能直接外运，需集中提升后装车外运。

② 深基坑开挖时应防止深基坑挖土后土体回弹变形过大，挖至设计标高后应尽快浇筑垫层和地板，要对支护结构、地下水位和周围环境进行必要的监测和保护。

③ 深基坑开挖时应防止桩位移和倾斜。打桩完毕后基坑开挖时，应制定合理的施工顺序和技术措施。打桩后紧接着开挖基坑，土的应力释放，再加上挖土高差形成一侧卸荷的侧向推力，土体易产生一定的水平位移，使得桩易产生水平位移和倾斜。因此，群桩打设后，宜停留一段时间，并用降水设备预抽地下水，待土中由于打桩积聚的应力有所释放，空隙水压力有所降低，被扰动的土体重新固结后，再开挖基坑土方。

④ 配合深基坑支护结构施工，要坚持采用分层、分段、均衡、对称的方式挖土。

1.4.4 基坑支护

土方开挖中，土壁主要是依靠土体内摩擦阻力和粘结力来保持平衡的，一旦土体失去平衡，土体就会坍塌，这不仅会造成人身安全事故、影响工期，有时还会危及附近的建（构）筑物，后果严重。造成土壁塌方的原因主要有：

① 边坡过陡；

② 雨水、地下水渗入基坑；

③ 基坑上口边缘堆载过大；

④ 土方开挖顺序、方法未遵守“从上至下、分层开挖、开槽支撑、先撑后挖”的原则。

因此，防治塌方的措施主要有放足边坡和基坑支护。

（1）放足边坡

边坡的留设应符合设计及规范的要求，边坡的大小应根据土壤的性质、水文地质条件、施工方法、开挖深度、工期的长短等因素确定。

① 挖填高度：高度大则坡度系数大，高度小则坡度系数小，甚至不放坡。

② 土的工程性质：土的类别、含水量，有无地下水等。土的类别低（密度小）、含水量大，则坡度系数大；土的类别高（密度大）、含水量小，则坡度系数小。

③ 对坡顶有荷载（尤其是有动荷载），使用时间长、跨越冬雨季施工的边坡应留有足够的安全系数。

（2）浅基坑支护

浅基坑的支护方法有：横撑式土壁支撑法、斜柱支撑法、锚拉支撑法、短柱横隔板支撑法、临时挡土墙支撑法等。施工时按适用条件进行选择。

① 横撑式土壁支撑法

横撑式土壁支撑法一般用于基(沟)槽的开挖。根据挡土板的不同,分为水平挡土板及垂直挡土板两类。水平挡土板的布置又分为间断式和连续式两种。湿度小的黏性土挖土深度小于 3 m 时,可用间断式水平挡土板支撑(图 1-27);对松散、湿度大的土可用连续式水平挡土板支撑,挖土深度可达 5 m;对松散和湿度很高的土可用垂直挡土板支撑(图 1-28),其挖土深度不限。

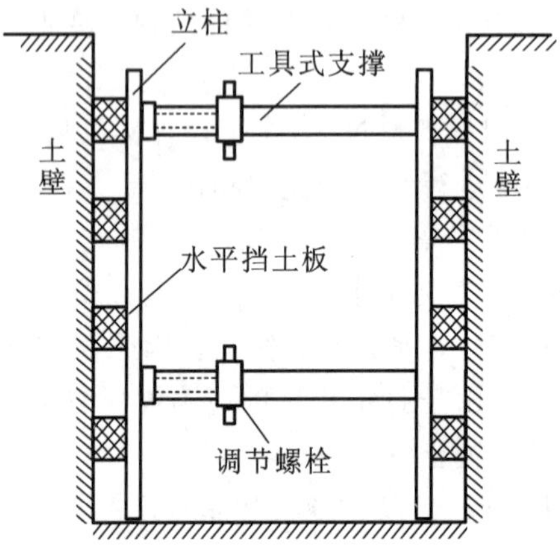

图 1-27　间断式水平挡土板支撑

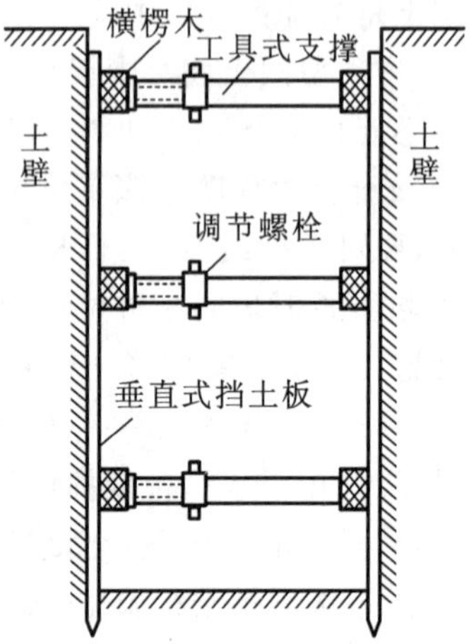

图 1-28　垂直挡土板支撑

② 斜柱支撑法

斜柱支撑法(图 1-29)是一种浅基坑支护方式,它是将水平挡土板钉在柱桩内侧,柱外侧用斜撑支顶,斜撑底端在木制撑桩上,在挡土板内侧回填土。斜柱支撑法适用于开挖较大型、深度不大的或使用机械挖土的基坑。

③ 锚拉支撑法

采用锚拉支撑法(图 1-30)时应先沿基坑边缘打设柱桩,在柱桩内侧支设挡土板,柱桩

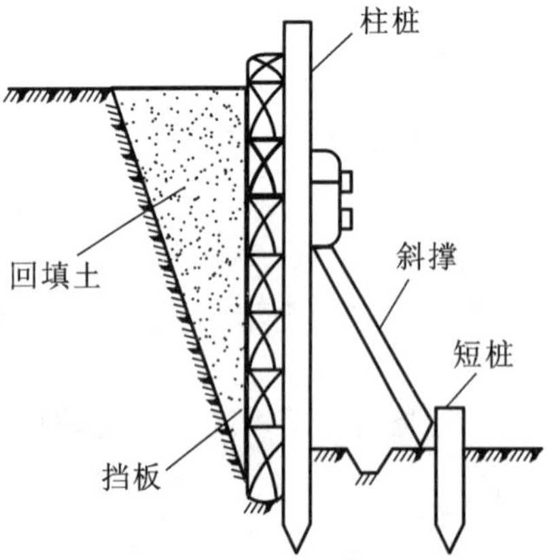

图 1-29　斜柱支撑

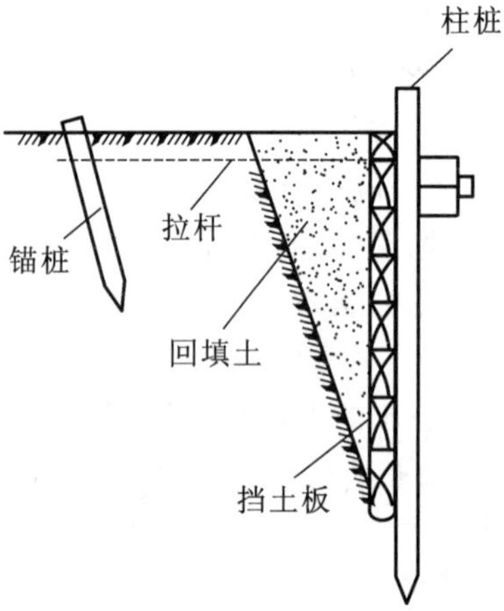

图 1-30　锚拉支撑

上端用拉杆拉紧，挡土板内侧填土夯实。其适用于深度不大的大型基坑或在机械挖土不能安设横(斜) 撑时使用。

④ 短柱横隔板支撑法

短柱横隔板支撑法基本程序为打入短木桩或短钢桩，部分打入土中，部分露出地面，钉上水平挡土板，在背面填土，夯实(图 1-31)。短柱横隔板支撑法适合开挖宽度大的基坑中下部放坡不够地段使用。

⑤ 临时挡土墙支撑法

临时挡土墙的做法为：沿坡脚用砖、石叠砌或用装水泥的聚丙烯扁丝编织袋、草袋装土砂堆砌，使坡脚保持稳定(图 1-32)。开挖宽度大的基坑过程中当部分地段下部放坡不够时应采用临时挡土墙支撑法。

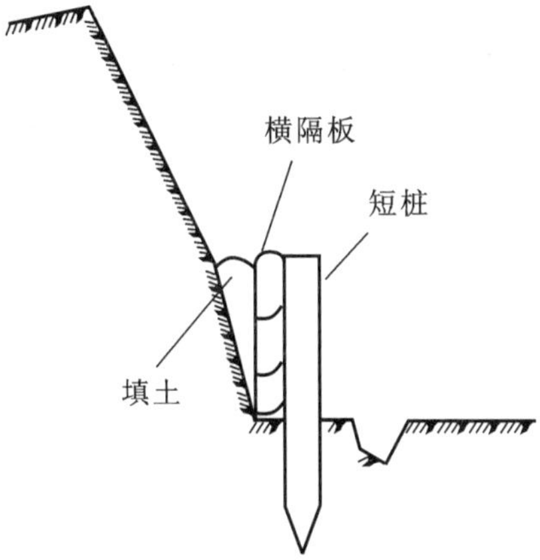

图 1-31　短柱横隔板支撑

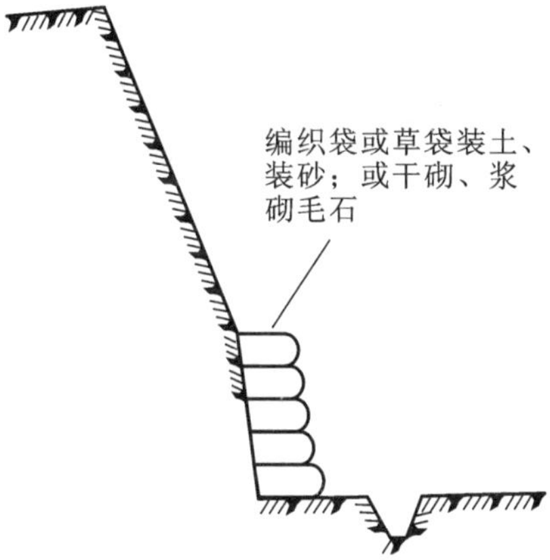

图 1-32　临时挡土墙支撑

(3) 深基坑支护

深基坑支护的基本要求：确保支护结构能起挡土作用，基坑边坡保持稳定；确保相邻的建筑物道路、地下管线的安全，不因土体的变形、沉陷、坍塌而受到危害；通过排水、降水等措施，确保基础施工在地下水位以上进行。目前，深基坑支护结构的常见的类型有：水泥土桩墙、排桩、地下连续墙、土钉墙，内撑式支护，或采用上述形式的组合。

① 水泥土桩墙

水泥土桩墙是指依靠其本身自重和刚度保护基坑土壁安全，一般不设支撑，特殊情况下经采取措施后可局部加设支撑。水泥土桩墙分深层搅拌水泥土桩墙和高压旋喷桩墙等类型，通常呈格构式布置。水泥土桩墙施工范围内的地基承载力不宜大于 150 kPa，基坑深度不宜大于 6 m。

② 排桩

排桩包括钢板桩、钢筋混凝土板桩、钻孔灌注桩、人工挖孔桩等，适用于开挖面积大、深度大于 6 m、不允许放坡、邻近有建(构) 筑物的基坑。其支护形式包括如下几种：

a.隔式排桩支护：当边坡土质较好、地下水位较低时，可利用土拱作用，以稀疏的钻孔灌注桩或挖孔桩作为支护结构。

b.连续排桩支护：在软土中常不能形成土拱，支护桩应连续密排，并在桩间做树根桩或注浆防水;也可以采用钢板桩、钢筋混凝土板桩密排。

c.组合式排桩支护:排桩与土层锚杆结合支护(图 1-33)、钢板桩与水平支撑组合(图 1-34),桩顶不设锚桩、拉杆,而是挖至一定深度,每隔一定距离向桩背面斜向打入锚杆,达到强度后,安上横撑,拉紧固定,在桩中间挖土,直至设计深度。组合式排桩支护适用于大型较深基础,施工期较长,邻近有建筑物不允许支护,邻近地基不允许有下沉位移时。

图 1-33　排桩与土层锚杆结合支护

图 1-34　钢板桩与水平支撑组合

③ 地下连续墙

地下连续墙即先建造钢筋混凝土地下连续墙,达到强度后在墙间用机械挖土。地下连续墙支护法刚度大、强度高,可挡土、承重、截水、抗渗,可在狭窄场地施工,适用于大面积、有地下水的深基坑施工。

④ 土钉墙

土钉墙(图 1-35、图 1-36、图 1-37)是指天然土体通过钻孔、插筋、注浆来设置土钉(亦称砂浆锚杆)并与喷射混凝土面板相结合,形成类似重力挡墙的土钉墙,以抵抗墙后的土压力,保持开挖面的稳定,也称为喷锚网加固边坡或喷锚网挡墙。土钉墙适用于地基土为可塑、硬塑、坚硬的黏性土,胶结的粉土、砂土和角砾等时。

⑤ 内撑式支护

内撑式支护(图 1-38)由支护桩或墙和内支撑组成,适用于各种地基土层,缺点是内支撑会占用一定的施工空间。

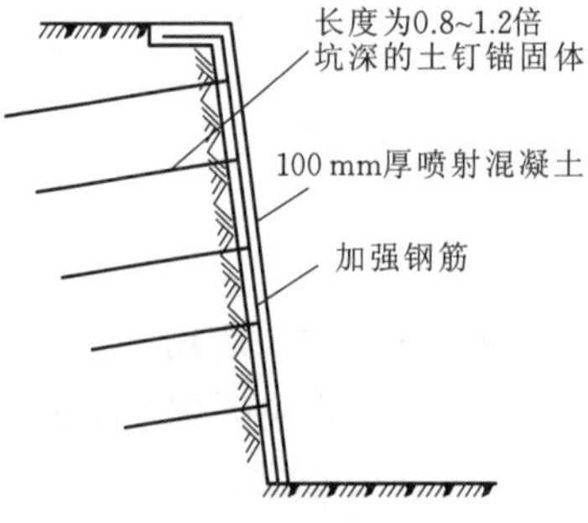

图 1-35　土钉墙剖面

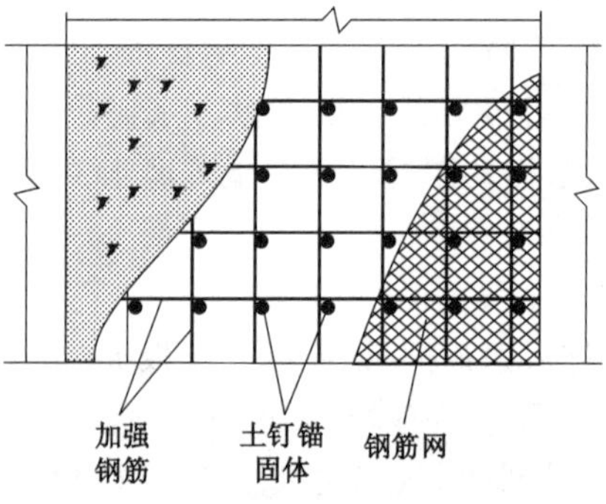

图 1-36　土钉面层喷锚

图 1-37　土钉墙

图 1-38　内撑式支护施工

1.5　土方的填筑与压实

土方回填前，应根据工程特点、土料性质、设计压实系数、施工条件等合理选择压实机具，并确定回填土料含水率控制范围、铺土厚度、压实遍数等施工参数。重要的土方回填工程或采用新型压实机具的土方回填工程，应通过填土压实试验确定施工参数。

1.5.1　土料的选用与处理

填方土料应符合设计要求，保证填方的强度与稳定性，选择的填料应为强度高、压缩性小、水稳定性好、便于施工的土、石料。如设计无要求时，应符合下列规定：

(1) 碎石类土、砂土和爆破石渣(粒径不大于每层铺土厚度的 2/3) 可用于表层下的填料。

(2) 含水量符合压实要求的黏性土，可作为填料。在道路工程中，黏性土不是理想的路基填料，在使用其作为路基填料时，必须充分压实并设有良好的排水设施。

(3) 碎块草皮和有机质含量大于 8% 的土，仅用于无压实要求的填方。

(4) 淤泥和淤泥质土，一般不能用作填料，但在软土或沼泽地区，经过处理，含水量符合压实要求，可将其用于填方中的次要部位。

填土应严格控制含水量，施工前应进行检验。当土的含水量过大时，应采用翻松、晾晒、风干等方法降低含水量，或采用换土回填、均匀掺入干土或其他吸水材料、打石灰桩等措施；如含水量偏低，则可预先洒水湿润，否则难以压实。

1.5.2　基底处理

(1) 清除基底上的垃圾、草皮、树根、杂物，排除坑穴中的积水、淤泥和种植土，将基底充分夯实和碾压密实。

(2) 应采取措施防止地表滞水流入填方区，浸泡地基，造成地基下陷。

(3) 当填土场地地面陡于 1∶5 时，可将斜坡挖成阶梯形，阶高不大于 1 m，台阶高宽比为 1∶2，然后分层填土，以利于接合和防止滑动。

1.5.3 土方填筑与压实

1.5.3.1 土方填筑与压实的要求

(1) 填方的边坡坡度应根据填方高度、土的种类和其重要性确定。对使用时间较长的临时性填方边坡，当填方高度小于10 m时，坡度可采用1∶1.5；超过10 m时，可做成折线形，上部坡度采用1∶1.5，下部坡度采用1∶1.75。

(2) 填土应从场地最低处开始，由下而上整个宽度分层铺填。每层虚铺厚度应根据夯实机械确定，一般情况下每层虚铺厚度见表1-12。

表1-12 填土施工分层厚度及压实遍数

压实方式	分层厚度 /mm	每层压实遍数
平碾	250～300	6～8
振动压实机压实	250～350	3～4
柴油打夯机压实	200～250	3～4
人工打夯	＜200	3～4

(3) 填土应尽量采用同类土填筑，不同类土不得混杂在一起填筑。填方应在相对两侧或周围同时进行回填和夯实。如采用不同类土填筑时，必须按类分层铺筑，应将渗透系数大的土层置于渗透系数较小的土层之下。若已将渗透系数较小的土填筑在下层，则在填筑上层渗透系数较大的土层之前，应将两层结合面做成中央高、四周低的圆弧面排水边坡或设置盲沟，以免结合面处形成水囊。

(4) 在地形起伏之处填土时，应做好接槎，修筑1∶2的阶梯形边坡，每个台阶可取50 cm高、100 cm宽。分段填筑时每层接缝处应做成大于1∶1.5的斜坡，碾迹重叠0.5～1.0 m，上下层错缝距离不应小于1.0 m。接缝部位不得在基础墙角、柱基等重要部位。

(5) 填方施工中应检查排水措施，并应采取措施防止地表滞水流入填方区。如果已填好的土方遭水浸泡，应将稀泥铲除后方能进行下一道工序。填土区应保持一定横坡，或中间稍高、两边稍低，以利于排水。

(6) 填方应预留一定的下沉高度，以备在行车、堆重或干湿交替等自然因素作用下，土体逐渐沉落密实。预留沉降量应根据工程性质、填方高度、填料种类、压实系数和地基情况等因素确定。机械分层夯实时，其预留下沉高度以填方高度的百分数计，砂土为1.5％，粉质黏土为3％～3.5％。

1.5.3.2 填筑方法

土方填筑的方法根据作业主体的不同分为人工填土和机械填土。

(1) 人工填土

一般用手推车运土，人工用锹、镐、锄等工具进行填筑，从最低部分开始由一端向另一端自下而上分层填筑。

(2) 机械填土

① 推土机填土。该方法应自下而上分层铺填，每层虚铺厚度不宜大于30 cm。大坡度

堆填土，不得居高临下、不分层次、一次堆填。运土回填，可采用分堆集中、一次运送的方法，分段距离为 10 ～ 15 m，以减少运土漏失量。土方推至填方部位时，应提起一次铲刀，成堆卸土，向前行驶 0.5 ～ 1.0 m 后，利用推土机后退时将土刮平，并来回行驶进行碾压，履带应重叠一半。填土时宜采用纵向铺填。挖土区段至填土区段的距离以 40 ～ 60 m 为宜。

② 铲运机填土。铺填土区段，长度不宜小于 20 m，宽度不宜小于 8 m。分层铺土厚度不大于 50 cm（视压实机要求而定），每层铺土后利用空车返回时将其刮平。填土顺序尽量采取横向或纵向分层卸土，以便行驶时初步压实。

③ 汽车填土。自卸汽车为成堆卸土，配以推土机推土、摊平。每层铺土厚度不大于 50 cm（视压实机要求而定）。可利用汽车行驶做部分压实工作。汽车不能在虚土上行驶，卸土推平和压实须分段交叉进行。填土必须分层进行，并逐层压实。机械填土时，不得居高临下、不分层次、一次倾倒填满。压实填土的施工缝各层应错开搭接，在施工缝的搭接处，应适当增加压实遍数。

在雨季、冬季进行压实填土施工时，应采取防雨、防冻措施，防止填料被雨水淋湿或冻结，并应采取措施防止出现"橡皮土"现象。

1.5.3.3 压实方法

填土压实方法有碾压法、夯实法和振动压实法。平整场地等大面积填土采用碾压法，较小面积填土采用夯实法和振动压实法。

(1) 碾压法

碾压法是利用机械滚轮的压力压实填土，有平碾、羊足碾（图 1-39）等。平碾是一种以内燃机为动力的自行式压路机，有轻型（30 ～ 50 kN）、中型（60 ～ 90 kN）和重型（100 ～ 140 kN）三种，适于砂类土和黏性土压实。羊足碾一般无动力，靠拖拉机牵引，有单筒、双筒两种，根据碾压要求，可采用空筒、注水、装砂三种方式。羊足碾与土接触面积小，但压强比较大，压实效果较好，适于黏性土压实。

碾压机开行速度不宜过快，一般平碾、羊足碾分别不应超过 2 km/h、3 km/h，以保证压实效果。

对密实度要求不高的大面积填土，在缺乏碾压机械时，也可采用推土机、拖拉机或铲运机结合行驶来压实。

(a)　　　　　　　　(b)

图 1-39　平碾和羊足碾

(a) 平碾；(b) 羊足碾

(2) 夯实法

夯实法是利用夯锤自由下落的冲击力来夯实填土,可分为人工夯实和机械夯实。常用的夯实机械有夯锤、内燃夯土机和蛙式打夯机,这三种夯实机械体积小、质量轻、对土质的适应性强,在工程量小或作业面受限的条件下尤为适用。对回填松散的特厚土层,可根据填土厚度和设计密实度的要求采用重锤夯实或强夯机具等来夯实。

(3) 振动压实法

振动压实法是将振动压实机放在土层表面,借助振动机使土颗粒发生相对位移来达到密实状态。该压实方法振实非黏性土效果较好。

振动碾是一种振动和碾压同时作用的高效能压实机械,比一般平碾的工效高 1 ～ 2 倍,适用于爆破石碴、碎石类土、杂填土或粉土的压实。平板式振动器振动深度有限,适于小面积黏性土薄层填土、较大面积砂土及薄层砂卵石、碎石垫层的压实。

1.5.4 影响填土压实的因素

填土压实质量与许多因素有关,其中主要影响因素为压实功、土的含水量、每层铺土的厚度以及土质。

(1) 压实功的影响

若土的含水量一定,在开始压实时,土的密度急剧增加,到接近土的最大密度时,压实功虽然增加许多,但土的密度没有变化。土的重度与压实功的关系如图 1-40 所示。在实际施工中,对于不同的土应根据压实机械和土体的密度要求选择合理的压实遍数。

(2) 含水量的影响

在同一压实功条件下,填土的含水量对压实质量有直接影响。较为干燥的土,由于土颗粒之间的摩阻力较大而不易压实。当土具有适当含水量时,水起了润滑作用,土颗粒之间的摩阻力减小,从而易压实。但如果含水量过大,则会由于水在土中占了一定的体积,而其又不可压缩,使土体难以压实。每种土壤都有其最佳含水量。土在最佳含水量的条件下,使用同样的压实功进行压实,所得到的重度最大(图 1-41)。各种土的最佳含水量 w_{op} 和所能获得的最大干重度,可由击实试验取得。施工中,土的含水量与最佳含水量之差可控制在 －4% ～ ＋2%。

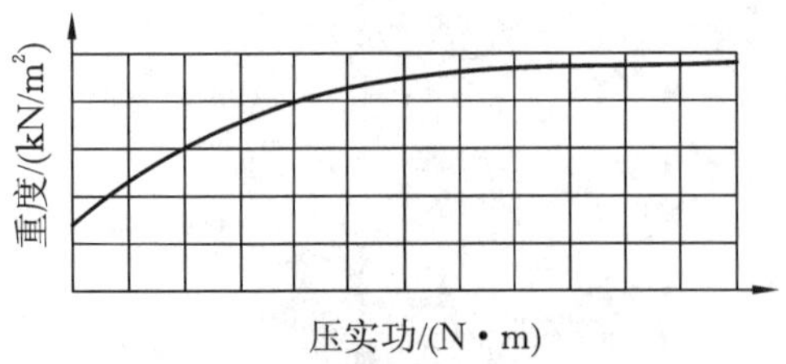

图 1-40　土的重度与压实功的关系

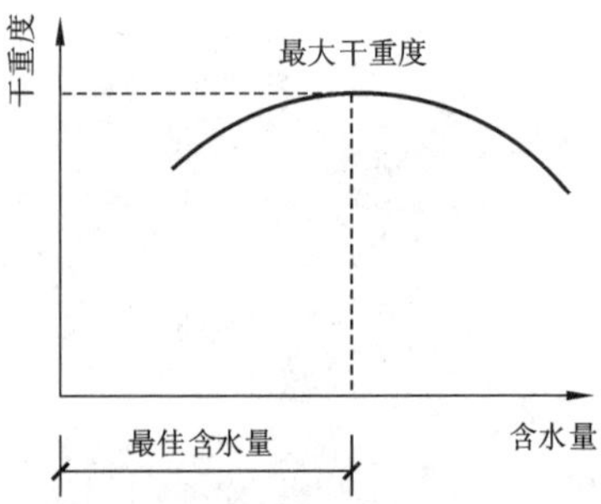

图 1-41　土的含水量对其压实质量的影响

(3) 铺土厚度的影响

土在压实功的作用下，压应力 δ_z 随深度 Z 的增加而逐渐减小(图 1-42)。

施工中铺土厚度应小于压实机械压土时的有效作用深度，而且还应考虑最优土层厚度。铺得过厚，要压很多遍才能达到规定的密实度；铺得过薄，则要增加机械的总压实遍数。

(4) 土质的影响

在一定压实功的作用下，含粗颗粒越多的土，其最大干密度越大；土质的颗粒级配越均匀，越容易压实。施工时应根据不同的土质，分别确定其最大干密度和最佳含水量。

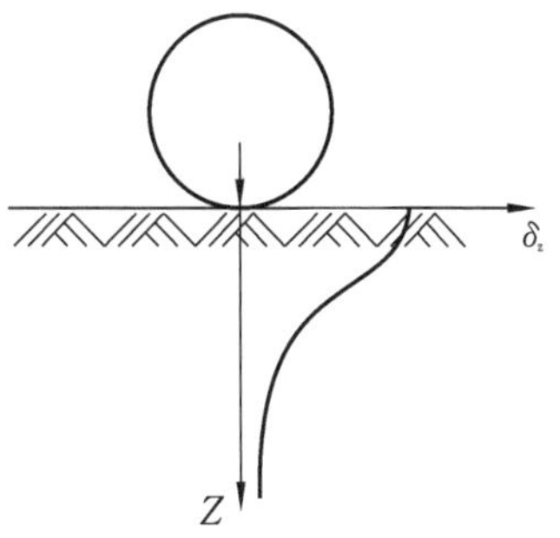

图 1-42　压实作用沿深度的变化

1.5.5　填土的质量控制

填土压实后必须达到要求的密实度。填方的密实度要求和质量指标通常以压实系数 λ_c 表示。压实系数为土的施工控制(实际)干密度 ρ_d 与最大干密度 ρ_{dmax} 的比值，即：

$$\lambda_c = \frac{\rho_d}{\rho_{dmax}} \tag{1-29}$$

压实系数的取值一般由设计者根据工程结构性质、填土部位以及土的性质确定，如一般场地平整压实系数为 0.9 左右，地基填土在 0.91 ～ 0.97 之间。

土的最大干密度 ρ_{dmax} 由实验室击实试验确定，当无试验资料时，可按下式计算：

$$\rho_{dmax} = \eta \frac{\rho_w d_s}{1.0 + 0.01\omega_{op} d_s} \tag{1-30}$$

式中　η—— 经验系数，对于黏土取 0.95，对于粉质黏土取 0.96，对于粉土取 0.97；

ρ_w—— 水的密度(g/cm³)；

d_s—— 土粒相对密度；

ω_{op}—— 土的最佳含水量(%)，可按当地经验取值，或取 $\omega_p + 2\%$(ω_p 为土的塑限)。

施工中，根据土的最大干密度 ρ_{dmax} 和设计要求的压实系数 λ_c，即可求得填土的施工控制干密度 ρ_d 之值。

填土压实后实际干密度可采用环刀法取样测定，其取样组数为：基坑回填每层按长度 20 ～ 50 m 取样一组(每个基坑不少于一组)；基槽或管沟回填每层按长度 20 ～ 50 m 取样一组；室内填土每层按 100 ～ 500 m² 取样一组，场地平整填方每层按 400 ～ 900 m² 取样一组。取样部位在每层压实后的下半部，取样后，先称出土的密度并测定含水量，然后用下式计算土的实际干密度 ρ_0(g/cm³)：

$$\rho_0 = \frac{\rho}{1 + 0.01\omega} \tag{1-31}$$

式中　ρ—— 土的湿密度(g/cm³)；

ω—— 土的含水量(%)。

若按上式计算所得的土实际干密度 $\rho_0 \geqslant \rho_d$(施工控制干密度)，则压实合格；若 $\rho_0 <$

ρ_d，则压实不够。

工程中所检查的实际干密度 ρ_0，应有 90% 以上符合要求，其余 10% 的最低值与施工控制干密度 ρ_d 之差不得大于 0.08 g/cm^3，且其取样位置应分散，不得集中。否则应采取补救措施，提高填土的密实度，以保证填方的质量。

1.6 降排水施工

基坑（槽）开挖一般是在场地平整，建筑物定位放线后进行。对于大型建筑物，由于土方量大，有时还会遇到地下水或流砂，施工较复杂，因此应事先拟定施工方案，着重解决基坑（槽）排水与机械化挖土等问题，同时要注意防止边坡塌方。

基坑（槽）开挖尺寸应根据设计图纸、边坡要求及操作需要等来确定。

在开挖基坑（槽）时，土的含水层常被切断，地下水会不断渗入基坑（槽）内；雨季施工时，雨水和地面水也会流入基坑（槽）内。为保证施工的正常进行，防止涌水、冒砂、滑坡、塌方、坑底隆起和地基承载力下降，减少坑壁支护结构的水平荷载，保证在较干燥的状态下施工，必须做好基坑（槽）的排水和降水工作。降排水的方法有明排水法（集水明沟法）和人工降低地下水位法两种。

基坑（槽）排水工作应持续到基础工程施工完毕，并进行回填后才能停止。

1.6.1 排水施工

(1) 明排水法

明排水法也称为集水明沟法，是现场应用最普遍的一种降低地下水位的方法，其施工方便，设备简单，可应用于除细砂土以外各种土质的施工场合。其基本方法是在场地范围内合理布置排水明沟，沿沟每隔一段距离设一个集水井，让地面水、雨水及地下水汇入排水沟再流入集水井，然后用水泵排出基坑。随着基坑挖土的加深，应随时加深排水沟和集水井，保持水流的畅通，如图 1-43 所示。

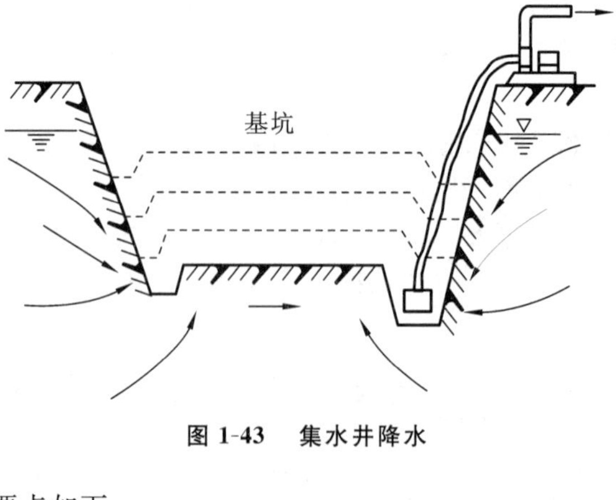

图 1-43 集水井降水

明排水法的施工要点如下：

① 排水深度一般为 0.4～0.6 m，宽度大于或等于 0.4 m，水沟边坡坡度为 1∶1～1∶0.5，线

向坡度最小为 0.2% ～ 0.5%。较大基坑的排水沟尺寸可以达到 1.5 m × 1.5 m。

② 沿排水沟每隔 20 ～ 40 m 设置一个集水井，长宽或直径一般应达到 0.6 ～ 0.8 m，井应低于排水边沟 1 m 左右，可做简易加固。

排水沟一般设置在开挖基坑的周围一侧或两侧，有时在基坑的中间。排水沟的设置及尺寸应考虑到基坑排水量和对邻近建筑物的影响。

对基坑深度较大，地下水位较高，多层土中上部有透水性较强的土层或上部地下水较多的情况，可在基坑边坡上设置 2 ～ 3 层排水沟，避免上层地下水冲刷边坡造成塌方，同时可减小边坡高度和水泵的扬程。

(2) 流砂现象及其原因

① 流砂现象

在细砂或粉砂土层的基坑开挖时，地下水位以下的土在动水压力的推动下极易失去稳定，随着地下水涌入基坑，这种现象称为流砂。流砂现象发生后，土完全丧失承载力，土体边挖边冒，施工条件极端恶化，基坑难以达到设计深度。严重时会引起基坑边坡塌方，邻近建筑物下沉、倾斜甚至倒塌。

② 产生流砂现象的原因

产生流砂现象的原因有内因和外因。内因取决于土的性质，若土的孔隙比大、含水量大、黏粒含量少、粉粒多、渗透系数小、排水性能差，则容易产生流砂现象。因此，流砂现象极易发生在细砂、粉砂和亚砂土中，但是否发生流砂现象，还取决于一定的外界条件，即地下水在土中渗流所产生的动水压力（流动中的地下水对土颗粒产生的压力称为动水压力）的大小。其性质通过如图 1-44 所示的试验说明。

图 1-44(a) 中左端高水位(h_1)，经过长度为 L、断面面积为 A 的土体流向右端低水位(h_2)。水在土中渗流时受到土颗粒的阻力 T，同时，水对土颗粒作用一个动水压力 G_D，两者大小相等，方向相反。作用在土体左端(a—a 截面处) 的静水压力为 $\gamma_w h_1 A$(γ_w 为水的重力密度)，其方向与水流方向一致；作用在土体右端(b—b 截面处) 的静水压力为 $\gamma_w h_2 A$，其方向与水流方向相反；水在土中渗流时受到土颗粒的阻力为 TLA(T 为单位土体的阻力)。根据静力平衡条件，得：

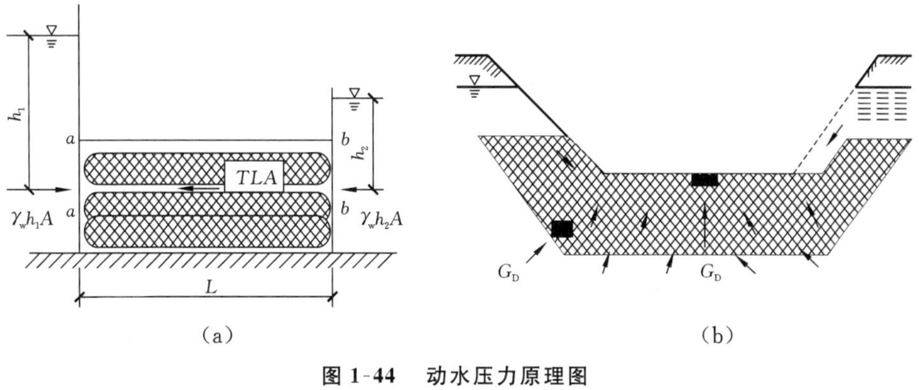

图 1-44 动水压力原理图

(a) 水在土中渗流时的力学现象；(b) 动水压力对地基土的影响

$$\gamma_w h_1 A - \gamma_w h_2 A - TLA = 0 \tag{1-32}$$

$$T = \frac{h_1 - h_2}{L}\gamma_w \tag{1-33}$$

$$I = \frac{h_1 - h_2}{L} \tag{1-34}$$

式中　I—— 水力梯度；

γ_w—— 水的重力密度(kN/m³)；

A—— 土体渗流断面面积(m²)；

L—— 土体渗流长度(m)；

h_1—— 土体左端水位高度(m)；

h_2—— 土体右端水位高度(m)。

由于单位土体阻力与水在土中流动时对单位土体的压力大小相等、方向相反，动水压力为：

$$G_D = I\gamma_w = \frac{h_1 - h_2}{L}\gamma_w \tag{1-35}$$

由式(1-35)可知，动水压力 G_D 与水力梯度 I 成正比，水力梯度越大，动水压力越大，而渗透路程越长，动水压力越小。

产生流砂现象主要是由于地下水的水力梯度大，即动水压力大，而且动水压力的方向(与水流方向一致)与土的重力方向相反，土不仅受水的浮力，还受动水压力的作用，有向上的趋势，当动水压力大于或等于土的浸水密度时，土颗粒处于悬浮状态，并随地下水一起流入基坑，即发生流砂现象。

(3) 流砂防治方法

防治原则为“治流砂必先治水”。其主要途径：一是减小或平衡动水压力；二是截住地下水流；三是改变动水压力的方向。

流砂具体防治方法如下：

① 枯水期施工法：枯水期地下水位较低，基坑内外水位差小，动水压力小，不易产生流砂。

② 打板桩：将板桩沿基坑打入不透水层或打入坑底面一定深度，可以截住水流或增加渗流长度、改变动水压力方向，从而达到减小动水压力的目的。

③ 水中挖土：不排水施工，使坑内外的水压平衡，不致形成动水压力。如沉井施工，不排水下沉，进行水中挖土、水下浇筑混凝土。

④ 人工降低地下水位法：采用井点降水法截住水流，不让地下水流入基坑，不仅可防治流砂和土壁塌方，还可改善施工条件。

⑤ 抢挖并抛大石块法：分段抢挖土方，使挖土速度超过冒砂速度，在挖至标高后立即铺竹筏、芦席，并抛大石块，以平衡动水压力，将流砂压住。此法适用于治理局部的或轻微的流砂。

此外，采用地下连续墙法、止水帷幕法、压密注浆法、土壤冻结法等，都可以阻止地下水流入基坑，防止流砂发生。

1.6.2 降水施工

在含水丰富的土层中开挖大面积基坑时，明排水法难以排干大量的地下水，当遇粉细砂层时，还会出现严重的翻浆、冒泥、涌砂现象，不仅基坑无法挖深，还可能造成水土流失、边坡失稳、地面塌陷，甚至危及邻近建筑物的安全。此时，应采用井点降水的人工降水方法施工。

井点降水，就是在开挖前，在基坑周围埋设一定数量的降水井，在井中不断抽出地下水，使基坑范围内的地下水位下降到基坑底以下，从而消除翻浆、漏砂等现象，同时，还能使地基土层因土颗粒自重而更加密实，增加地基土的承载能力。井点降水一般要到基础工程完成以后才能结束。

采用井点降水的不良影响有：地下水位降低范围较大，可能使邻近建筑物产生过多沉降，特别是不均匀沉降，从而使建筑物因地基变形而开裂、倒塌等。

采用井点降水的常用方法有：轻型井点降水、喷射井点降水、管井井点降水、深井井点降水和电渗井点降水等。降水方法，应根据土的渗透系数、降水水位的深度、工程特点、设备条件等具体条件选择，具体参照表 1-13。

表 1-13　井点类型及适用范围

井点类型	渗透系数 /(m/d)	降水深度 /m	主要原理
一级轻型井点	0.1 ～ 80	3 ～ 6	地上真空泵或喷射嘴真空吸水
二级轻型井点		6 ～ 9	
喷射井点	0.1 ～ 50	8 ～ 20	地下喷射嘴真空吸水
电渗井点	＜ 0.1	5 ～ 6	钢筋阳极加速渗流
管井井点	20 ～ 200	6 ～ 10	单井真空泵、离心泵
深管井井点	10 ～ 80	＞ 15	单井潜水泵排水

工程中常用的是轻型井点降水：沿基坑四周或一侧以一定间距将井点管埋入蓄水层内，井点管上部通过弯联管与总管连接，利用抽水设备使地下水经滤管进入井管，经总管不断抽出，将地下水位降至基坑底以下。轻型井点降水适用于渗透系数为 0.1 ～ 50 m/d 的土层。其降水深度为：单级井点 3 ～ 6 m，多级井点 6 ～ 12 m。

轻型井点设备由管路系统和抽水设备组成。管路系统包括井点管（由井管和滤层连接而成）、弯联管及总管等。其现场布置效果如图 1-45 所示。

滤管为进水设备，其构造如图 1-46 所示。滤管通常采用长 1.0 ～ 1.5 m、直径为 38 mm 或 51 mm 的无缝钢管制成，管壁钻有直径为 12 ～ 19 mm 的滤孔。骨架管外面包两层孔径不同的生丝布或塑料布滤管。为使流水畅通，在骨架与滤网之间用塑料管或梯形铅丝隔开，塑料管沿骨架绕成螺旋形。滤网外面再绕一层粗铁丝保护网，滤管下端为铸铁头，滤管上端与井点管连接。

井点管常采用直径为 38 mm 或 51 mm，长 5 ～ 7 m 的无缝钢管，井点管上端用弯联管与总管相连。集水总管采用直径为 100 ～ 127 mm 的无缝钢管，每节 4 m，其上装有与井点管连接的短接头，间距 0.8 m 或 1.2 m。弯联管由胶皮管、塑料透明管或钢管制成，直径为 38 ～

51 mm。为便于检修井点，每个弯联管均应装设阀门。

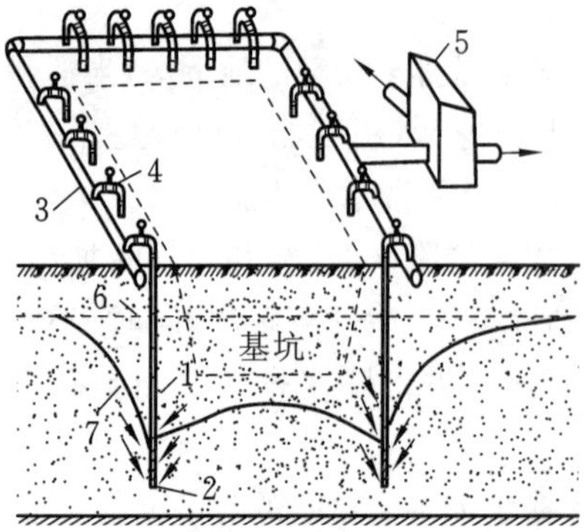

图 1-45　轻型井点法降低地下水位全貌图

1— 井点管；2— 滤管；3— 集水总管；4— 弯联管；5— 泵站；
6— 原地下水水位；7— 降低后的地下水水位

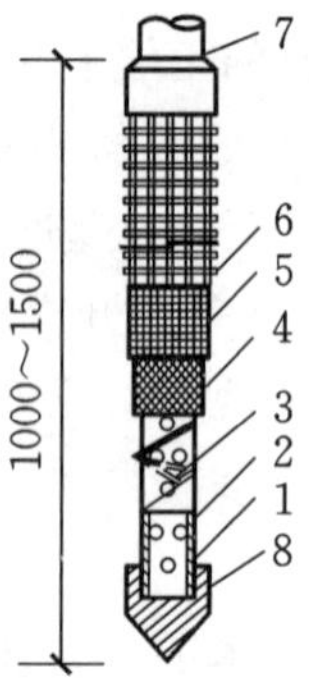

图 1-46　滤管构造

1— 钢管；2— 管壁；3— 缠绕的塑料管；4— 细滤网；
5— 粗滤网；6— 粗铁丝保护网；7— 井点管；8— 铸铁头

抽水设备是由真空泵、离心泵和水汽分离器(又称为集水箱)等组成，其工作原理如图 1-47 所示。抽水时先开动真空泵，使水汽分离器内部形成一定程度的真空，土中的水分和空气受真空吸力作用而被吸出，进入水汽分离器。当进入水汽分离器内的水达到一定高度后开动离心泵，使水汽分离器内的水和空气向两个方向流去：水经离心泵排出；空气集中在上部由真空泵排出，少量从放水口放出。一套抽水设备的负荷长度(即集水总管长度)一般为 100 ～ 120 m。常用的 W5 型和 W6 型干式真空泵，最大负荷长度分别为 100 m 和 120 m。

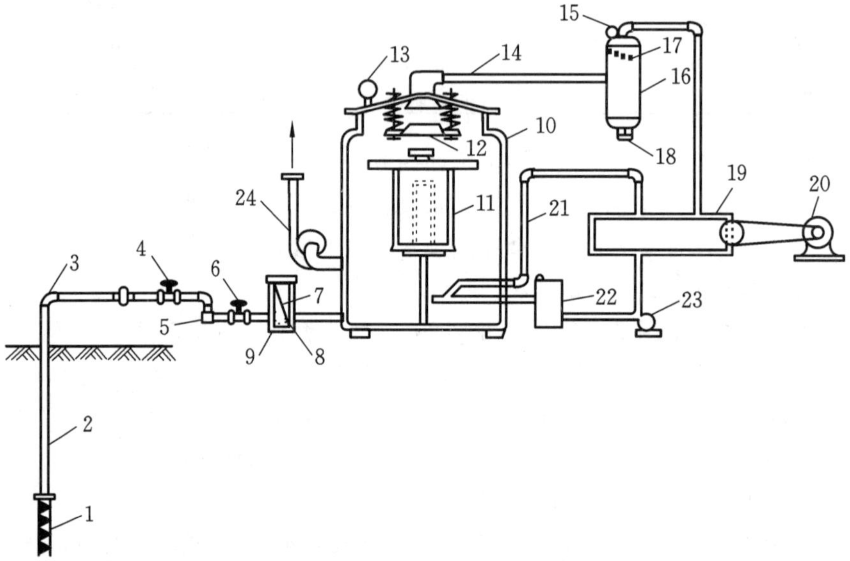

图 1-47　真空泵轻型井点设备工作原理简图

1— 滤管；2— 井点管；3— 弯联管；4，12— 阀门；5— 集水总管；6— 闸门；7— 滤网；8— 过滤室；9— 淘砂孔；
10— 水汽分离器；11— 浮筒；13，15— 真空计；14— 进水管；16— 副水汽分离器；
17— 挡水板；18— 放水口；19— 真空泵；20— 电动机；21— 冷却水管；22— 冷却水箱；23— 循环水泵；24— 离心泵

1.6.3 轻型井点降水的布置

轻型井点降水的布置主要包括平面布置和高程布置。确定布置方案时，应根据基坑(槽)大小与深度，土质、地下水位高低与流向以及降水深度要求等确定。

(1) 轻型井点的平面布置

根据基坑(槽)形状，轻型井点可采用单排布置、双排布置、环形布置，当土方施工机械需进出基坑(槽)时，也可采用U形布置，如图1-48(a)所示。

单排布置适用于基坑(槽)宽度小于6 m，且降水深度不超过5 m的情况，井点管应布置在地下水的上游一侧，两端的延伸长度不宜小于基坑(槽)的宽度，如图1-48(b)所示。

双排布置适用于基坑(槽)宽度大于6 m或土质不良的情况，如图1-48(c)所示。

环形布置适用于大面积基坑(槽)，如采用U形布置，则井点管不封闭的一段应在地下水的下游方向，如图1-48(d)所示。

进行平面布置时，环形井点四角部分应适当加密，井点管至基坑的距离一般为0.7～1.0 m，以防井点漏气，井点管间距一般为0.8～1.6 m，或由计算和经验来确定。

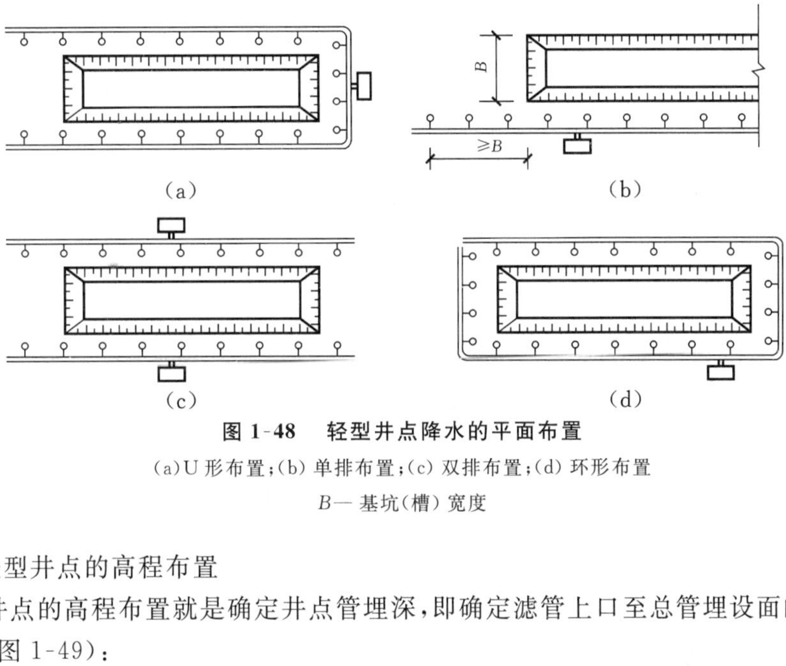

图1-48 轻型井点降水的平面布置

(a)U形布置；(b) 单排布置；(c) 双排布置；(d) 环形布置

B— 基坑(槽) 宽度

(2) 轻型井点的高程布置

轻型井点的高程布置就是确定井点管埋深，即确定滤管上口至总管埋设面的距离，可按下式计算(图1-49)：

$$h \geqslant h_1 + \Delta h + iL \tag{1-36}$$

式中 h—— 井点管埋深(m)；

h_1—— 井点管埋设面至基坑底的距离(m)；

Δh—— 基坑中心处基坑底面(单排井点时，为井点管至对边坡脚) 至降低后地下水水位的距离(m)，一般取0.5～1.0 m；

i—— 地下水水力梯度，环状井点取1/10，双排线状井点取1/7，单排线状井点取1/4；

L—— 井点管至基坑中心的水平距离(m)，在单排井点中，为井点管至对边坡脚的水平距离。

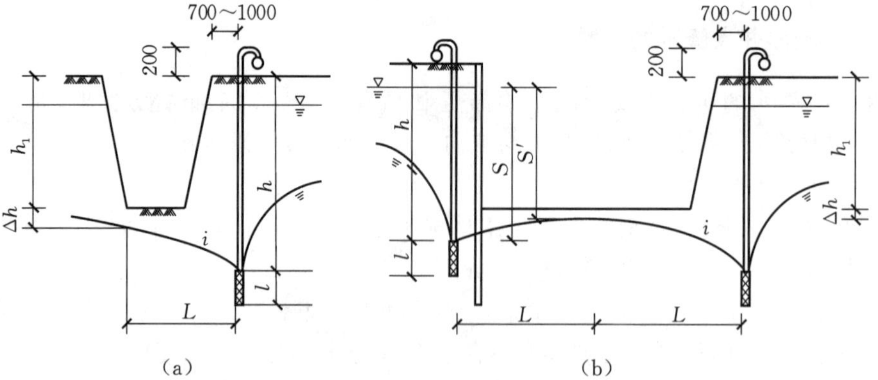

图 1-49　高程布置计算

S— 水位降低值(m);S'— 井点管中水位降低值(m)

按式(1-36)计算的结果还应满足下式要求:

$$h \leqslant h_{p,\max} \tag{1-37}$$

式中　$h_{p,\max}$—— 抽水设备的最大抽吸高度(m),一般轻型井点取 6 ～ 7 m。

不能满足式(1-37)时,可采用降低总管埋设面或多级井点的方法。当计算得到的井点管埋深 h 略大于最大抽吸高度 $h_{p,\max}$,且地下水位离地面较深时,可采用降低总管埋设面的方法,以充分利用水泵的抽水能力,此时总管埋设面可置于地下水位线以上。如其略低于地下水位线也可以,但应在开挖第一层土方埋设总管时设集水井降水。

按式(1-37)计算的 h 与 $h_{p,\max}$ 相差很多且地下水位离地表距离较近时,可采用多级井点,如图 1-50 所示。

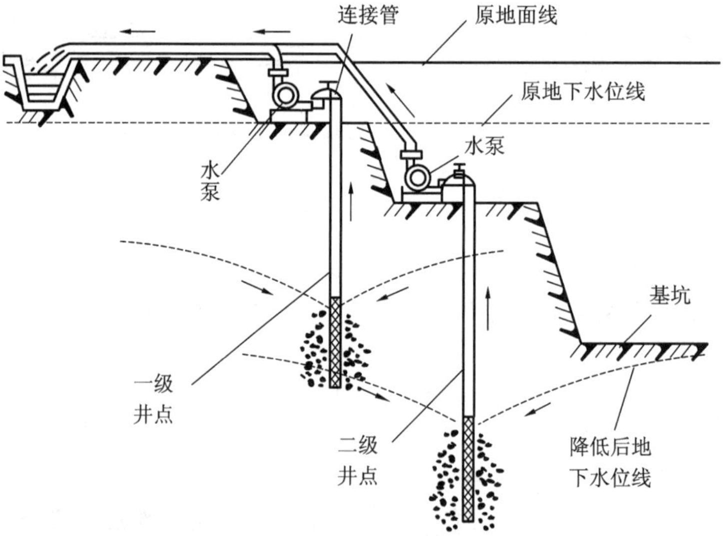

图 1-50　二级轻型井点

(3) 轻型井点降水的基本计算

轻型井点的计算包括涌水量计算、井点管数量与井距的确定以及抽水设备的选用等。

1.6.4 井点系统涌水量、井点管根数及间距计算

井点系统的涌水量是按水井计算理论计算的。水井根据井底是否到达不透水层，分为完整井和非完整井。凡井底到达含水层下面的不透水层顶面的井称为完整井，否则称为不完整井。根据地下水有无压力，又分为无压井与承压井。根据此水井计算理论将水井分为无压完整井、无压非完整井、承压完整井和承压非完整井四大类。其中无压完整井的计算理论较为完善。

(1) 井点系统涌水量计算

① 无压完整井

如图 1-51(a) 所示，环状井点系统涌水量的计算公式为：

$$Q=1.366K\frac{(2H-S)S}{\lg R-\lg x_0} \tag{1-38}$$

式中 K—— 渗透系数(m/d)，应由试验测定，表 1-13 仅供参考；

H—— 含水层厚度(m)；

S—— 水位降低值(m)；

R—— 抽水影响半径(m)，取 $R=1.95S\sqrt{HK}$；

x_0—— 环形井点的假想半径(m)；$x_0=\sqrt{\frac{A}{\pi}}$，其中 A 为基坑周围井点系统所包围的面积，单位为 m^2。

② 无压非完整井

无压非完整井如图 1-51(b) 所示，其涌水量计算较为复杂。为简化计算，一般仍按式(1-38) 计算，但式中的 H 应换成有效深度 H_0，其值根据表 1-14 确定，涌水量按下式计算：

$$Q=1.366K\frac{(2H_0-S)S}{\lg R-\lg x_0} \tag{1-39}$$

式中各符号意义同前。

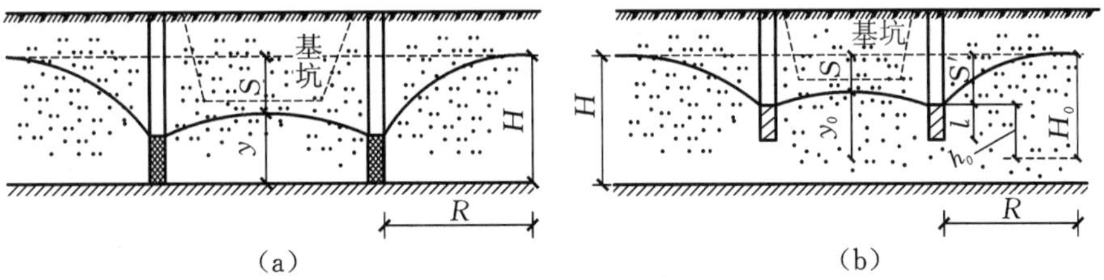

图 1-51 环状井点系统涌水量计算简图

(a) 无压完整井；(b) 无压非完整井

表 1-14 有效深度 H_0

$S'/(S'+l)$	0.2	0.3	0.5	0.8
H_0	$1.3(S'+l)$	$1.5(S'+l)$	$1.7(S'+l)$	$1.85(S'+l)$

注：S' 为井点管中水位降低值，l 为滤管长度。

③ 承压完整井

其环状井点系统涌水量的计算公式为：

$$Q = 2.73K \frac{MS}{\lg R - \lg x_0} \tag{1-40}$$

式中 M—— 承压含水层厚度(m)。

④ 承压非完整井

其环状井点系统涌水量的计算公式为：

$$Q = 2.73K \frac{MS}{\ln(R - x_0)} \sqrt{\frac{M}{1 + 0.5r}} \sqrt{\frac{2M - l_1}{M}} \tag{1-41}$$

式中 r—— 井点管直径(m)；

l_1—— 井点管进入含水层深度(m)。

(2) 井点管根数和间距的计算

① 井点管根数计算

单根井点管的出水量 q 可按下式计算：

$$q = 65\pi d l^3 \sqrt{K} \tag{1-42}$$

式中 d—— 滤管直径(m)；

l—— 滤管长度(m)；

K—— 渗透系数(m/d)。

井点管根数 n 可按下式计算：

$$n = 1.1 \frac{Q}{q} \tag{1-43}$$

式中 1.1—— 备用系数，考虑井点管堵塞等因素。

② 井点管的平均间距计算

井点管的平均间距 D 可按下式计算：

$$D = \frac{L}{n} \tag{1-44}$$

式中 L—— 总管长度(m)。

井点管间距经上述计算确定后，布置时还应注意如下几点：井点管间距不能过小，否则彼此干扰大，出水量会显著减少，井点管间距一般应大于滤管周长的 5 倍($D \geqslant 5\pi d$)；在基坑的四角和靠近地下水流方向一边的井点管应适当加密；采用多级井点降水时，下一级井点管间距应较上一级的小，实际采用的井距，还应与集水总管上段接头的间距相适应(一般按 0.8 m、1.2 m、1.6 m、2.0 m 四种间距选用)，在渗透系数小的土中，井距不应完全按计算取值，还要考虑抽水时间。

1.6.5 抽水设备的选择

抽水设备一般有固定型号，如真空泵有 W5 型、W6 型，采用 W5 型真空泵时总管长度不宜大于 100 m，采用 W6 型真空泵时总管长度不大于 200 m。

水泵一般也与固定型号配套，但在不同地区使用时，还应验算水泵的流量是否大于井点系统的涌水量(应增大10%～20%),通常一套抽水设备可配置两台离心泵,既可轮换备用,又可在地下水量较大时同时使用。同时,还需注意水泵的吸水扬程是否能克服水汽分离器中的真空吸力,以免抽不出水。

1.6.6 轻型井点施工工艺

其安装程序是:挖井点沟槽,敷设集水总管,埋设井点管,用弯联管将井点管与总管连接,安装抽水设备。

井点管的埋设可以利用冲水管冲孔,或钻孔后将井点管沉入,也可以用带套管的水冲法及振动水冲法下沉埋没。冲孔过程中孔洞必须保持垂直,孔径不应小于300 mm,并应上下一致。冲孔深度应比滤管底深0.5 m以上。井孔成型后,应立即拔出冲管,插入井点管,并填满砂滤层,以防孔壁塌土。砂滤层的填灌质量是保证轻型井点顺利工作的关键,一般要选择干净的粗砂,以免堵塞滤管网眼。填灌要均匀,并填塞至填滤管顶上1.0～1.5 m。

井点管与孔壁之间填砂滤料时,管口应有泥浆水冒出,或向管内灌水时,能很快下渗,方为合格。砂滤层填灌好后,距地面0.5～1.0 m深度内,应用黏土封口,以防漏气而影响抽水效果。

井点系统全部安装完毕后,需进行试抽,以检查有无漏气现象,一般应连续抽水(特别是开始阶段),出水规律是"先大后小,先浑后清"。拆除多层井点时应自底层开始逐层向上进行,在下层井点拆除期间,上部各层井点应继续抽水。

1.6.7 防止或减少降水对周围环境的影响

为防止或减少降水对周围环境的影响,避免产生过大的地面沉降,可采取下列技术措施:

(1) 采用回灌技术。在降水井点和要保护的建(构)筑物之间打设一排井点,在降水井点抽水的同时,通过回灌井点向土层内灌入一定数量的水(可用降水井点抽出的水),形成一道隔水帷幕,从而阻止或减少回灌井点外侧被保护的建(构)筑物下的地下水流失,使地下水位基本保持不变,防止因降水使地基自重应力增加而引起地面沉降。

采用回灌井点时,回灌井点与降水井点的距离不宜小于6 m。回灌井点的间距应根据降水井点的间距和被保护建(构)筑物的平面位置确定。

(2) 采用砂沟、砂井回灌。在降水井点与被保护建(构)筑物之间设置砂井作为回灌井,沿砂井布置一道砂沟,将降水井点抽出的水,适时、适量排入砂沟,再经砂井回灌到地下。回灌砂井的灌砂量,应取井孔体积的95%,填料宜采用含泥量不大于3%、不均匀系数为3～5的纯净中粗砂。

(3) 减缓降水速度。在砂质粉土中降水影响范围可达80 m以上,降水曲线较平缓,为此可将井点管加长,减缓降水速度,防止产生过大的沉降,亦可在井点系统降水过程中,调小离心泵阀,减缓抽水速度,还可在邻近被保护建(构)筑物一侧,将井点管间距加大,必要时甚至可暂停抽水。

习　　题

1-1　土的可松性在工程中有哪些应用？

1-2　场地设计标高的确定方法有哪两种？它们有何区别？

1-3　何谓“最佳设计平面”？最佳设计平面如何设计？

1-4　试述土方调配“表上作业法”的计算步骤。

1-5　影响边坡稳定的主要因素有哪些？

1-6　土壁支护有哪些形式？

1-7　试述主要土方机械的性能及其适用性。

1-8　填土的密实度如何评价？

1-9　影响填土质量的因素有哪些？

1-10　降水方法有哪些？其适用范围如何？

1-11　轻型井点的设备包括哪些？

1-12　试述流砂形成的原因及其防治措施。

2 地基与基础工程

【本章要点】

本章主要内容包括地基处理的基本方法和深基础工程的施工。本章的教学重点为钢筋混凝土预制桩的施工，灌注桩（钻孔灌注桩、挖孔灌注桩、沉管灌注桩）施工工艺；教学难点为钢筋混凝土预制桩沉桩工艺及质量控制方法、灌注桩施工工艺、桩基工程常见质量缺陷及预防处理。

【学习目标】

掌握：预制桩的打桩顺序、接桩方法和质量控制；泥浆护壁成孔灌注桩的施工工艺和质量要求。

熟悉：干作业成孔灌注桩施工；人工挖孔桩施工；灌注桩后注浆技术。

了解：基坑验槽和地基加固的方法；套管成孔灌注桩的工艺原理和施工要点。

在实际工程中，若地基为必须加固处理的天然地基，当基坑（槽）挖至基底设计标高后，施工单位必须会同勘察、设计、监理单位和业主共同验槽，合格后方能进行基础工程施工。

2.1 基坑验槽与地基加固处理

2.1.1 基坑验槽

验槽的方法以观察为主，对于基底以下的不可见部位辅以夯、拍或轻便勘探共同完成。

（1）观察法

① 检验槽壁、槽底的土质情况，验证基槽开挖深度，初步验证基槽底部土质是否与勘察报告相符，观察槽底土质结构是否受到人为破坏；验槽时应重点观察柱基、墙角、承重墙下或其他受力较大部位，如有异常，要会同勘察、设计等有关单位进行处理。

② 检验基槽边坡是否稳定，是否有影响边坡稳定的因素存在，如地下渗水、坑边堆载或近距离扰动等（对于难鉴别的土质，应采用洛阳铲等工具挖至一定深度仔细鉴别）。

③ 检验基槽内有无旧的房基、洞穴、古井、掩埋的管道和人防设施等，如存在上述问题，应沿其走向进行追踪，查明其在基槽内的范围、延伸方向、长度、深度及宽度。

在进行直接观察时，可用袖珍式贯入仪作为辅助手段。

（2）钎探法

① 钎探是用锤将钢钎打入坑底以下的土层内一定深度，根据锤击次数和入土难易程度来判断土的软硬情况及有无古井、古墓、洞穴、地下掩埋物等。

② 钢钎的打入方式分为人工和机械两种。

③ 根据基坑平面图,依次编号绘制成钎探点平面布置图。

④ 按照钎探点顺序号依次进行钎探施工。

⑤ 打钎时,同一工程应钎径一致、锤重一致、用力(落距)一致。每贯入 30 cm(通常称为一步),记录一次锤击数,每打完一个孔(点),将相关数据填入钎探记录表内,最后进行统一整理。

⑥ 分析钎探资料:检查其测试深度、部位,以及测试钎探器具是否标准,记录是否规范,认真分析钎探记录各点的测试击数,分析钎探击数是否均匀,对偏差大于 50% 的点位,分析原因,确定范围,重新补测,对异常点采用洛阳铲进一步核查。

⑦ 钎探后的孔要用砂灌实。

(3) 轻型动力触探法

遇到下列情况之一时,应在基底进行轻型动力触探:

① 持力层明显不均匀。

② 局部有软弱下卧层。

③ 有浅埋的坑穴、古墓、古井等,直接观察难以发现时。

④ 勘察报告或设计文件规定应进行轻型动力触探时。

当工程结构的荷载较大,地基土质又较软弱(强度不足或压缩性大),不能作为天然地基时,可针对不同情况,采取各种人工加固处理的方法,来提高地基承载力,增加稳定性。

2.1.2 地基处理方法

常用的地基处理方法有换填垫层法、强夯法、预压法、深层搅拌法、挤密法、化学加固法等,可根据地基加固的原理,采取不同的加固方法。

2.1.2.1 换填垫层法

将地基中一定厚度的软弱土层挖除,分层填筑中粗砂或砂砾石、灰土、黏性土或其他性能稳定、无侵蚀性的材料,并分层压实或振(夯)实至要求的密实度,这种地基处理的方法称为换填垫层法。它还包括低洼地域筑高(平整场地)或堆填筑高(道路路基)。

(1) 适用条件

当软弱土地基的承载力或变形满足不了建(构)筑物的要求,而软弱土层厚度又不大时可采用换填垫层法。

(2) 适用范围

换填垫层法适用于淤泥、淤泥质土、湿陷性黄土、素填土、杂填土地基及暗沟、暗塘的浅层处理,处理深度一般控制在 3 m 以内,也不宜小于 0.3 m。

(3) 换填材料和施工方法

在施工中换填材料通常选用“砂加石”和“三七灰土”。

① 开挖软弱土的方法主要有挖掘机挖除法、推土机挖除法、人工挖除法等。

② 换填垫层施工应分层铺设,分遍压(振)实,填料的含水量应控制在最佳含水量范围内。

③ 换填压实的施工方法有机械碾压法、重锤夯实法和平板振动法等,应根据换填材料的性能来选择压实机械。

同一建筑物下地基垫层设计厚度不同时,在厚度突变处或分段施工交接处应做成阶梯搭接或斜坡搭接，并按先深后浅的顺序进行垫层施工，搭接处应夯压密实。

2.1.2.2 强夯法

强夯属高能量夯击，它是用起重机械将大吨位夯锤(一般为 80 ～ 300 kN) 起吊到 6 ～ 30 m 高度后，自由落下，给地基土以强大冲击能量的夯击，在土中出现冲击波和很大的冲击应力，迫使土层孔隙压缩，在夯击点周围产生裂隙，形成良好的排水通道，孔隙水和气体逸出，使土粒重新排列，经时效压密达到固结，从而提高地基承载力，降低其压缩性。强夯法是一种常用的深层地基处理方法。其特点为：施工方法和设备简单，施工速度快，功效高；节约原材料，较为经济；适用土质范围广，可取得较高的承载力，一般地基强度可提高 2 ～ 5 倍；沉降变形小，压缩量可降低 2 ～ 10 倍；加固影响深度可达 6 ～ 10 m，但振动影响较大。强夯法适用于加固碎石土、砂土、低饱和度粉土、黏性土、湿陷性黄土、素填土、杂填土以及工业废渣、垃圾地基的处理。当强夯所产生的振动对周围建筑物、设备及其他设施有影响时，不得采用强夯法施工。必要时，应采取防振、隔振措施。图 2-1 为履带式强夯机。

图 2-1 履带式强夯机

强夯施工技术参数：

(1) 锤重和落距是影响夯击能和加固深度的重要因素，直接决定单击的夯击能。锤重不小于 80 kN，落距不宜小于 6 m。

(2) 有效加固深度 H(m) 可用下式估算：

$$H = k\sqrt{\frac{M \cdot h}{10}} \tag{2-1}$$

式中 M—— 夯锤重力(kN)；

h—— 落距(m)；

k—— 折减系数，与土质、锤型、能级、施工工艺等有关，一般黏性土取 0.5，砂性土取 0.7，黄土取 0.35 ～ 0.5。

(3) 单位夯击能应综合考虑地基土类别、结构类型、荷载大小和要求加固处理的深度等因素，并通过现场试夯确定。单位夯击能过小，加固效果差；单位夯击能过大，不仅浪费能源，增加费用，而且对饱和黏性土还会破坏其土体结构，形成橡皮土，降低强度。

(4) 夯击点布置一般根据基础布置、地基土性质和要求加固深度确定，有等边三角形、等腰三角形或正方形布置等。加固土层厚、土质差、透水性差、含水率高的黏性土时，夯点间距宜大；加固土层薄、透水性强、含水率低的砂质土，间距则宜小些。

(5) 强夯顺序可为先周边后中间，也可为先外后里，如图 2-2 所示。

(6) 夯点的夯击次数是指单个夯点一次连续夯击的次数，一般为 3 ～ 10 击。

(7) 夯击遍数根据地基土的性质确定，一般情况下，采用点夯 2 ～ 3 遍。

(8) 两遍夯击之间应有一定的间隔时间。

(9) 强夯处理范围应大于建筑物基础范围，每边超出基础外缘的宽度宜为设计加固处理深度的 1/2 ～ 2/3，且不宜小于 3 m。

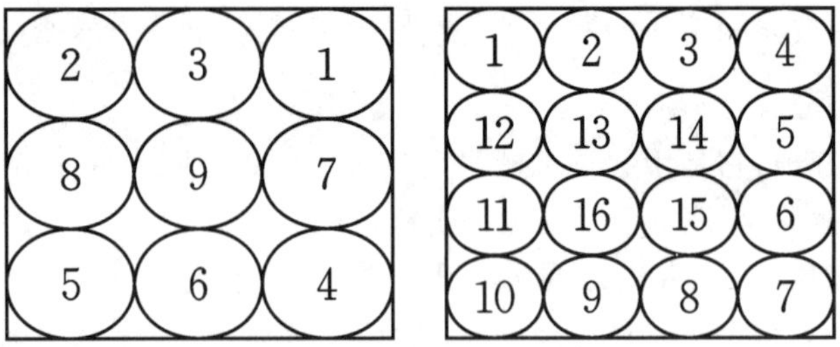

(a)　　　　　　(b)

图 2-2　强夯顺序

(a) 先周边后中间;(b) 先外后里

2.1.2.3　预压法

预压法是在建筑物建造前,对建筑场地进行预压,使土体中的水排出,地基逐渐固结沉降,同时强度逐步提高。

预压法适用于处理淤泥、淤泥质土和冲填土等饱和黏性土地基。

其常见的处理方法有:袋装砂井堆载预压法、塑料排水板堆载预压法、真空预压法。

(1) 袋装砂井堆载预压法

袋装砂井堆载预压法(图 2-3)是将砂先装入砂袋中,再将砂袋置于井中。井径一般为 70 ～ 120 mm,间距为 1.5 ～ 2.0 m。此方法不会产生缩颈、断颈现象,透水性好,费用低,施工速度快。

(2) 塑料排水板堆载预压法

塑料排水板堆载预压法(图 2-4)是将塑料排水带用插排机将其插入软土层中,组成垂直和水平排水体系,然后堆载预压,土中孔隙水沿塑料带的沟槽上升溢出地面,从而使地基沉降固结。

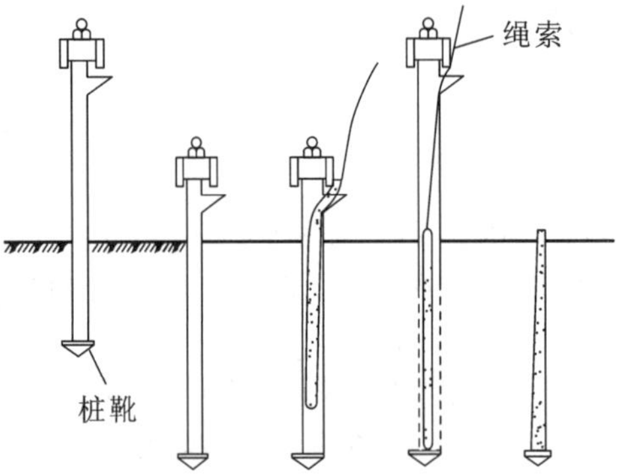

(a)　(b)　(c)　(d)　(e)

图 2-3　袋装砂井堆载预压

(a) 定位;(b) 沉管;(c) 砂袋置于井中;(d) 拔管;(e) 成型

图 2-4　塑料排水板堆载预压

(3) 真空预压法

真空预压法(图 2-5)是在需要加固的软土地基表面先铺设砂垫层,然后埋设垂直排水管道,再用不透气的封闭膜使其与大气隔绝,薄膜四周埋入土中,通过砂垫层内埋设的吸水管道，用真空装置进行抽气，使其形成真空，以增加地基的有效应力。

抽真空时，先后在地表砂垫层及竖向排水通道内逐步形成负压，使土体内部与排水通道、垫层之间形成压差。在此压差作用下，土体中的孔隙水不断由排水通道排出，从而使土体固结。

真空预压的原理主要反映在以下几个方面：

① 薄膜上面承受大小等于薄膜内外压差的荷载；

② 地下水位降低，相应增加附加应力；

③ 封闭气泡排出，土的渗透性加大。

真空预压是将覆盖于地面的密封膜下抽真空，使膜内外形成气压差，使黏土层产生固结压力。这是在总应力不变的情况下，通过减小孔隙水压力来增加有效应力的方法。真空预压是在负超静水压力下排水固结，又称为负压固结。

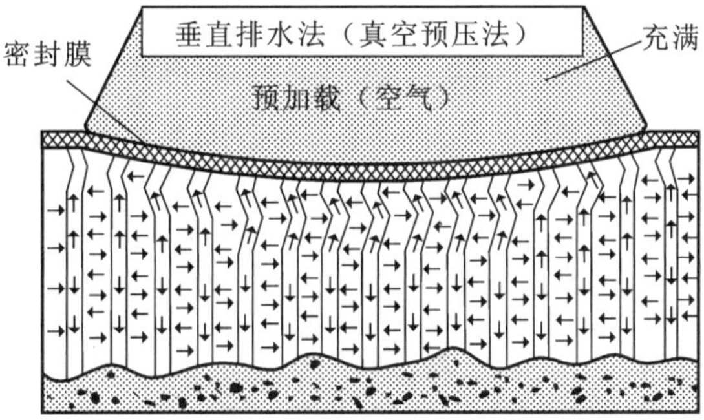

图 2-5　真空预压

2.1.2.4　深层搅拌法

深层搅拌法(图 2-6)是利用水泥作为固化剂，通过特制的搅拌机械，在地基深处就地将软土和固化剂强制搅拌，固化剂和软土之间产生一系列物理化学反应，使软土硬结成具有整体性、水稳定性和一定强度的地基，与天然地基形成复合地基，从而提高地基承载力，增大变形模量。深层搅拌法适用于处理正常固结的淤泥与淤泥质土、粉土、饱和黄土、素填土、黏性土以及无流动地下水的饱和松散砂土等地基。

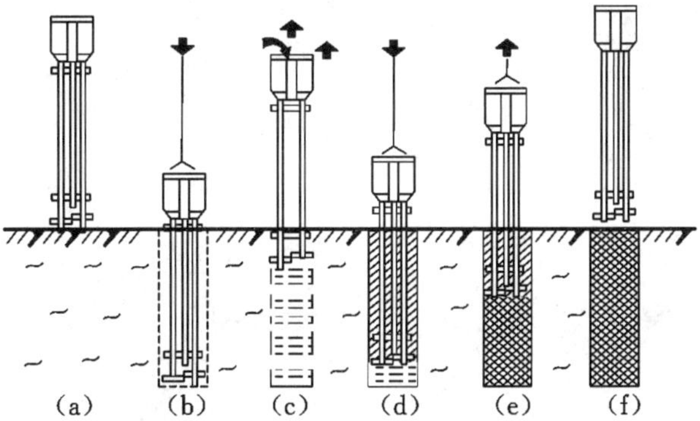

图 2-6　深层搅拌法施工工艺流程

(a) 定位；(b) 预搅下沉；(c) 提升喷浆搅拌；(d) 重复下沉搅拌；(e) 重复提升搅拌；(f) 成桩

2.2 桩基础施工

桩基础(图 2-7) 是土木工程中常用的深基础形式,它由桩和承台组成。桩按承载性质可分为摩擦型桩和端承型桩,前者又分为摩擦桩、端承摩擦桩;后者又分为端承桩、摩擦端承桩。桩按成桩时挤土状况可分为非挤土桩、部分挤土桩和挤土桩。按桩的施工方法,桩可分为预制桩和灌注桩两类。与此同时,桩也在基坑围护结构中有着广泛的应用。

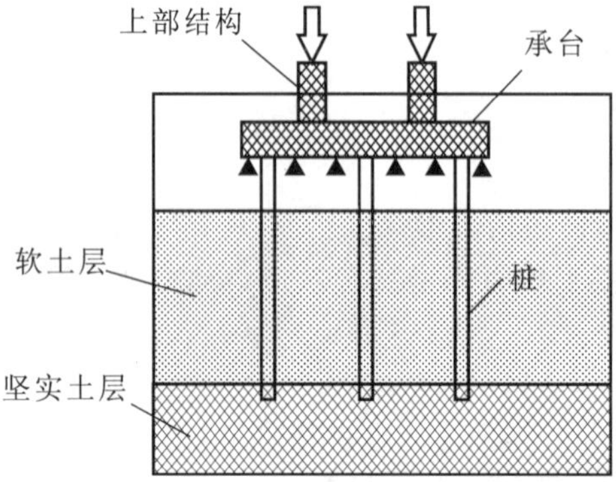

图 2-7 桩基础

2.2.1 预制桩施工

预制桩包括钢筋混凝土预制桩和钢桩,其中钢筋混凝土预制桩包括实心桩和管桩。本节只介绍钢筋混凝土预制桩。

2.2.1.1 钢筋混凝土预制桩的制作、起吊、运输和堆放

(1) 制作

① 方桩。方桩(图 2-8) 即实心桩,通常为边长 250 ~ 550 mm 的方形断面,如在工厂制作,长度不宜超过 12 m;如在现场预制,长度不宜超过 30 m。方桩的接头不宜超过 2 个。

② 预应力管桩。预应力管桩(图 2-9) 即 PC 桩,预应力管桩一般为外径 400 ~ 500 mm 的空心圆柱形截面,壁厚 80 ~ 100 mm,在工厂采用“离心法”制成,分节长度为 8 ~ 10 m,用法兰连接,桩的接头不宜超过 4 个,下节桩底端可设桩尖,也可以开口。管桩多采用先张法预应力工艺。

在钢筋混凝土预制桩制作中,钢筋骨架质量根据《建筑地基基础工程施工质量验收标准》(GB 50202—2018) 的规定标准进行验收。

图 2-8 方桩

图 2-9 预应力管桩

(2) 起吊、运输和堆放

预制桩桩身混凝土强度达到设计强度等级的70%后方可起吊，起吊时应用吊索按设计规定的吊点位置进行吊运。如无吊环且设计又未作规定时，可按吊点间的跨中正弯矩与吊点处负弯矩相等的原则来确定吊点位置，如图2-10所示。起吊时钢丝绳与桩之间应加衬垫，以免损坏棱角。起吊时应平稳提升，避免摇晃、撞击和振动。

预制钢筋混凝土桩堆放高度不宜超过四层，地面应坚实、平整，垫长枕木。支撑点在吊点位置，垫木上下对齐。

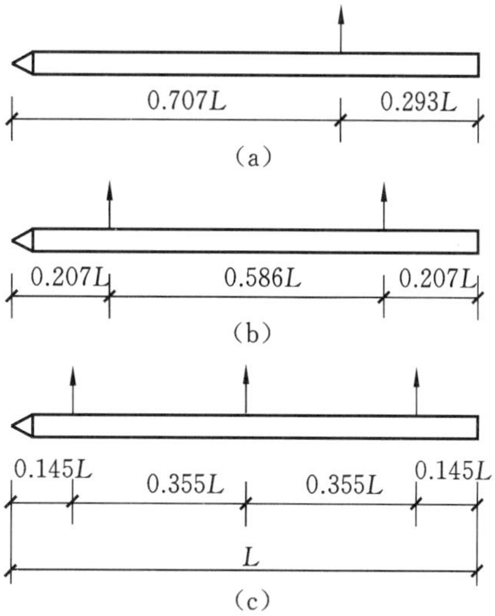

图 2-10　吊点的起吊位置

(a) 一个吊点；(b) 两个吊点；(c) 三个吊点

L— 桩长

2.2.1.2　预制桩沉桩

预制桩的沉桩方法有锤击法、静力压桩法、振动法和水冲法。

(1) 锤击法沉桩

① 施工准备

沉桩开始前，清除高空、地上和地下的障碍物，平整场地；在打桩机进场及移动范围内，场地平整坚实，地面承载力满足桩机运行和机架垂直度要求；施工场地及周围应保持排水通畅，然后对桩位进行放样；桩位放样允许偏差，对群桩为 20 mm，对单排桩为 10 mm。

桩基轴线的定位点应设置在不受打桩影响的地点，打桩地附近需设置不少于两个水准点。在施工过程中可据此检查桩位的偏差以及桩的入土深度。

沉桩之前应先进行沉桩试验，试验的目的是检验打桩设备及工艺是否符合要求，了解桩的贯入度、持力层强度及桩的承载力，以确定沉桩方案。

② 合理确定沉桩顺序

由于预制桩沉桩对土体的挤密作用，会使先沉的桩因受水平推挤而造成偏移和变位，或被垂直挤拔造成浮桩。而后沉入的桩因土体挤密，难以达到设计标高或入土深度，或造成土体隆起和挤压，截桩长度过大。因此，进行群桩施工时，为了保证沉桩工程质量，防止周围建筑物受土体挤压的影响，沉桩前应根据桩的密集程度、桩的规格、长短和桩架的移动方便等因素来正确选择沉桩顺序，对标高不一的桩应遵循“先深后浅”的原则；对不同规格的桩，应遵循“先大后小、先长后短”的原则。

a.由一侧向单一方向进行(逐排沉桩)，如图 2-11(a) 所示。此方法沉桩时桩的就位和起吊方便，沉桩效率高，但土壤向一个方向挤压，当桩距大于或等于 4 倍桩径时，土壤的挤压影响可忽略，当桩距小于 4 倍桩径时会产生桩身倾斜或浮桩，应考虑间隔沉桩或变换沉桩顺序。

b.自中间向两个方向进行。此方法适用于大面积的桩群，如图 2-11(b) 所示。

c.自中间向四周进行。此方法适用于大面积的桩群，如图 2-11(c) 所示。

③ 工艺流程

预制桩沉桩工艺流程如图 2-12 所示。

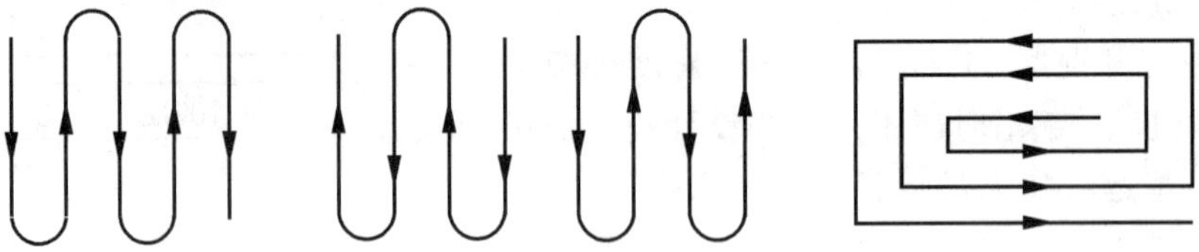

(a)　　　　(b)　　　　(c)

图 2-11　常用的沉桩顺序示意图

(a) 由一侧向单一方向进行;(b) 自中间向两个方向进行;(c) 自中间向四周进行

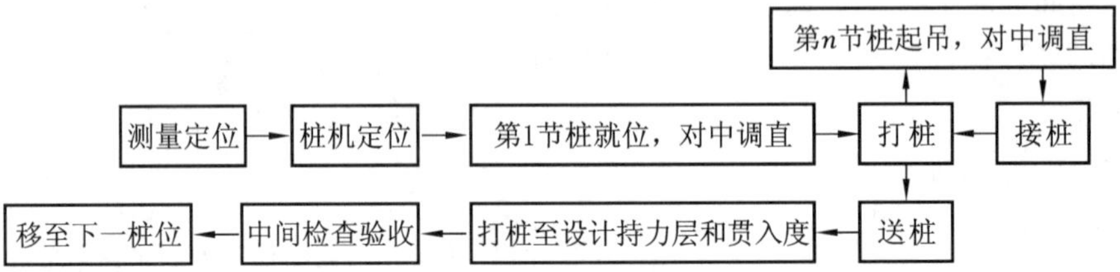

图 2-12　预制桩沉桩工艺流程图

④ 质量控制

采用锤击法时,桩锤应根据地质条件、桩型、桩的密集程度、单桩竖向承载力及现有施工条件等因素确定,也可按相关规范选用。打桩机就位后,将桩锤和桩帽吊起来,然后吊桩并送至导杆内,垂直对准桩位缓缓送下并插入土中,垂直度偏差不得超过 0.5%,然后固定桩锤和桩帽,使其和桩身在同一铅垂线上,确保桩能垂直下沉。锤与桩帽、桩帽与桩之间应加设硬木、麻袋、草垫等弹性衬垫,桩帽与桩周围应有 5 ～ 10 mm 的间隙,以防损伤桩顶。

锤击打桩应遵循“重锤低击、低锤重打”的原则进行,开始时锤的落距应较小,待桩入土一定深度且稳定后,再按要求的落距锤击,用落锤或单动汽锤打桩时,最大落距不宜大于 1 m,用柴油锤时应使锤跳动正常。打桩过程中应检查桩的桩体垂直度、沉桩情况、贯入情况、桩顶完整状况、电焊接桩质量、电焊后的停歇时间等。对电焊接桩,重要工程应对电焊接头做 10% 的焊缝探伤检查。打桩时,如遇贯入度剧变,桩身突然发生倾斜、位移或有严重回弹,桩顶破碎或桩身严重裂缝时,应立即暂停,分析原因,并采取相应措施。打桩时,除了注意桩顶与桩身由于桩锤冲击破坏外,还应注意桩身受锤击拉应力而导致的水平裂缝。在软土中打桩,在桩顶以下 1/3 桩长范围内常会因反射的张力波使桩身受拉而引起水平裂缝。开裂的地方往往出现在吊点和混凝土缺陷处,这些地方容易形成应力集中。采用重锤低速击桩和较软的桩垫可减少锤击拉应力。

锤击桩终止锤击的控制应符合下列规定:① 当桩端位于一般土层时,应以控制桩端设计标高为主,贯入度为辅;② 桩端到达坚硬、硬塑的黏性土,中密以上粉土、砂土、碎石类土及风化岩时,应以贯入度控制为主,桩端标高为辅;③ 贯入度已达到设计要求而桩端标高未达到时,应继续锤击 3 阵,每阵 10 击,并按贯入度不应大于设计规定的数值确认,必要时,施工控制贯入度应通过试验确定。

沉桩完成后应根据以下标准进行验收。按标高控制的桩,桩顶标高的允许偏差为 －50 ～

100 mm；预制桩沉桩的垂直度偏差应控制在 1% 之内，桩位的允许偏差应符合表 2-1 的规定：斜桩倾斜度的偏差不得大于倾斜角正切值的 15%（倾斜角为斜桩的纵向中心线与铅垂线间夹角）。此外，还应监测打桩施工对周围环境有无影响。

表 2-1　打入桩桩位的允许偏差

项目		允许偏差值 /mm
带有基础梁的桩	垂直于基础梁的中心线	$100+0.01H$
	沿基础梁的中心线	$150+0.01H$
桩数为 1 ～ 3 根桩基中的桩		100
桩数为 4 ～ 16 根桩基中的桩		1/2 桩径或边长
桩数大于 16 根桩基中的桩	最外边的桩	1/3 桩径或边长
	中间桩	1/2 桩径或边长

注：H 为施工现场地面标高与桩顶设计标高的距离。

（2）静压沉桩

静压沉桩是通过静力压桩机以压桩机自重及桩架上的配重作反力等将预制桩压入土中的一种沉桩工艺。它既能施压预制方桩，也可施压预应力管桩。静压预制桩通常适用于高压缩性黏土层或砂性较轻的软黏土层等软土地基，也适用于覆土层不厚的岩溶地区。在覆土层不厚的岩溶地区采用钻孔桩很难钻进，采用冲孔桩则容易卡锤，采用打入式桩又容易打碎，而采用静压桩可缓慢压入，并能显示压桩阻力，容易保证施工质量。但在溶洞、溶沟发育充分的岩溶地区以及在土层中有较多孤石、障碍物的地区，宜慎用静压沉桩。

静压沉桩施工工艺流程如下：施工场地准备 → 定位放线 → 安装桩机 → 确定桩位和沉桩顺序 → 桩机就位 → 吊桩、喂桩 → 桩身对中调直 → 插桩入土 → 压桩 → 接桩 → 送桩 → 压桩 → 终止压桩 → 切割桩头。

静压沉桩的主要优点是：① 低噪声、无振动、无污染、场地整洁、施工文明程度高，适合城市施工；② 施工速度很快，可以 24 h 连续施工，即可缩短建设工期，创造时间效益，从而降低工程造价；③ 桩定位准确，不易产生偏心，可提高桩基施工质量；④ 采用静力压桩，桩身不受锤击应力，可降低桩身混凝土强度，减少配筋，从而降低工程造价。

静压沉桩的主要缺点是：① 具有一定挤土效应，对周围建筑环境及地下管线有一定的影响，边桩中心到相邻建筑物的间距要求较大；② 施工场地的地耐力要求较高，在新填土、淤泥土及积水浸泡过的场地施工易陷机，对表土层软弱的地方需事先进行处理；③ 过大的压桩力（夹持力）易将管桩桩身夹破夹碎，使管桩出现纵向裂缝；④ 在地下障碍物或孤石较多的场地施工，容易出现斜桩甚至断桩。

常用的静力压桩机有顶压式静力压桩机和抱夹式静力压桩机两种，如图 2-13 所示。

（3）振动法沉桩

振动法沉桩是将桩与振动桩锤（图 2-14）刚接在一起，利用振动桩锤产生的振动力通过桩身使土体振动，使土体的内摩擦角减小，强度降低，从而将桩沉入土中。振动法沉桩在砂土中效率较高。

(a)　　　　　　　　　　(b)

图 2-13　静压沉桩

(a) 顶压式；(b) 抱夹式

图 2-14　振动桩锤

(4) 射水沉桩

射水沉桩常与锤击或振动沉桩法一同使用。射水沉桩是利用高压水流从桩侧面或从空心桩内部的射水管中冲击桩尖附近的土层，以减少沉桩阻力。在砂夹卵石层或坚硬土层中，一般以射水为主，锤击或振动为辅；在粉质黏土或黏土中，一般以锤击或振动为主，射水为辅，并需适当控制射水量和射水时间。施工时一般是边冲边打，在沉桩至最后 1 ～ 2 m 时停止射水，用锤击沉桩至设计标高，以保证桩的承载力。

2.2.2　灌注桩施工

灌注桩是直接在桩位就地成孔，然后在孔内吊放钢筋笼，最后浇筑混凝土而成的桩。灌注桩能适用于各种地质，无需接桩。灌注桩施工时无振动、无挤土、噪声小，适合在城市建筑物密集地区使用，与预制桩相比节约钢材，灌注桩的桩径可根据工程需要而定，但其施工要求严格，施工成孔中有大量土渣和泥浆排出，施工后需较长养护时间方可承受荷载。根据成孔工艺的不同，灌注桩可以分为泥浆护壁成孔灌注桩、干作业成孔灌注桩、沉管灌注桩、爆扩成孔灌注桩、人工挖孔灌注桩等。

2.2.2.1　泥浆护壁成孔灌注桩

泥浆护壁成孔是用泥浆保护孔壁并排出土渣而成孔。泥浆护壁成孔适用于地下水位较高的黏性土、粉土、砂土、填土、碎(砾)石土及风化岩层,以及地质情况复杂、夹层多、风化不均和软硬变化较大的岩层。

(1) 主要机具设备

泥浆护壁成孔灌注桩的主要机具有:成孔钻机(包括回转钻机、潜水钻机、冲击钻等,其中以回转钻机应用最多),翻斗车或手推车,混凝土导管,套管,水泵,水箱,泥浆池,混凝土搅拌机,平、尖头铁锹,胶皮管等。

回转钻机是由动力装置带动有钻头的钻杆转动,由钻头切削土壤,切削形成的土渣通过泥浆循环排出桩孔。

(2) 护壁泥浆

① 泥浆的作用。在钻孔过程中,为防止孔壁坍塌,在孔内注入高塑性黏土或膨润土和水拌和的泥浆,也可利用钻削下来的黏性土与水混合自造泥浆。这种护壁泥浆与钻孔的土屑混合,边钻边排出泥浆,同时进行孔内补浆,进行泥浆循环。泥浆具有保护孔壁、防止坍孔的作用,同时在泥浆循环过程中还可携带土渣排出钻孔,并对钻头具有冷却与润滑作用。

泥浆护壁的原理是泥浆的相对密度较大,当孔内液面高于地下水水位时,泥浆对孔壁产生静水压力,从而抵抗了作用于孔壁上的静止土压力和水压力,相当于提供了水平方向的液体支撑,可防止塌孔;同时泥浆向孔壁渗透,形成了一层低透水性的泥皮,避免孔内的水分流失,稳定了孔内液面高度,使得孔内能保持稳定的静水压力,以达到护壁的目的。

② 泥浆的组成与性能。泥浆制备的方法应根据土质情况确定,在黏土中钻孔,可采用在孔中注入清水,自造泥浆护壁;在其他土层中成孔时,应注入制备泥浆。护壁泥浆是由高塑性黏土或膨润土和水拌和而成的混合物,泥浆应根据施工机械、工艺及穿越土层情况进行配合比设计,还可在其中掺入其他掺合剂,如加重剂、分散剂、增黏剂及堵漏剂等。

护壁泥浆一般可在现场制备,制备泥浆应达到一定的性能指标。制备泥浆的性能指标见表 2-2。

表 2-2 制备泥浆的性能指标

项次	项目	性能指标	检验方法
1	相对密度	1.1 ~ 1.15	泥浆密度计
2	黏度	10 ~ 25 s	500/700 mL 漏斗法
3	含砂率	< 6%	含砂量计
4	胶体率	> 95%	量杯法
5	失水量	< 30 mL/30 min	失水量仪
6	泥皮厚度	1 ~ 3 mm/30 min	失水量仪
7	静切力	1 min, 2 ~ 3 Pa 10 min, 5 ~ 10 Pa	
8	稳定性	< 0.03 g/cm²	
9	pH 值	7 ~ 9	pH 试纸

③ 泥浆循环。根据泥浆循环方式的不同,泥浆循环分为正循环和反循环,可根据桩型、

钻孔深度、土层情况、泥浆排放条件、允许沉渣厚度等进行选择。对孔深较大的端承型桩和粗粒土层中的摩擦型桩，宜采用反循环成孔及清孔，也可根据土层情况采用正循环钻进，反循环清孔。

正循环回转钻机成孔时泥浆由钻杆内部注入，从钻杆底部喷出，携带钻下的土渣沿孔壁向上流动，由孔口将土渣带出流入沉淀池，沉淀后的泥浆流入泥浆池再注入钻杆，如此不断循环。正循环成孔工艺原理如图 2-15(a) 所示。

反循环回转钻机成孔时泥浆由钻杆与孔壁间的间隙流入钻孔，由砂石泵在钻杆内形成真空，使钻下的土渣由钻杆内腔吸出至地面而流向沉淀池，沉淀后再流入泥浆池。反循环工艺泥浆上流的速度较高，排放土渣的能力强。反循环成孔工艺原理如图 2-15(b) 所示。

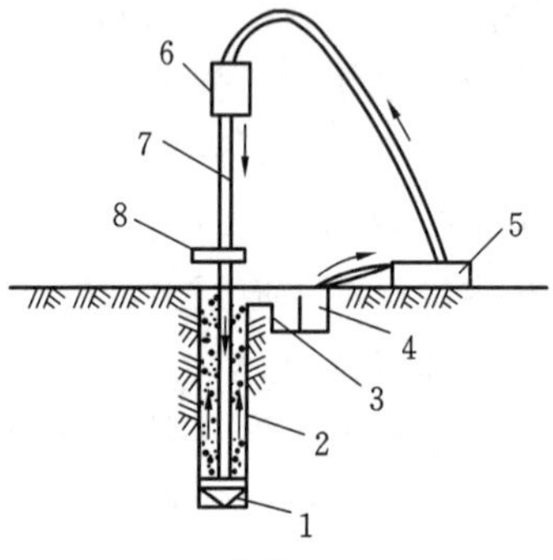

(a)　　(b)

图 2-15　正反循环回转钻机成孔工艺原理图

(a) 正循环；(b) 反循环

1— 钻头；2— 泥浆循环方向；3— 沉淀池；4— 泥浆池；5— 泥浆泵；6— 水龙头；7— 钻杆；8— 钻机回转装置；9— 新泥浆流向；10— 砂石泵；11— 混合液流向

图 2-16　护筒埋设

(3) 施工工艺流程

① 钻孔机就位。钻孔机就位时，必须保持平稳，不发生倾斜、位移，为准确控制钻孔深度，应在钻孔机上或钻孔机机管上做出控制的标尺，以便在施工中进行观测、记录。

② 钻孔及注泥浆。调直机架挺杆，对好桩位(用对位圈)，开动机器钻进，出土，达到一定深度后(视土质和地下水情况) 停钻，孔内注入事先调制好的泥浆，然后继续钻进，同时挖好水源坑、排泥槽、泥浆池等。

孔内注入泥浆，钻进时，护壁泥浆与土屑混合，边钻边排出携带土屑的泥浆；当钻孔达到规定深度后，运用泥浆循环进行孔底清渣。

③ 护筒埋设。如图 2-16 所示，钻孔深度达到 5 m 左右时，提钻埋设护筒；护筒内径应大于钻头 100 mm；护筒位置应埋设正确且稳定，护筒与孔壁之间应用黏土填实，护筒中心与桩孔中心线偏差不大于 50 mm；护筒埋设深度在黏土中不宜小于 1 m，在砂土中不宜小于 1.5 m，并应保持孔内泥浆面高出地下水位 1 m 以上。

④ 继续钻孔。防止表层土受振动坍塌，钻孔时不要让泥浆水位下降，当钻至持力层后，若设

计无特殊要求，可继续钻入 1 m 左右，作为插入深度。施工中应经常测定泥浆的相对密度。

⑤ 孔底清理及排渣。在黏土和粉质黏土中成孔时，可注入清水，以原土造浆护壁，排渣泥浆的相对密度应控制在 1.1 ～ 1.2。在砂土和较厚的夹砂层中成孔时，泥浆相对密度应控制在 1.1 ～ 1.3；在穿过砂夹卵石层或容易坍孔的土层中成孔时，泥浆的相对密度应控制在 1.3 ～ 1.5。

⑥ 吊放钢筋笼。吊放钢筋笼前应绑好砂浆垫块；吊放时要对准孔位，吊直扶稳，缓慢下沉，钢筋笼放到设计位置时，应立即固定，防止钢筋笼下沉或上浮。

⑦ 射水清底。在钢筋笼内插入混凝土导管（管内有射水装置），通过软管与高压泵连接，开动泵水即射出，射水后孔底的沉渣即悬浮于泥浆之中。

⑧ 浇筑混凝土。停止射水后，应立即浇筑混凝土，随着混凝土不断增高，孔内沉渣将浮在混凝土上面，并同泥浆一同排回贮浆槽内。水下浇筑混凝土应连续施工，导管底端应始终埋入混凝土中 0.8 ～ 1.3 m，导管的第一节底管长度应不小于 4 m。

⑨ 拔出导管。混凝土浇筑到桩顶时，应及时拔出导管，但混凝土的上顶标高一定要符合设计要求。

泥浆护壁成孔灌注桩施工工艺流程图如图 2-17 所示。

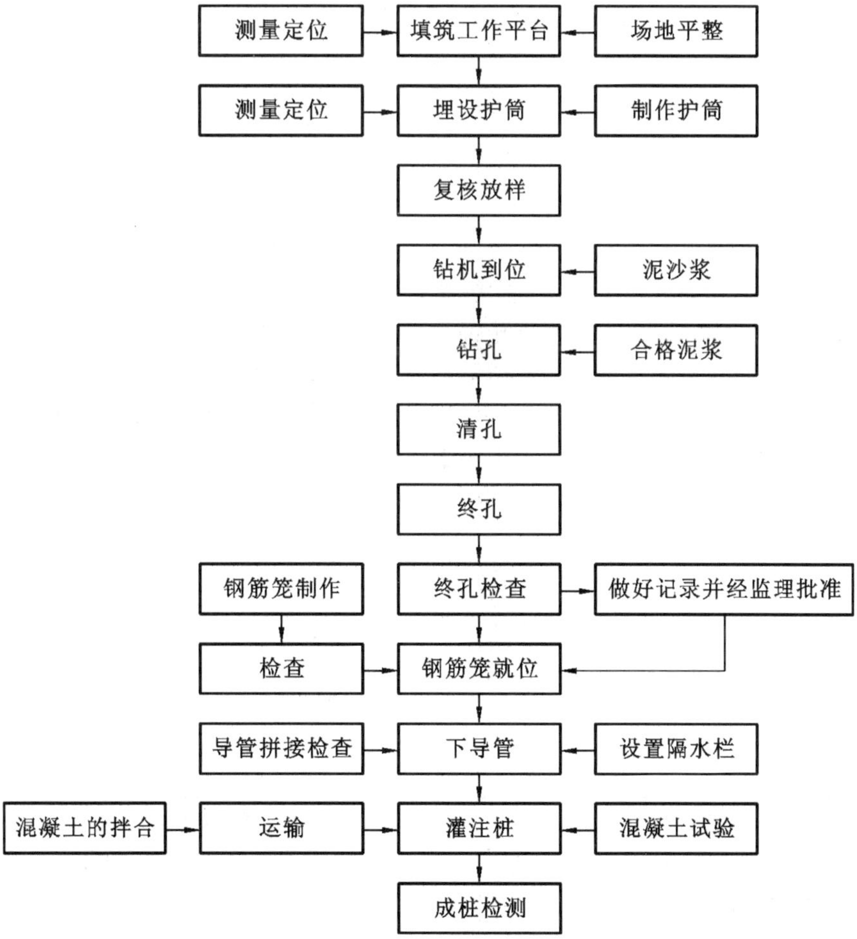

图 2-17　泥浆护壁成孔灌注桩施工工艺流程图

(4) 混凝土灌注桩施工质量控制

灌注桩成孔施工允许偏差见表 2-3。

表 2-3　灌注桩成孔施工允许偏差

<table>
<tr><th colspan="2" rowspan="2">成孔方法</th><th rowspan="2">桩径允许偏差/mm</th><th rowspan="2">垂直度允许偏差/%</th><th colspan="2">桩位允许偏差/mm</th></tr>
<tr><th>1～3 根桩，条形桩基沿垂直轴线方向和群桩基础中的边桩</th><th>条形桩基沿轴线方向和群桩基础的中间桩</th></tr>
<tr><td rowspan="2">泥浆护壁钻挖、冲孔桩</td><td>$d \leqslant 1000$ mm</td><td rowspan="2">±50</td><td rowspan="2">1</td><td>$d/6$ 且不大于 100</td><td>$d/4$ 且不大于 150</td></tr>
<tr><td>$d > 1000$ mm</td><td>$100 + 0.01H$</td><td>$150 + 0.01H$</td></tr>
<tr><td rowspan="2">锤击(振动)沉管、振动冲击沉管成孔</td><td>$d \leqslant 500$ mm</td><td rowspan="2">−20</td><td rowspan="2">1</td><td>70</td><td>150</td></tr>
<tr><td>$d > 500$ mm</td><td>100</td><td>150</td></tr>
<tr><td colspan="2">螺旋钻、机动洛阳铲干作业成孔</td><td>−20</td><td>1</td><td>70</td><td>150</td></tr>
<tr><td rowspan="2">人工挖孔桩</td><td>现场浇筑混凝土护壁</td><td>±50</td><td>0.5</td><td>50</td><td>150</td></tr>
<tr><td>长钢套管护壁</td><td>±20</td><td>1</td><td>100</td><td>200</td></tr>
</table>

注：① 桩径允许偏差的负值是指个别断面。

②H 为施工现场地面标高与桩顶设计标高的距离；d 为设计桩径。

灌注桩成孔深度应符合下列要求：

① 摩擦型桩：摩擦型桩应以设计桩长控制成孔深度；端承摩擦桩必须保证设计桩长及桩端进入持力层深度。当采用锤击沉管法成孔时，桩管入土深度控制应以标高为主，贯入度控制为辅。

② 端承型桩：当采用钻(冲)、挖成孔时，必须保证桩端进入持力层的设计深度；当采用锤击沉管法成孔时，桩管入土深度控制应以贯入度为主，控制标高为辅。

灌注桩桩身混凝土强度等级不应小于 C25，混凝土预制桩尖强度等级不应小于 C30。粗骨料可选用卵石或碎石，其粒径不得大于钢筋间最小净距的 1/3，且不宜大于 50 mm。水下混凝土必须具备良好的和易性，坍落度应控制在 180 ～ 220 mm；水泥用量不少于 360 kg/m^3；水下混凝土的含砂率宜为 40% ～ 45%，并宜选用中粗砂；粗骨料的最大粒径应不大于 40 mm；为改善和易性并使之缓凝，水下混凝土宜掺外加剂。

钻孔灌注桩浇筑混凝土前，对已成孔的中心位置、孔深、孔径、垂直度、孔底沉渣厚度等进行认真检查。其中，孔底沉渣厚度直接影响桩的承载力及其沉降量，因此沉渣厚度应予以控制，其允许厚度见表 2-4。

表 2-4　孔底沉渣允许厚度

桩的类型	孔底沉渣允许厚度 /mm
端承型桩	≤50
摩擦型桩	≤100
抗拔桩和抗水平力桩	≤200

灌注桩施工后也应进行桩的承载力检测与桩身质量检查，一般要求与预制桩相同。但对于一级建筑桩基和地质条件复杂或成桩质量可靠性较低的桩基工程，还应进行成桩质量检测。桩身检测还可采用大应变动测法等方法，对于大直径桩还可采取钻取岩芯、预埋管超声检测法等。

(5) 施工过程中常见质量问题及处理措施

① 掉落钻物。由于钻杆接头滑丝，钻头和钻杆容易掉入孔中，需要在钻进过程中及时检查，如果掉入后，应将专用打捞器插入孔中，再将钻头等提出孔外。

② 钻孔漏浆。如开钻后发现孔内水头无法保持，可能是护筒埋置深度不够，发生漏浆所致，可增加护筒长度和埋置深度。

③ 钻孔偏斜。钻进过程中钻杆不垂直、土层软硬不均或碰到孤石都会引起钻孔偏斜。钻孔偏斜的预防措施是钻机安装时对导架进行水平和垂直校正，发现钻杆弯曲时应及时更换；遇软硬土层时应低速钻进；出现钻杆偏斜时可提起钻头，上下反复扫钻几次。如纠正无效，应于孔中局部回填黏土至偏孔处 0.5 m 以上，稳定后再重新钻进。

④ 混凝土堵管。原因主要有两种：第一种是导管底部被泥沙等物堵塞；第二种是混凝土离析时粗集料过于集中而堵塞。

第一种情况多发生于第一罐混凝土浇筑时，由于导管至孔底距离不够，安装钢筋及导管时间过长，孔内淤积加深，此时的处理办法是用吊车将料斗连同导管一起吊起，待混凝土管畅通后放置回原位。

第二种情况多发生于混凝土浇筑过程中，处理办法是将导管吊起，快速向井底冲击(注意不能破坏导管的密封性)，注意切不可将导管提出混凝土面以外。

堵管的预防和处理方法为：在混凝土中加入适量缓凝剂；导管埋置深度控制在 2～6 m；遇故障时适当活动导管及时起吊、冲击。

⑤ 钢筋上浮。在混凝土浇筑过程中，若混凝土浇筑速度过快，钢筋骨架会受到因混凝土下注时的位能而产生的冲击力。使钢筋笼上浮顶托力的大小与混凝土浇筑时的位能、速度、流动性、导管底口标高、首批混凝土表面标高及钢筋骨架标高有关。

钢筋上浮的预防措施：混凝土底面接近钢筋骨架时，放慢混凝土浇筑速度；混凝土底面接近钢筋骨架，导管保持较大埋深，导管底口与钢筋骨架底端保持较大距离；混凝土表面进入钢筋骨架一定深度后，提升导管使导管口高于钢筋骨架底端一定距离。

⑥ 断桩。断桩产生的原因有多种，如导管口拔出混凝土面时，混凝土因坍落度过小在导管内不下落等。出现断桩时，将导管从孔内拔出，看导管内是否堵有混凝土，然后量出导管下口直径尺寸，并以此尺寸用气割割一块厚度为 3～5 mm 的圆形钢板，堵在导管下口，钢板外圈的毛刺磨光，然后用 2～3 层塑料薄膜包裹钢板和导管下口，再用电工胶布把塑料薄膜缠在导管外壁上，使导管的下部成为一个密封的整体，这样可以用常规的下导管的方法，重新下导管，待导管下口接触到混凝土面时，由于导管自重较轻，再加上浮力，导管口进入混凝土内部的深度不大，此时可用吊车臂向下轻压导管，直至将导管埋置于原混凝土下 2～3 m 处。接下来可按正常浇筑方法继续浇筑。

潜水钻成孔。潜水钻(图 2-18)是将动力装置沉入钻孔内，通过防水密封式的电动机和变速箱及钻头组装在一起潜入泥浆之下钻进。

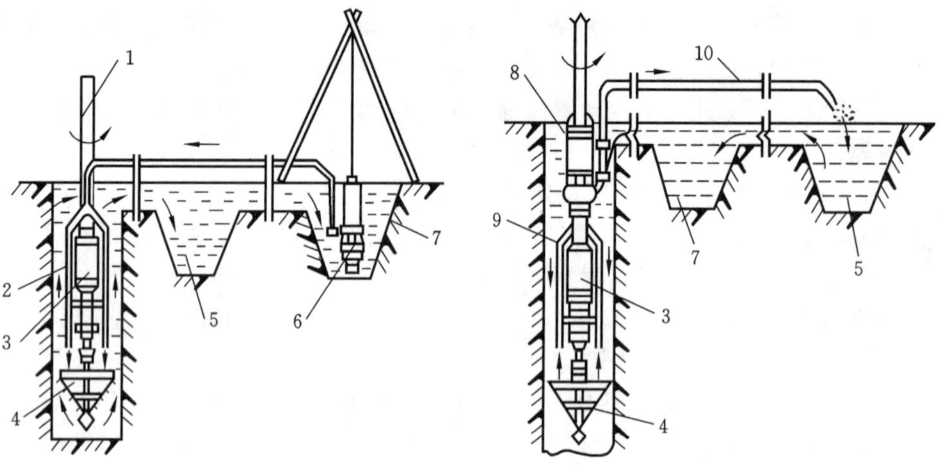

(a) (b)

图 2-18　潜水钻

(a) 正循环排渣;(b) 反循环排渣

1— 钻杆;2— 送水管;3— 主机;4— 钻头;5— 沉淀池;6— 潜水泥浆泵;7— 泥浆泵;

8— 砂石泵;9— 抽渣管;10— 排渣胶管

图 2-19　螺旋钻机

2.2.2.2　干作业成孔灌注桩

干作业成孔灌注桩适用于地下水位较低,在成孔深度内无地下水的土质,无需护壁可直接取土成孔。此方法适用于黏性土、粉土、人工填土、中等密实以上的砂土、风化岩层。

(1) 主要机具设备

干作业成孔灌注桩常用螺旋钻机(图 2-19) 或机动洛阳铲成孔。成孔深度为 8 ～ 20 m,成孔直径为 300 ～ 600 mm。成孔原理是电动机带动钻杆转动,使螺旋叶片旋转削土,土随螺旋叶片上升排出孔外。

(2) 施工工艺流程

干作业成孔灌注桩施工工艺流程如图 2-20 所示。

钻至设计深度后进行孔底清理。孔底清理方法为只钻不进、空转清土、提钻卸土。

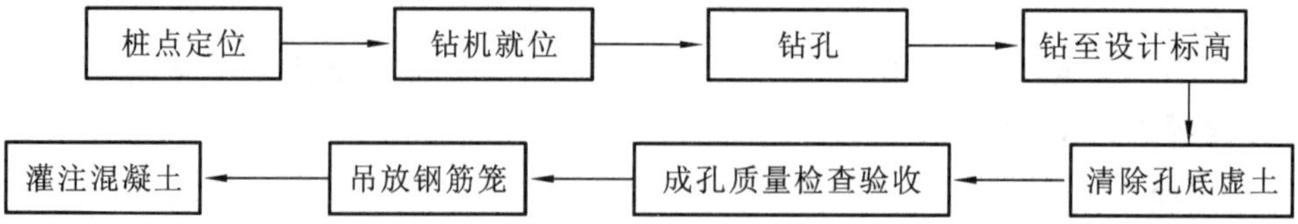

图 2-20　干作业成孔灌注桩施工工艺流程

桩身或桩底扩孔方法为:可在钻杆上换装扩孔刀片,扩底直径为桩身直径的 2.5 ～ 3.5 倍,在设计要求位置形成葫芦桩或扩底桩,如图 2-21 所示。孔底虚土厚度要求:摩擦力为主的桩不大于 300 mm,端承力为主的桩不大于 100 mm。

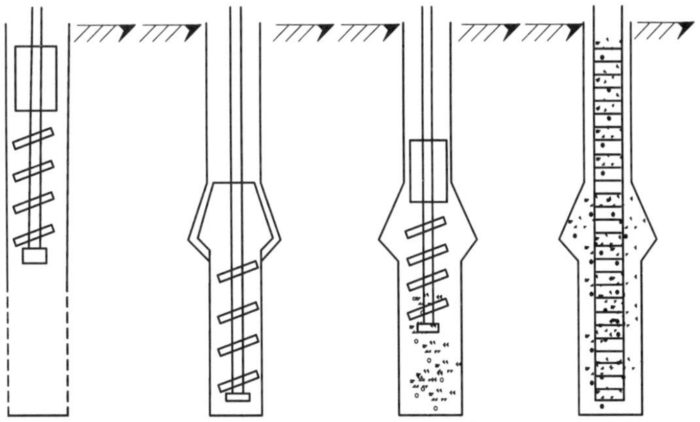

图 2-21　螺旋钻扩孔机成孔工艺

(a) 用扩孔机钻孔；(b) 打开扩孔器扩孔；(c) 用扩孔机清孔；(d) 放入钢筋笼、浇筑混凝土

2.2.2.3　沉管灌注桩

套管成孔(图 2-22)适用于黏性土、粉土、淤泥质土、砂土及填土。

沉管灌注桩是利用锤击打桩法或振动沉管法将带有钢筋混凝土桩靴(或活瓣式桩尖)的钢桩管沉入土中，然后边拔管边灌注混凝土而成。

图 2-22　套管成孔

(1) 主要机具设备

沉管灌注桩的主要机具设备包括振动或锤击装置、桩架、卷扬机、加压装置、桩管、桩尖或钢筋混凝土预制桩靴等。沉管分为锤击沉管和振动沉管。

(2) 施工工艺

为了提高桩的质量和承载能力，沉管灌注桩常采用单打法、复打法、反插法等施工工艺。沉管灌注桩施工过程如图 2-23 所示。

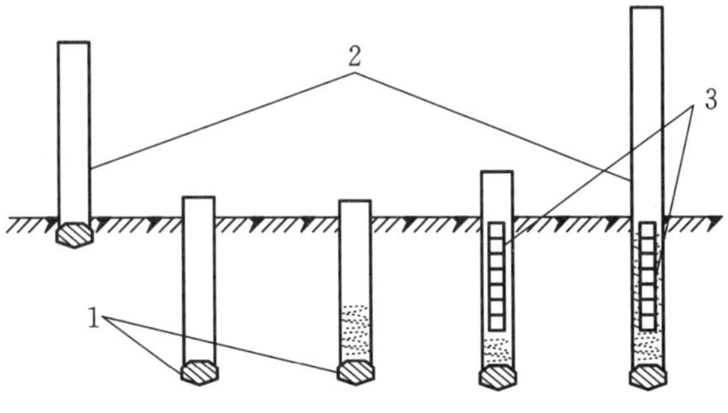

图 2-23　沉管灌注桩施工过程

(a) 就位；(b) 沉钢管；(c) 开始灌注混凝土；(d) 下钢骨架继续浇筑混凝土；(e) 拔管成型

1— 桩尖；2— 钢管；3— 钢筋

① 锤击注桩施工，套管内混凝土应灌满，然后开始拔管。拔管要均匀，第一次拔管高度以能容纳第二次所需的混凝土灌注量为限，拔管时应保持连续密锤低击，并控制拔管速度（一般土层应小于或等于1 m/min，软弱土层及软硬土层交界处应小于或等于0.8 m/min）。当桩的中心距小于或等于5D（D为桩径）或中心距小于或等于2 m时应跳打；中间空出的桩须待邻桩混凝土达到设计强度的50%后，方可施打。

② 振动灌注桩施工中采用激振器或振动冲击锤沉管，施工时，先安装好桩机，将桩管下活瓣合起，对准桩位，徐徐放下套管，压入土中，保持垂直，即可开动激振器沉管。沉管时须严格控制最后两分钟的贯入度。

采用振动沉管灌注桩的反插法施工时，在套管内灌满混凝土后，振动开始再拔管，每次拔管长度为0.5 ～ 1.0 m，向下反插0.3 ～ 0.5 m。如此反复进行并始终保持振动，直至套管全部拔出。反插能增大桩的截面，提高桩身质量和承载力，宜在软土地基上应用。振动灌注桩的复打与锤击灌桩相同。

(3) 施工过程中常见质量问题及处理措施

沉管灌注桩施工过程中常见质量问题主要有断桩，缩颈，吊脚桩，桩靴进水、进泥等。

① 断桩

产生断桩的原因为：桩距过小，邻桩施打时土的挤压所产生的水平推力和隆起上拔力在软硬土层间的传递水平不同，对桩产生剪应力；桩身混凝土终凝不久，强度低。

避免断桩的措施为：桩的中心距宜大于3.5倍桩径；减少打桩顺序及桩架行走路线对新打桩的影响；采用跳打法或控制时间法以减少对邻桩的影响。

断桩的处理方法为：断桩一经发现，应将断桩拔出，将孔清理干净后，略增大面积或加上铁箍连接，再重新灌注混凝土补做桩身。

② 缩颈(瓶颈桩)

特点：部分桩径缩小，截面面积不符合要求。

产生缩颈的原因为：在含水量大的黏土中沉管时，土体受强烈扰动和挤压，产生很高的孔隙水压力，桩管拔出后，这种压力便作用到新浇筑的混凝土桩上，使桩身发生颈缩现象；拔管过快，混凝土量少，或和易性差，使混凝土出管时扩散差。

避免缩颈的措施为：施工中应经常测定混凝土下落情况，发现问题及时纠正，一般可用复打法处理。

③ 吊脚桩

吊脚桩即桩底部混凝土悬空，或混凝土中混进泥沙而形成松软层。

产生吊脚桩的原因：桩靴强度不够，沉管时被破坏变形，水或泥沙进入桩管，或活瓣未及时打开。

避免吊脚桩的措施为：拔出桩管，纠正桩靴或将砂回填桩孔后重新沉管。

④ 桩靴进水、进泥

产生桩靴进水、进泥的原因为：桩靴活瓣闭合不严，预制桩靴被打破或活瓣变形，常发生在地下水位高的饱和淤泥或粉砂土层中。

避免桩靴进水、进泥的措施为：拔出桩管，清除泥沙，整修桩靴活瓣，再用砂回填桩孔后重打，地下水位高时，可待桩管沉至地下水位时，先灌入0.5 m厚的水泥砂浆作封底，再灌

1 m 高混凝土增压，然后继续沉管。

2.2.3　人工挖孔桩

人工挖孔桩(图 2-24)采用人工挖掘方法成孔，成孔后，吊放钢筋笼，浇筑混凝土成桩。人工挖孔桩的桩径一般为 800 ～ 2000 mm，最大可达 3500 mm，适用于非软土、流砂及地下水较丰富和水压大的土层。人工挖孔桩的特点：设备简单，施工速度快，土层情况明确，沉渣易清除，施工质量可靠，成本低，但工人在井下作业，劳动条件差，必须严格按操作规程施工，制定可靠的安全措施。

(1) 施工工艺

人工挖孔桩的护壁(图 2-25)常采用现浇混凝土护壁，也可采用钢护筒或沉井护壁等。

图 2-24　人工挖孔桩

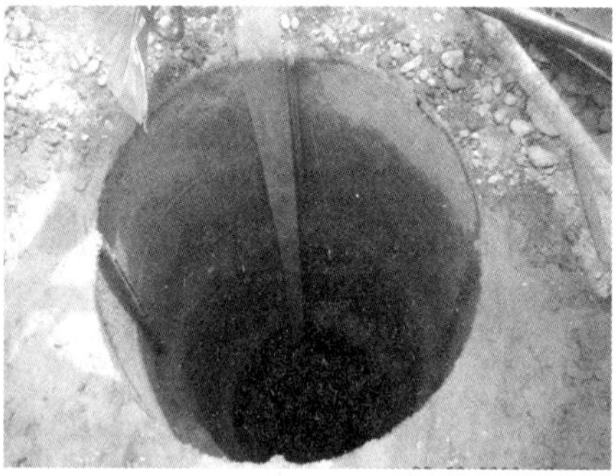

图 2-25　人工挖孔桩的护壁

① 放线定桩位及高程。在场地三通一平的基础上，依据建筑物测量控制网的资料和基础平面布置图，测定桩位轴线方格控制网和高程基准点确定好桩位中心，以中点为圆心，以桩身半径加护壁厚度为半径画出上部的圆周，撒石灰线作为桩孔开挖尺寸线。桩位线定好之后，必须经有关部门进行复查，办好预检手续后开挖。

② 开挖第一节桩孔土方。开挖桩孔应从上到下逐层进行，先挖中间部分的土方，然后扩及周边，有效地控制开挖桩孔的截面尺寸。每节的高度应根据土质好坏、操作条件而定，一般以 0.9 ～ 1.2 m 为宜。

③ 支护壁模板、放附加钢筋。为防止桩孔壁塌方，确保安全施工，成孔应设置井圈，其种类有素混凝土和钢筋混凝土两种。现浇钢筋混凝土井圈能与土壁紧密结合，稳定性和整体性能均佳，且受力均匀，应优先选用。当桩孔直径不大，深度较浅而土质又好，地下水位较低时，也可以采用喷射混凝土护壁，护壁的厚度应根据井圈材料、性能、刚度、稳定性、操作方便、构造简单等要求，并按受力状况，以最下面一节所承受的土侧压力和地下水侧压力，通过计算来确定。护壁模板应拆上节、支下节重复周转使用，模板之间用卡具、扣件连接固定，也可以在每节模板的上下端各设一道圆弧形的、用槽钢或角钢做成的内钢圈作为内侧支撑，防止内模受胀力而变形，通常不设水平支撑，以方便操作。第一节护壁以高出地面150 ～200 mm 为宜，便于挡土、挡水。桩位轴线和高程均应标定在第一节护壁上口，护壁厚度一般取 100 ～ 150 mm。

④ 浇筑第一节护壁混凝土。桩孔护壁混凝土每挖完一节，应立即浇筑混凝土。人工浇

筑、人工捣实，混凝土强度一般为C20，坍落度控制在100 mm，确保孔壁的稳定性。

⑤ 检查桩位(中心)轴线及标高。每节桩孔护壁做好以后，必须将桩位十字轴线和标高测设在护壁的上口，然后用十字线对中，吊线坠向井底投设，以半径尺杆检查孔壁的垂直平整度。随之进行修整，井深必须以基准点为依据，逐根进行引测。保证桩孔轴线位置标高、截面尺寸满足设计要求。

⑥ 架设垂直运输架。第一节桩孔成孔以后，即着手在桩孔上口架设垂直运输支架。支架有钢管吊架、木吊架或工字钢导轨支架等形式。支架要求搭设稳定、牢固。

⑦ 安装电动葫芦或卷扬机。在垂直运输架上安装滑轮组和电动葫芦或穿卷扬机的钢丝绳，选择适当位置安装卷扬机。对于试桩和小型桩孔，也可以用木吊架、木辘轳或人工直接借助粗麻绳作提升工具。

⑧ 安装吊桶、照明、活动盖板、水泵和通风机。

⑨ 开挖吊运第二节桩孔土方(修边)。从第二节开始，利用提升设备运土，桩孔内人员应戴好安全帽，地面人员应拴好安全带。吊桶离开孔口上方1.5 m时，推动活动安全盖板，掩蔽孔口，防止卸土的土块、石块等杂物坠落孔内伤人。吊桶在小推车内卸土后，再打开活动盖板，下放吊桶装土。桩孔挖至规定的深度后，用支杆检查桩孔的直径及井壁圆弧度，修整孔壁，上下应垂直平顺。

⑩ 拆除第一节模板、支第二节护壁模板，放附加钢筋。护壁模板可周转使用(拆上节，支下节)，如往下孔径缩小，则应配备小块模板进行调整，模板上口留出高度为100 mm的混凝土浇筑口，接口处应捣固密实。拆模后用混凝土或砌砖堵严，水泥砂浆抹平，拆模强度应达到1 MPa。

⑪ 浇筑第二节护壁混凝土。混凝土用串筒送来，人工浇筑，人工振捣密实，混凝土可由试验来确定是否掺入早强剂，以加速混凝土的硬化。

⑫ 检查桩位(中心)轴线及标高。以桩孔口的定位线为依据，逐节校测，逐层往下循环作业，将桩孔挖至设计深度，清除虚土，检查土质情况，桩底应支承在设计所规定的持力层上。

⑬ 开挖扩底部分。桩底可分为扩底和不扩底两种情况。挖扩底桩时应先将扩底部位桩身的桩体挖好，再按扩底部位的尺寸、形状自上而下削土扩充至满足设计图纸的要求；如设计无明确要求，扩底直径一般为1.5～3.0D(D为桩径)。

⑭ 检查验收。成孔以后必须对桩身直径、扩头尺寸、孔底标高、桩位中线、井壁垂直度、虚土厚度进行全面测定。做好施工记录，办理隐蔽验收手续。

⑮ 吊放钢筋笼。钢筋笼放入前应先绑好砂浆垫块，按设计要求一般为70 mm(钢筋笼四周，在主筋上每隔3～4 m设一个直径20 mm的环，作为定位垫块)；吊放钢筋笼时，要对准孔位，直吊扶稳、缓慢下沉，避免碰撞孔壁。钢筋笼放到设计位置时，应立即固定，遇有两段钢筋笼连接时，应采用焊接(搭接焊或帮条焊)，宜双面焊接，接头数按50%错开，以确保钢筋位置正确，保护层厚度符合要求。

⑯ 浇筑桩身混凝土。桩身混凝土可使用粒径不大于50 mm的石子，坍落度为80～100 mm，机械搅拌，用槽加串筒向桩孔内浇筑混凝土，混凝土的落差大于2 m、桩孔深度超过12 m时，宜采用混凝土导管浇筑。浇筑混凝土时应连续进行，分层振捣密实，一般第一步宜浇

筑到扩底部位的顶面，然后浇筑上部混凝土，分层高度依捣固的工具而定，但不宜大于 1.5 m。混凝土浇筑到桩顶时，混凝土应适当超过桩顶设计标高，以保证在剔除浮浆后，桩顶标高符合设计要求。桩顶上的钢插铁一定要保持设计尺寸，垂直插入，并有足够的保护层。

(2) 施工注意事项

① 桩孔开挖，当桩净距小于 2 倍桩径且小于 2.5 m 时，应采用间隔开挖，排桩跳挖的最小施工净距不得小于 4.5 m，孔深不宜大于 40 m。

② 每段挖土后必须吊线检查中心线位置是否正确，桩孔中心线平面位置偏差不宜超过 50 mm，桩的垂直度偏差不得超过 1%，桩径不得小于设计直径。

③ 防止土壁坍塌及流砂。挖土如遇到松散或流砂土层时，可减少每段开挖深度(取 0.3 ～0.5 m)或采用钢护筒、预制混凝土沉井等作护壁，待穿过此土层后再按一般方法施工。流砂现象严重时，应采用井点降水处理。

④ 浇筑桩身混凝土时，应注意清孔及防止积水，桩身混凝土应一次连续浇筑完毕，不留施工缝。为防止混凝土离析，宜采用串筒来浇筑混凝土，如果地下水穿过护壁流入且流量较大，无法抽干时，则应采用导管法浇筑水下混凝土。

⑤ 必须制定好安全措施。

习　　题

2-1　地基处理的目的是什么?

2-2　人工处理地基的方法有哪些?

2-3　简述强夯法的加固机理。

2-4　桩基础有何优点?

2-5　何为摩擦型桩? 何为端承型桩?

2-6　如何选择锤重?

2-7　确定预制桩合理沉桩顺序时应遵循哪些原则?

2-8　简述预制桩施工常见问题及预控措施。

2-9　预制桩沉桩对周围环境的影响及预防措施有哪些?

2-10　泥浆护壁成孔灌注桩施工中泥浆的作用是什么?

2-11　沉管灌注桩施工过程中常见质量问题有哪些?

2-12　人工挖孔桩施工中应制定哪些安全措施?

3 钢筋混凝土结构工程

【本章要点】

本章主要内容包括模板工程、钢筋工程、混凝土工程。本章的教学重点为模板的安装与拆除，钢筋的连接与加工，混凝土的浇筑、振捣、养护与质量检查；教学难点为模板的选择、钢筋的下料计算和混凝土的质量检查。

【学习目标】

掌握：模板的技术要求；各种构件模板的安装与拆除；钢筋的配料；钢筋各种连接方法的特点和适用范围；混凝土浇筑中的技术要求，基础、主体结构的浇筑方法；混凝土的自然养护；混凝土冬期施工基本概念。

熟悉：组合钢模板、木模板的构造；模板系统设计；钢筋的代换；钢筋的加工；钢筋的绑扎和安装；钢筋工程的质量要求；施工配合比的确定；混凝土的拌制、混凝土的运输，浇筑前的准备工作，大体积混凝土、水下混凝土等的浇筑方法；混凝土密实成型中的机械振动成型；混凝土冬期施工的工艺要求。

了解：模板的类型；模板构造中的其他类型模板；钢筋的种类和进场的验收；混凝土配制中对各种原材料的要求和混凝土配合比的确定；混凝土密实成型中的离心法和真空作业法成型；混凝土的质量验收和缺陷的技术处理。

建筑工程中按建筑物主要结构所使用的材料可分为：木结构建筑、砖木结构建筑、砖混结构建筑、钢筋混凝土结构建筑、钢结构建筑、组合结构建筑。

钢筋混凝土结构工程在土木工程施工中占主导地位，它对工程的人力、物力消耗和工期均有很大的影响。钢筋混凝土结构工程包括现浇混凝土结构工程和装配式预制混凝土结构工程两个方面。现浇混凝土结构施工时，施工现场的模板材料消耗多，劳动强度高，工期亦相对较长，因而逐渐向工厂化施工方面发展。但现浇混凝土结构的整体性好，抗震能力强，钢材消耗少，特别是近几年来一些新型工具式模板、大型起重设备及混凝土泵的出现，使钢筋混凝土结构工程现浇施工亦能达到较好的技术经济指标，因而得到迅速的发展。目前，我国的高层建筑大多数为现浇混凝土，地下工程和桥墩、路面等亦多为现浇混凝土，它们的发展促进了钢筋混凝土结构施工技术的提高。根据现有条件，钢筋混凝土结构的现浇施工与预制装配式施工各有所长，皆有其发展前途。

钢筋混凝土结构工程由钢筋、模板、混凝土等多个工种组成，由于施工过程多，因而要加强施工管理，统筹安排，合理组织，以达到保证质量、加速施工和降低造价的目的。

3.1 模板工程

模板是新浇钢筋混凝土构件成型用的模型，在设计与施工中要求能保证结构和构件的形状、位置、尺寸的准确；具有足够的强度、刚度和稳定性；装拆方便，能多次周转使用；接缝严密不漏浆。模板系统包括模板、支撑和紧固件。

模板工程属“临时结构工程”，但在现浇混凝土结构中，模板工程的造价约占钢筋混凝土工程总造价的 30%，模板工程的用工量约占钢筋混凝土总用工量的 50%。因此，采用先进的模板技术，对于提高工程质量、加快施工速度、提高劳动生产率、降低工程成本和实现文明施工等有十分重要的意义。

3.1.1 模板的分类

3.1.1.1 木模板

常用的木模板有松木、杉木、胶合板模板。

胶合板是现在施工现场用得最多的一种木模板材料，它与其他模板比较，有其自身的特点：

① 板幅大，自重轻，板面平整。既可减少安装工作量，节省现场人工费用，又可减少混凝土外露表面的装饰。

② 承载能力大，特别是经表面处理后耐磨性更好，能多次重复使用。

③ 材质轻，运输、堆放、使用和管理等都较为方便。

④ 保温性能好，能防止混凝土温度变化过快，有助于冬期施工时混凝土的保温。

⑤ 锯截方便，易加工成各种形状。

⑥ 便于按工程的需要弯曲成形。

模板用的木胶合板通常由 5、7、9、11 层等奇数层单板经热压固化后胶合成型。相邻层的纹理方向相互垂直，通常最外层板的纹理方向和胶合板板面的长向平行，因此，整张胶合板的长向为强方向，短向为弱方向，使用时必须加以注意。

胶合板模板之间的拼缝要错开，且一般用塑料胶带纸进行密封，以防止漏浆。建筑物施工用的木模板，其构造如下：

(1) 基础模板

基础模板(图 3-1) 安装时，要保证上、下模板不发生相对位移。如有杯口，还要在其中放入杯口模板(图 3-2)。

(a) (b)

图 3-1 基础模板

图 3-2　杯形基础

(2) 柱模板

柱模板用拼条连接，两两相对组成矩形。为承受混凝土侧压力，拼板外要设柱箍，其间距与混凝土侧压力、拼板厚度有关，因而柱模板下部的柱箍较密。柱模板底部开有清理孔，沿高度每隔约 2 m 开有浇筑孔。柱底的混凝土上一般设有木框，用以固定柱模板的位置。柱模板顶部根据需要可开有用于与梁模板连接的缺口，如图 3-3 所示。

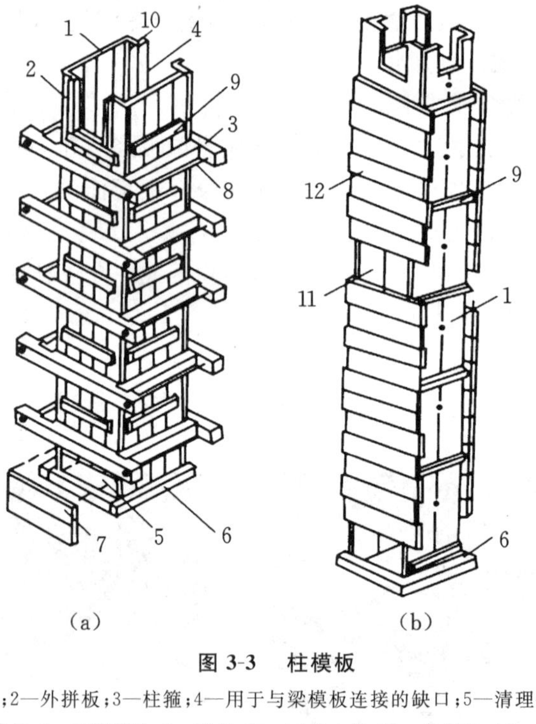

图 3-3　柱模板

1—内拼板；2—外拼板；3—柱箍；4—用于与梁模板连接的缺口；5—清理孔；6—木框；7—盖板；8—拉紧螺栓；9—拼条；10—三角木条；11—浇筑孔；12—短横板

(3) 梁、楼板模板

梁模板由底模板和侧模板组成。底模板承受垂直荷载，一般较厚，下面有支撑(或桁架)承托。支撑多为伸缩式，可调整高度，底部应支撑在坚实地面上，下垫木楔。如地面松软，则底部应垫以木板。在多层建筑施工中，应使上、下层的支撑在同一条竖向直线上，否则，要采取措施保证上层支撑的荷载能传到下层支撑上。支撑间应用水平和斜向拉杆拉牢，以增强整体稳定性。当层间高度大于 5 m 时，宜用桁架支撑或多层支架支模。

为避免在新浇筑混凝土重力作用下，由于模板及支架的压缩变形而使梁、板产生挠度，梁跨度在 4 m 或 4 m 以上时，底模板应起拱，如设计无具体规定，一般可取结构跨度的 1/1000～3/1000，木模板可取偏大值。

梁侧模板承受混凝土侧压力，底部用钉在支撑顶部的夹条夹住，顶部可由支撑楼板模板的搁栅顶住，或用斜撑顶住。

楼板模板由支架、主次龙骨和面板组成，面板宜用大块模板（如厚度不小于 12 mm 的覆膜胶合板）以减少接缝和提高平整度，如图 3-4 所示。

图 3-4 楼板模板

3.1.1.2 组合模板

组合模板（图 3-5）是一种基本的工具式模板，也是工程中用得最多的一种模板，它由一定模数的若干类型的板块、角模、支撑和连接件组成，可以拼出多种尺寸和几何形状，能适应多种类型建筑物的梁、柱、板、墙、基础和设备基础等施工需要，也可用它拼成大模板、隧道模和台模等。施工时，可以在现场直接组装组合模板，亦可以预拼装成大块模板或构件模板用起重机吊运安装。组合模板的板块有钢的，亦有钢框木（竹）胶合板的。组合模板不但用于建筑工程，在桥梁工程、地下工程和市政工程中亦有广泛的应用。

图 3-5 定型组合钢模板

3.1.1.3 大模板

大模板(图 3-6)在建筑、桥梁及地下工程中应用广泛,它是一种大尺寸的工具式模板。因为其质量大,装拆需起重机械吊装,故机械化程度高,用工量少。大模板是目前我国剪力墙和筒体体系的高层建筑、桥墩、筒仓等施工中用得较多的一种模板,已形成工业化模板体系。大模板由面板、次肋、主肋、支撑桁架、稳定机构及附件组成。

3.1.1.4 滑升模板

滑升模板由模板系统、操作平台系统和液压系统三部分组成。施工时在建筑物或构筑物底部,沿其墙、柱、梁等构件的周边,一次装设一米多高的模板,在模板内不断浇筑混凝土和不断向上绑扎钢筋的同时,利用一套提升设备,将模板装置不断向上提升,使混凝土连续成型,直到需要浇筑的高度为止。滑升模板适用于现场浇筑高耸的圆形、矩形结构,如筒仓、竖井等。

滑升模板可以节约大量的模板和脚手架,节省劳动力,施工速度快,工程费用低,结构整体性好,但耗钢量大,对建筑的立面和造型有一定的限制。

滑升模板(图 3-7)可以沿水平方向、斜坡方向或垂直方向渐渐滑动,做到模板边提升边绑扎钢筋,边浇筑混凝土,既经济又先进。采用滑升模板的施工方法又称为滑模施工。但是滑模施工中模板不停提升,混凝土尚未完全凝固便已失去模板保护,所以有时滑过的墙体会出现混凝土塌落的现象。

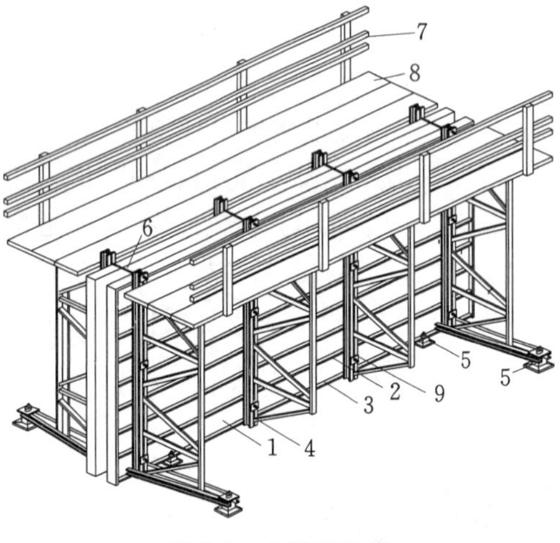

图 3-6 大模板构造

1—面板;2—次肋;3—支撑桁架;4—主肋;5—调整螺栓;6—卡具;7—栏杆;8—脚手板;9—对销螺栓

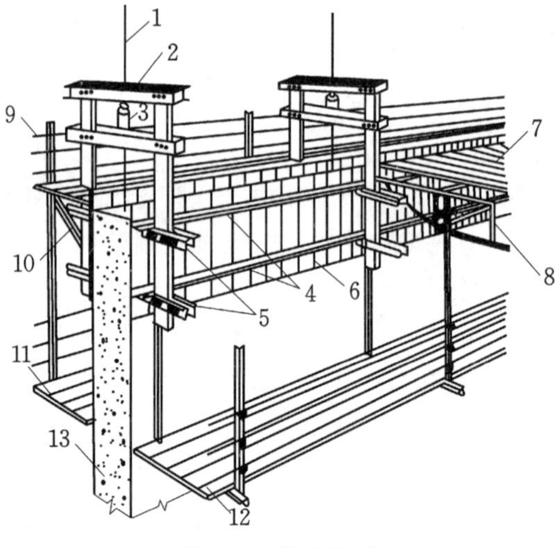

图 3-7 滑升模板

1—支承杆;2—提升架;3—液压千斤顶;4—围圈;5—围圈托架;6—模板;7—内操作平台;8—操作平台桁架;9—护栏;10—外挑脚手架;11—外吊脚手架;12—内吊脚手架;13—混凝土墙体

3.1.1.5 爬升模板

爬升模板又简称爬模,可分为有爬架爬模和无爬架爬模两类。有爬架爬模(图 3-8)由爬升模板、爬架和爬升设备三部分组成。爬升模板是在混凝土浇筑完毕后,利用提升装置将模板自行提升到上个楼层，再浇筑上一楼层墙体混凝土的垂直移动式模板。

爬升模板（图 3-9）是依附在建筑结构上，随着结构施工而逐层上升的一种模板。当结构混凝土达到拆模强度而脱模后，模板不落地，并依靠机械设备和支撑体将模板和爬模装置向上爬升一层，定位紧固，反复循环施工。爬模是适用于高层建筑或高耸构造物现浇钢筋混凝土结构的先进模板施工工艺。

图 3-8　有爬架爬模

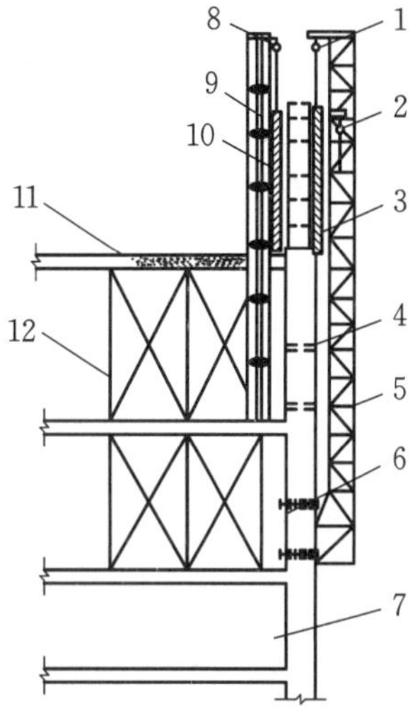

图 3-9　爬升模板的组成

1—提升外爬升模板的手拉葫芦；2—提升外爬架的手拉葫芦；3—外爬升模板；4—预留孔；5—外爬架；6—螺栓；7—外墙；8—提升内爬升模板的手拉葫芦；9—内爬架；10—内爬升模板；11—楼板模板；12—楼板模板支撑

爬升模板适用于剪力墙体系和筒体体系，由于爬升模板能够自爬且下部悬挂有脚手架，从而减少了起重机械的使用，加快了施工进度。

3.1.2　模板设计

模板的设计包括荷载设计、荷载的组合和模板的挠度，荷载设计又包括标准荷载、设计荷载以及荷载的调整。

模板设计的主要任务是确定模板的构造及各部分尺寸，进行模板与支撑的结构计算。一般的工程施工中，普通结构、构件的模板不要求进行计算，但结构特殊或跨度很大时，则必须进行验算，以保证结构和施工安全。

模板及支架的设计应根据结构形式、荷载大小、地基土类别、施工设备和材料供应等条件进行。设计内容一般包括选型、选材、配板、荷载计算、结构设计、拟定制作安装和拆除方案、绘制模板施工图。

（1）标准荷载

① 模板及支架的自重标准值，可以参考表 3-1 确定，其他情况见《建筑结构荷载规范》（GB 50009—2012）。

表 3-1　楼板模板自重标准值　　（单位：kN/m^2）

模板构件名称	木模板	定型组合钢模板
平板的模板及小楞	0.3	0.5
楼板模板(其中包括梁的模板)	0.5	0.75
楼板模板及其支架(楼层高度为 4 m 以下)	0.75	1.1

② 新浇筑混凝土自重标准值。普通混凝土采用 24 kN/m^3，其他种类混凝土应根据实际重力密度确定。

③ 钢筋自重标准值。应根据设计图样确定，一般的梁板结构每立方米钢筋混凝土的钢筋自重标准值可按下列数值取用：楼板为 1.1 kN/m^3；梁为 1.5 kN/m^3。

④ 施工人员及设备荷载标准值：计算模板及直接支撑模板的小楞时，施工人员及设备荷载取为均布荷载，大小为 2.5 kN/m^2，另外，应以集中荷载 2.5 kN 再进行验算，比较两者所得的弯矩值，取其大者；计算直接支撑小楞结构构件时，施工人员及设备荷载取为均布活荷载，大小为 1.5 kN/m^2；计算支架立柱及其他支撑结构构件时，施工人员及设备荷载取为均布活荷载，大小为 1.0 kN/m^2；对于大型浇筑设备如上料平台、混凝土输送泵等，计算取值应按实际情况考虑；当模板上混凝土堆集高度超过 100 mm 时，应按实际高度计算；当模板单块宽度小于 150 mm 时，集中荷载可分布在相邻的两块模板上。

⑤ 振捣混凝土时产生的荷载标准值。由于混凝土振捣而产生的荷载，对于水平面的模板为 2.0 kN/m^2；对于垂直面的模板为 4.0 kN/m^2。

⑥ 新浇混凝土对模板的侧压力标准值。新浇筑的混凝土对模板的侧压力大小，直接与混凝土容积密度、浇筑速度、混凝土入模总高度及振捣方式有关系。当采用内部振捣器时，新浇筑的混凝土对模板的最大侧压力可按下列两式计算，并取两式计算结果的最小值。

$$F=0.22\gamma_c t_0 \beta_1 \beta_2 v^{\frac{1}{2}} \tag{3-1}$$

$$F=\gamma_c H \tag{3-2}$$

式中　F——新浇筑混凝土对模板的最大侧压力(kPa)；

γ_c——混凝土的重度(kN/m^3)；

t_0——新浇混凝土的初凝时间(h)，可按实测确定；当缺乏试验资料时，可采用 $t_0=\dfrac{1}{t+15}$计算(t 为混凝土的温度，℃)；

v——混凝土的浇筑速度(m/h)；

H——混凝土侧压力计算位置处至新浇筑混凝土顶面的总高度(m)；

β_1——外加剂影响修正系数，不掺外加剂时取 1.0，掺有缓凝作用的外加剂时取 1.2；

β_2——混凝土坍落度影响修正系数，当坍落度小于 30 mm 时，取 0.85；当坍落度为 50～90 mm 时，取 1.0；当坍落度为 110～150 mm 时，取 1.15。

⑦ 倾倒混凝土时产生的荷载标准值。倾倒混凝土对模板产生的荷载，与混凝土向模板内倾卸的方法和所采用的工具有关。倾倒混凝土对垂直模板产生的水平荷载标准值按表 3-2 采用。

表 3-2 向模板中倾倒混凝土时产生的水平荷载标准值

项次	向模板中供料的方法	水平荷载标准/(kN/m^2)
1	用溜槽、串筒或由导管输出	2
2	用容量为<0.2 m^3 的运输器具倾倒	2
3	用容量为 0.2～0.8 m^3 的运输器具倾倒	4
4	用容量为>0.8 m^3 的运输器具倾倒	6

注:作用范围在有效压头高度以内。

(2) 模板设计计算规定

① 验算模板及其支架的刚度时,其最大变形值不得超过下列容许值:

a.对结构表面外露的模板,为模板构件计算跨度的 1/400。

b.对结构表面隐蔽的模板,为模板构件计算跨度的 1/250。

c.对支架的压缩变形值或弹性挠度,为相应的结构计算跨度的 1/1000。

② 组合钢模板结构或其构配件的最大变形值不得超过表 3-3 规定。

表 3-3 组合钢模板结构及其构配件的容许变形值

部件名称	容许变形值/mm
钢模板的面板	≤1.5
单块钢模板	≤1.5
钢楞	L/500 或≤3.0
柱箍	B/500 或≤3.0
桁架、钢模板体系	L/1000
支撑系统(累计)	≤4.0

注:L 为计算跨度,B 为柱宽。

③ 液压滑模装置的部件,其最大变形值不得超过下列容许值:

a.在使用荷载下,两个提升架之间围圈的垂直方向和水平方向的变形值均不得大于其计算跨度的 1/150。

b.在使用荷载下,提升架立柱的侧向水平变形值不得大于 2 mm。

c.支撑杆的弯曲度不得大于 L/150。

④ 爬模应采用大模板,爬模及其部件的最大变形值不得超过下列容许值:

a.爬模立柱的安装变形值不得大于爬架立柱高度的 1/1000。

b.爬模结构的主梁,根据重要程度的不同,其最大变形值不得超过计算跨度的 1/500～1/800。

c.支点间轨道变形值不得大于 2 mm。

支架的立柱或桁架应保持稳定,并用撑拉杆件固定。验算模板及其支架在自重和风荷载作用下的抗倾倒稳定性时,应符合有关的规定。

3.1.3 模板的安装与拆除

(1) 模板支撑应按模板设计施工图进行安装。在浇筑混凝土之前,需对模板工程进行验收。

(2) 安装现浇结构的上层模板及其支架时,下层楼板应具有承受上层荷载的承载能力,或加设支架;上、下层支架的立柱应对准,并铺设垫板。

(3) 模板安装应满足下列要求:

① 模板的接缝不应漏浆;在浇筑混凝土前,木模板应浇水湿润,但模板内不应有积水。

② 模板与混凝土的接触面应清理干净并涂刷隔离剂,但不得采用影响结构性能或妨碍装饰工程施工的隔离剂。

③ 浇筑混凝土前,模板内的杂物应清理干净。

④ 对清水混凝土工程及装饰混凝土工程,应使用能达到设计效果的模板。用作模板的地坪、胎模等应平整光洁,不得产生影响构件质量的下沉、裂缝、起砂或起鼓。对跨度不小于 4 m 的现浇钢筋混凝土梁、板,其模板应按设计要求起拱;当设计无具体要求时,起拱高度宜为跨度的 1/1000～3/1000。

固定在模板上的预埋件、预留孔和预留洞均不得遗漏,且应安装牢固。模板安装位置偏差要符合规范要求。

(4) 模板拆除

现场拆除模板时,应遵守下列原则:

先支后拆,后支先拆;先非承重模板,后承重模板(先拆侧模,后拆底模);自上而下。

① 柱模:单块组拼的应先拆除钢楞、柱箍和对拉螺栓等连接件、支撑件,再由上而下逐步拆除;预组拼的则应先拆除两个对角的卡件,并作临时支撑后,再拆除另两个对角的卡件,待吊钩挂好,拆除临时支撑后,方能脱模起吊。

② 墙模:单块组拼的在拆除对拉螺栓、大小钢楞和连接件后,从上而下逐步水平拆除;预组拼的应在挂好吊钩,检查所有连接件都已拆除后,方能拆除临时支撑,脱模起吊。

③ 梁、楼板模板:应先拆梁侧模,再拆楼板底模,最后拆除梁底模。拆除跨度较大的梁下支柱时,应先从跨中开始分别拆向两端。

现浇结构的模板及其支架拆除时的混凝土强度,应符合设计要求;当设计无具体要求时,侧模可在混凝土强度能保证其表面及棱角不因拆除模板而受损坏后拆除;底模拆除时所需的混凝土强度如表 3-4 所示。

表 3-4 底模拆除时所需混凝土强度

构件类型	构件跨度 L/m	达到设计的混凝土立方体抗压强度标准值的百分比/%
板	$L\leqslant 2$	≥50
	$2<L\leqslant 8$	≥75
	$L>8$	≥100
梁、拱、壳	$L\leqslant 8$	≥75
	$L>8$	≥100
悬臂构件	—	≥100

3.2 钢筋工程

土木工程结构中常用的钢材有钢筋、钢丝和钢绞线三类。

钢筋按其强度分为 HPB300、HRB335、HRBF335、HRB400、HRBF400、RRB400、HRB500、HRBF500 八个等级。钢筋的强度和硬度逐级提高，但塑性则逐级降低。HPB300 为光圆钢筋，HRB335、HRB400、HRB500 为热轧带肋钢筋。RRB400 为余热处理钢筋，HRBF335、HRBF400、HRBF500 为细晶粒热轧钢筋。常用的钢丝按外形分为光圆钢丝、螺旋肋钢丝和刻痕钢丝三种。

钢绞线主要用于预应力混凝土结构中，钢绞线一般由 2 根、3 根或 7 根冷拉光圆钢丝或刻痕钢丝捻制而成。

钢筋出厂应有出厂质量证明书或试验报告单。每捆(盘)钢筋均有标牌。运至工地后应分别堆存，并按规定抽取试样检验其力学性能。对热轧钢筋的级别有怀疑时，除做力学性能试验外，尚需进行钢筋的化学成分分析。使用中如发生脆断、焊接性能不良和机械性能异常时，应进行化学成分检验或其他专项检验。对国外进口钢筋，应按我国的有关规定进行力学性能和化学成分的检验。目前，我国的钢筋加工主要以现场加工为主，依靠人力和传统方式进行钢筋加工，这种方式机械化程度低，生产效率低下，随着生产技术的飞速发展，出现了采用合理的工艺流程和专业化成套设备加工的钢筋加工厂。钢筋的加工过程取决于成品种类，一般的加工过程有调直、剪切、镦头、弯曲、连接、质量检查等。同时，在钢筋的施工过程中还会涉及钢筋的下料与代换的问题。本节着重介绍钢筋连接、下料和代换。

3.2.1　钢筋连接

钢筋连接有 3 种常用的方法：绑扎连接、焊接连接和机械连接(挤压连接和螺纹套筒连接)。

3.2.1.1　钢筋绑扎

目前绑扎仍为钢筋连接的主要手段之一。钢筋绑扎时，钢筋交叉点用铁丝扎牢；板和墙的钢筋网，除外围两行钢筋的相交点全部扎牢外，中间部分交叉点可相隔交错扎牢，以保证受力钢筋位置不产生偏移；梁和柱的箍筋应与受力钢筋垂直设置，弯钩叠合处应沿受力钢筋方向错开设置。受拉钢筋和受压钢筋接头的搭接长度及接头位置应符合施工及验收规范的规定。

3.2.1.2　钢筋焊接

钢筋焊接分为压焊和熔焊两种形式。压焊包括闪光对焊、电阻点焊和气压焊；熔焊包括电弧焊和电渣压力焊。此外，钢筋与预埋件 T 形接头的焊接应采用埋弧压力焊，也可用电弧焊或穿孔塞焊，但焊接电流不宜过大，以防烧伤钢筋。

(1) 闪光对焊

闪光对焊广泛用于钢筋连接及预应力钢筋与螺丝端杆的焊接。热轧钢筋的焊接宜优先采用闪光对焊。

钢筋闪光对焊(图 3-10)是利用对焊机使两段钢筋接触,通过低电压的强电流,待钢筋被加热到一定温度变软后,进行轴向加压顶锻,形成对焊接头。钢筋闪光对焊工艺常用的有连续闪光焊、预热闪光焊和闪光-预热-闪光焊。

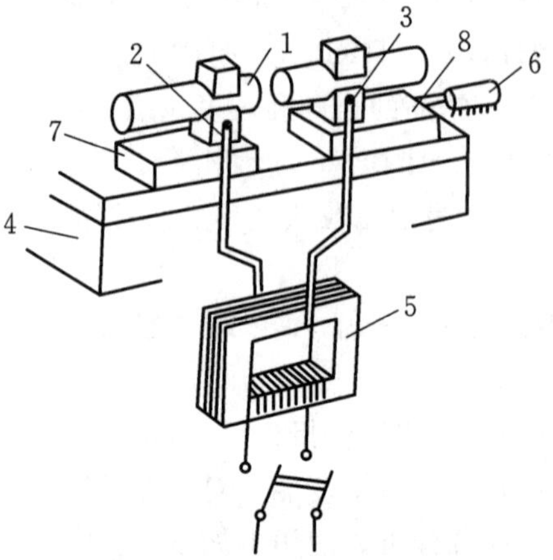

图 3-10 钢筋闪光对焊原理图

1—焊接的钢筋;2—固定电极;3—可动电极;4—机座;5—变压器;6—平动顶压机构;
7—固定支座;8—滑动支座

① 连续闪光焊

连续闪光焊的工艺过程是待钢筋夹紧在电极钳口上后,闭合电源,使两钢筋端面轻微接触,由于钢筋端部不平,开始只有一点或数点接触,接触面小而电流密度和接触电阻很大,接触点很快熔化并产生金属蒸气,形成闪光现象;闪光一开始就徐徐移动钢筋,形成连续闪光,同时接头也被加热。待接头烧平,除去杂质和氧化膜,加热熔化时,随即施加轴向压力迅速进行顶锻,使两根钢筋焊牢。

② 预热闪光焊

钢筋直径较大,端面比较平整时宜采用预热闪光焊。预热闪光焊在施焊前需增加一个预热时间,先使大直径钢筋预热后再连续闪光烧化进行加压顶锻。

③ 闪光-预热-闪光焊

焊接大直径钢筋宜采用闪光-预热-闪光焊,这种焊接的工艺过程是进行连续闪光,使钢筋端部烧化平整;再使接头处做周期性闭合和断开,形成断续闪光使钢筋加热,接着连续闪光,最后进行加压顶锻。

(2) 电弧焊

电弧焊是利用电弧焊机使焊条与焊件之间产生高温,电弧使焊条和电弧燃烧范围内的焊件熔化,待其凝固便形成焊缝或接头,电弧焊广泛用于钢筋接头、钢筋骨架焊接、装配式结构节点的焊接、钢筋与钢板的焊接及各种钢结构焊接。钢筋电弧焊的接头形式有:搭接焊接头(单面焊缝或双面焊缝)、帮条焊接头(单面焊缝或双面焊缝)、剖口焊接头(平焊或立焊)和熔槽帮条焊接头,如图 3-11 所示。

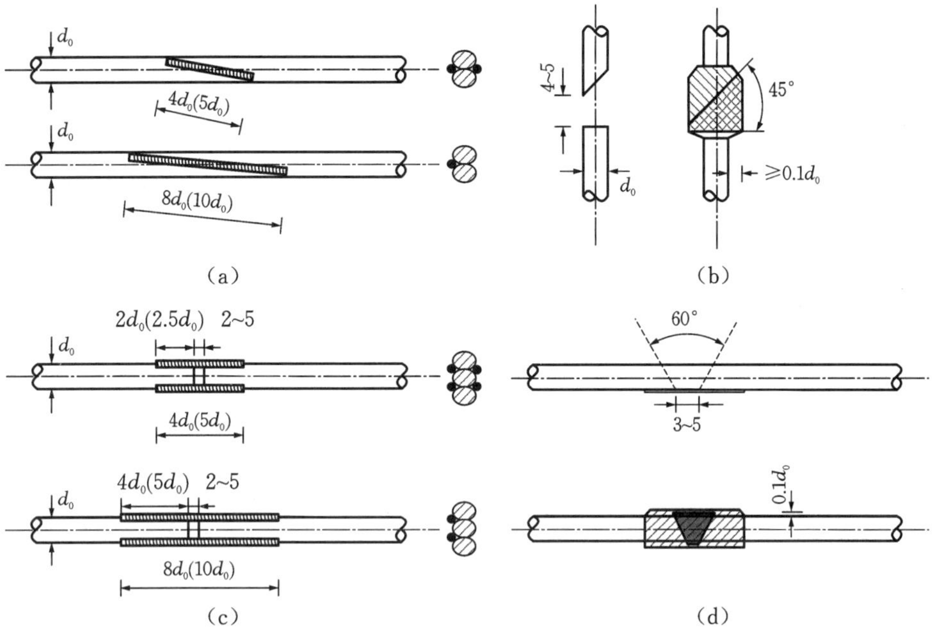

图 3-11 钢筋电弧焊的接头形式

(a)搭接焊;(b)立焊的剖口焊;(c)帮条焊;(d)平焊的剖口焊

电弧焊机有直流与交流之分,常用的为交流电弧焊机。

焊条的种类很多,如 E4303、E5003、E5503 等,钢筋焊接时应根据钢材等级和焊接接头形式选择焊条。焊接电流和焊条直径应根据钢筋级别、直径、接头形式和焊接位置进行选择。

焊接接头质量检查除应检查外观外,还需抽样进行拉伸试验。如对焊接质量有怀疑或发现异常情况,还可进行非破损检验(X 射线、γ 射线、超声波探伤等)。

(3) 电渣压力焊

电渣压力焊(图 3-12)多用于现浇混凝土结构构件内竖向或斜向(倾斜度在 4∶1 的范围内)钢筋的焊接接长。电渣压力焊有自动和手工两类。与电弧焊比较,电渣压力焊的工效高、成本低,可进行竖向连接,故在工程中应用较普遍。

进行电渣压力焊应选用合适的焊接变压器,夹具需灵巧,上下钳口同心,保证上、下钢筋的轴线最大偏移不得大于 $0.1d$(d 为钢筋直径),同时也不得大于 2 mm。焊接时,先将钢筋端部约 120 mm 范围内的铁锈除尽,将夹具夹牢在下部钢筋上,并将上部钢筋扶直夹牢于活动电极中。当采用自动电渣压力焊时,先在上、下钢筋间放置引弧用的钢丝圈等,再装上药盒,装满焊药,接通电路,用手柄使电弧引燃(引弧)。稳定一定时间,使之形成渣池并使钢筋熔化(稳弧),随着钢筋的熔化,用手

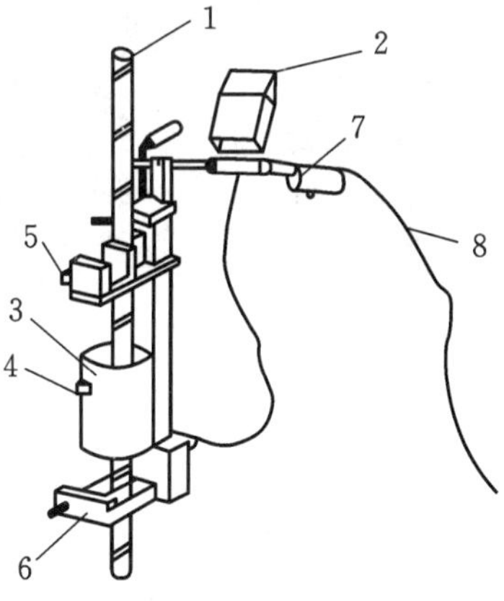

图 3-12 电渣压力焊构造原理图

1—钢筋;2—监控仪表;3—焊剂盒;4—焊剂盒扣环;5—活动夹具;6—固定夹具;7—操作手柄;8—控制电缆

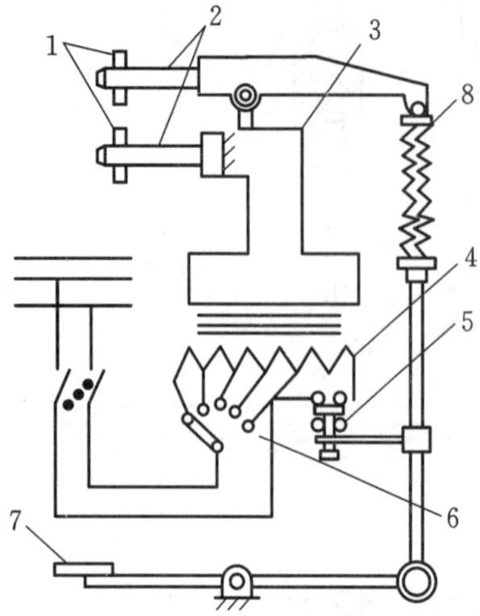

图 3-13　电阻点焊工作示意图

1—电极；2—电极臂；3—变压器的次级线圈；4—变压器的初级线圈；5—断路器；6—调压开关；7—踏板；8—压紧机构

柄使上部钢筋缓缓下送。当稳弧达到规定时间后，在断电时用手柄进行加压顶锻(顶锻)，以排除夹渣和气泡，形成接头。待冷却一定时间后，即拆除药盒、回收焊药、拆除夹具和清除焊渣。引弧、稳弧、顶锻三个过程应连续进行。电渣压力焊的工艺参数有焊接电流、渣池电压和通电时间。应根据钢筋直径选择电渣压力焊的工艺参数，当钢筋直径不同时，应根据较小直径的钢筋选择参数。电渣压力焊的接头，应按规定检查外观质量和进行试件拉伸试验。

(4) 电阻点焊

电阻点焊(图 3-13)主要用于小直径钢筋的交叉连接，常用于焊接近年来推广应用的钢筋网片、钢筋骨架等，如图 3-14 所示。它的生产效率高，节约材料，应用广泛。电阻点焊的工作原理是，当钢筋交叉点焊时，接触点只有一点，且接触电阻较大，在接触的瞬间，电流产生的全部热量都集中在一点上，从而使金属受热熔化，同时在电极加压下使焊点金属得到焊合。

(a)

(b)

图 3-14　电阻点焊钢筋网

常用的电焊机有单点电焊机、多头电焊机(一次可焊数点，用于焊接宽大的钢筋网)、悬挂式电焊机(可焊钢筋骨架或钢筋网)、手提式电焊机(用于施工现场)。

电阻点焊的主要工艺参数为：变压器级数、通电时间和电极压力。在焊接过程中，应保持一定的预压时间和锻压时间。通电时间根据钢筋直径和变压器级数而定。电极压力则根据钢筋级别和直径选择。

焊点应进行外观检查和强度试验。热轧钢筋的焊点应进行抗剪试验。冷加工钢筋的焊点除进行抗剪试验外，还应进行拉伸试验。

(5) 气压焊

气压焊(图 3-15)是利用乙炔与氧的混合气体燃烧的高温火焰对已有初始压力的两根钢筋端面接合处加热,使钢筋端部产生塑性变形,并促使钢筋端面的金属原子互相扩散,当钢筋加热到 1250～1350 ℃(相当于钢材熔点的 80%～90%)时进行加压顶锻,使钢筋焊接在一起。

钢筋气压焊接属于热压焊。在焊接加热过程中,加热温度只为钢材熔点的 80%～90%,且加热时间较短,所以不会产生钢筋材质劣化倾向。另外,它设备轻巧、使用灵活、效率高、节省电能、焊接成本低,可进行全方位(竖向、水平和斜向)焊接,所以,此方法在我国已得到普遍的运用。

气压焊焊接设备(图 3-15)主要包括加热系统和加压系统两部分。气压焊的加热系统中用于加热的能源是氧和乙炔,常用流量计来控制氧和乙炔的输入量,焊接不同直径的钢筋要求氧和乙炔的输入量不同。加热器将氧和乙炔混合后,从喷火嘴喷出火焰加热钢筋。气压焊的加压系统主要包括电动油泵和压接器。电动油泵为加压系统的压力源,可使加压顶锻的压力平稳。压接器是气压焊的主要设备之一,要求它能准确、方便地将两根钢筋固定在同一轴线上,并将油泵产生的压力均匀地传递给钢筋,以达到焊接目的。

气压焊接的钢筋要用砂轮切割机断料,并要求端面与钢筋轴线垂直。焊接前应打磨钢筋端面,清除氧化层和污物,使之呈现出金属光泽,并立即喷涂一薄层焊接活化剂保护端面不再氧化。

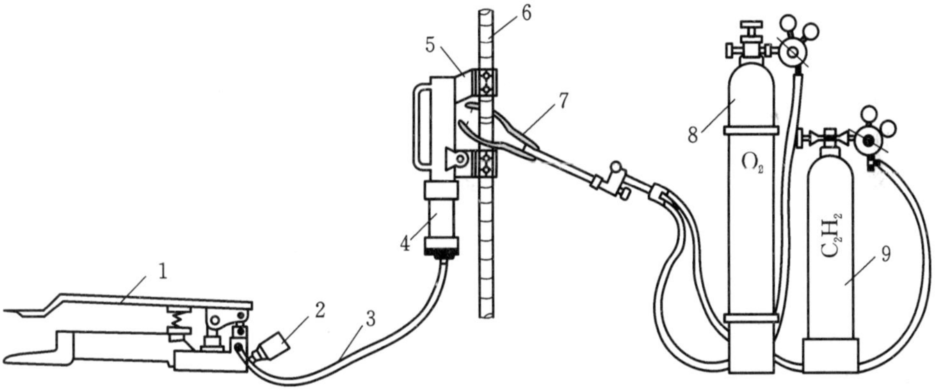

图 3-15 气压焊焊接设备示意图

1—脚踏液压泵;2—压力表;3—液压胶管;4—活动油缸;
5—钢筋卡具;6—被焊接钢筋;7—多火口烤枪;8—氧气瓶;9—乙炔瓶

3.2.1.3 钢筋机械连接

钢筋机械连接包括挤压连接和螺纹套筒连接,是近年来大直径钢筋现场连接的主要方法。

(1) 钢筋机械连接接头等级

钢筋机械连接接头应根据抗拉强度、残余变形以及高应力和大变形条件下反复拉压性能的差异,分为下列三个性能等级:

Ⅰ级：接头抗拉强度等于被连接钢筋的实际拉断强度或不小于1.10倍钢筋抗拉强度标准值，残余变形小并具有高延性及反复拉压性能。

Ⅱ级：接头抗拉强度不小于被连接钢筋抗拉强度标准值，残余变形较小并具有高延性及反复拉压性能。

Ⅲ级：接头抗拉强度不小于被连接钢筋屈服强度标准值的1.25倍，残余变形较小并具有一定的延性及反复拉压性能。

(2) 钢筋挤压连接

钢筋挤压连接又称为钢筋套筒冷压连接。它适用于较大直径变形钢筋的连接。与焊接相比，它具有节省电能、不受钢筋可焊性好坏影响、不受气候影响、无明火、施工简便和接头可靠度高等特点。连接时将钢筋插入特制钢套筒内，利用液压驱动的挤压机进行径向或轴向挤压，使钢套筒产生塑性变形，紧紧咬住钢筋实现连接(图3-16)。

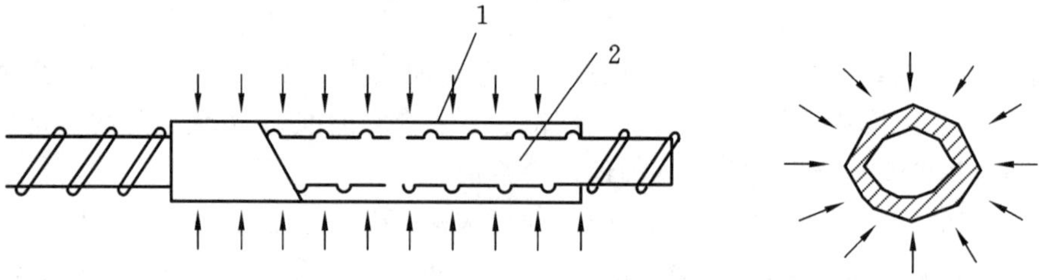

图3-16 钢筋径向挤压连接

1—钢套筒；2—被连接的钢筋

钢筋挤压连接的工艺参数主要有压接顺序、压接力和压接道数。压接力要能保证套筒与钢筋紧密咬合，压接力和压接道数取决于钢筋直径、套筒型号和挤压机型号。

在进行钢筋挤压之前需要进行以下准备工作：

① 钢筋端头的铁锈、泥沙、油污等杂物应清理干净。

② 钢筋与套筒应进行试套，对不同直径钢筋的套筒不得混用。

③ 钢筋端部应画出定位标记与检查标记。定位标记与钢筋端头的距离为钢套筒长度的一半，检查标记与定位标记的距离一般为20 mm。

④ 检查挤压设备情况，并进行试压，符合要求后方可作业。

挤压作业的注意要点：

① 钢筋挤压连接时宜先在地面上挤压一端套筒，在施工作业区插入待接钢筋后再挤压另一端套筒。

② 压接钳就位时，应对正钢套筒压痕位置的标记，并使压模运动方向与钢筋两纵肋所在的平面相垂直，即保证最大压接面能在钢筋的横肋上。

③ 压接钳施压顺序应由钢套筒中部顺次向两端进行。每次施压时，应控制压痕深度。

(3) 钢筋螺纹套筒连接

用于直螺纹连接的钢套筒内壁需用专用机床加工成直螺纹，钢筋的对接端头亦在套丝机上加工有与套筒匹配的螺纹。连接时，经过螺纹检查无油污和损伤后，先用手旋入钢筋，然后用扭矩扳手紧固至规定的扭矩即完成连接。该连接方法施工速度快，不受气候影响，质量稳定，易对中，已在我国被广泛应用。

由于钢筋的端头在套丝机上加工有螺纹,截面有些削弱,为达到连接接头与钢筋等强,目前对于直螺纹套筒来说有两种加工方法:钢筋镦粗直螺纹套筒连接与钢筋滚压直螺纹套筒连接。

① 钢筋镦粗直螺纹套筒连接

钢筋镦粗直螺纹套筒连接是先将钢筋端头镦粗,再切削成直螺纹,然后用带直螺纹的套筒将钢筋两端拧紧的钢筋连接方法。

镦粗直螺纹钢筋接头的特点:钢筋端部经冷镦后不仅直径增大,使套丝后丝扣底部横截面面积不小于钢筋原截面面积,而且由于冷镦后钢材强度的提高,致使接头部位有很高的强度,断裂均发生在母材。这种接头的螺纹精度高,接头质量稳定性好,操作简便,连接速度快,价格适中。

② 钢筋滚压直螺纹套筒连接

钢筋滚压直螺纹套筒连接是利用金属材料塑性变形后冷却硬化可增强金属材料强度的特性,使接头与母材等强的连接方法。根据成型方式不同,滚压直螺纹又可分为直接滚压螺纹、挤肋滚压螺纹、剥肋滚压螺纹三种类型。

a.直接滚压螺纹加工,此方法采用钢筋滚丝机直接滚压螺纹,螺纹加工简单,设备投入少,但螺纹精度差,由于钢筋粗细不均导致螺纹直径有差异,进而影响施工。

b.挤肋滚压螺纹加工,此方法采用专用挤压设备滚轮先将钢筋的横肋和纵肋进行预压平处理,然后再滚压螺纹。其目的是减轻钢筋肋对成型螺纹的影响。该方法对螺纹精度有一定提高,但仍不能从根本上解决钢筋直径差异对螺纹精度的影响。

c.剥肋滚压螺纹加工,此方法采用钢筋剥肋滚丝机先将钢筋的横肋和纵肋进行剥切处理后,使钢筋滚丝前的直径达到同一尺寸,然后再进行螺纹滚压成型。此方法螺纹精度高,接头质量稳定,施工速度快,价格适中。

3.2.2 钢筋的加工

钢筋加工包括调直、除锈、配料、接长、弯曲等工作。目前,钢筋加工已逐步实现机械化,钢筋加工后的形状、尺寸必须符合设计要求。钢筋的表面应洁净、无损伤。钢筋表面的油渍、漆污和铁锈等应在使用前清洗干净,带有颗粒状或片状铁锈的钢筋不得使用。

(1) 钢筋调直

钢筋的调直利用冷拉法进行。采用冷拉法调直钢筋时,HPB300 级钢筋的冷拉率不宜大于 4%,HRB335 级、HRB400 级、RRB400 级钢筋的冷拉率不宜大于 1%。冷拔低碳钢丝在调直机上调直后,其表面不得有明显擦伤,抗拉强度不得低于设计要求。

(2) 钢筋除锈

可采用钢丝刷、砂盘和酸洗等方法进行钢筋除锈。目前常用电动除锈机除锈或喷砂除锈。经冷拉或机械调直的钢筋,一般不必再除锈,如保管不良,产生鳞片状锈蚀时,仍应进行除锈。

(3) 钢筋配料

钢筋的配料是根据结构设计中每个构件的配筋图,先绘制出该构件中各品种、规格钢筋的形状和尺寸简图,并加以编号,然后分别计算钢筋的实际下料(即切断)长度、根数及质量,填写钢筋配料单，作为钢筋备料、加工的依据。其中，钢筋下料长度的计算是关键。

钢筋下料长度可按下列公式进行计算：

钢筋下料长度＝钢筋外包尺寸之和－量度差值＋钢筋末端弯钩部分增加长度

钢筋外包尺寸＝构件外形尺寸－保护层厚度

箍筋下料长度＝箍筋周长＋箍筋调整值

① 量度差值

钢筋中间部分弯曲成各种角度的圆弧形状时，其轴线长度不变，但内皮收缩、外皮延伸，而钢筋的量度方法是沿直线量取其外包尺寸，因此弯曲钢筋的量度尺寸大于轴线尺寸(即大于下料尺寸)，两者之间的差值称为量度差值。即：

钢筋的量度差值＝外包尺寸－中心线长

工程中钢筋弯曲的量度差值一般按照表 3-5 进行经验取值。

表 3-5　钢筋弯曲量度差值

钢筋的弯曲度	30°	45°	60°	90°	135°
量度差值/mm	$0.35d$	$0.5d$	$0.85d$	$2d$	$2.5d$

② 端部弯钩增加值

钢筋末端弯钩的形式有半圆弯钩(180°)、直弯钩(90°)及斜弯钩(135°)，如图 3-17 所示。它们的弯钩增加长度的计算值是：半圆弯钩为 $6.25d$，直弯钩为 $3.5d$，斜弯钩为 $4.9d$，其中 d 为钢筋直径。

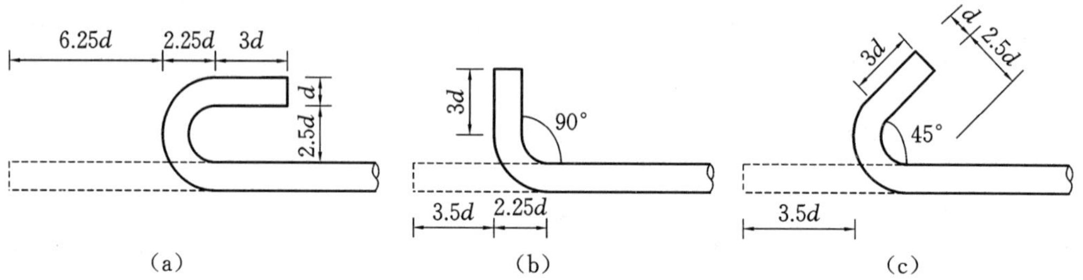

图 3-17　钢筋端部弯钩增加值计算示意图

③ 箍筋调整值

箍筋调整值可按表 3-6 进行取值。

表 3-6　箍筋调整值　　（单位：mm）

箍筋量度方法	箍筋直径			
	4～5	6	8	10～12
量外包尺寸	40	50	60	70
量内包尺寸	80	100	120	150～170

箍筋的末端应做成弯钩，弯钩的形式应满足设计要求；当设计无具体要求时，弯折角度

不小于 90°，当有抗震要求时，弯折角度应为 135°。弯钩平直部分的长度，对一般结构，不宜小于箍筋直径的 5 倍，对有抗震要求的结构，不应小于箍筋直径的 10 倍。

【例 3.1】 计算表 3-7 所示钢筋的下料长度。

表 3-7　钢筋配料单

钢筋编号	简图	直径/mm
①	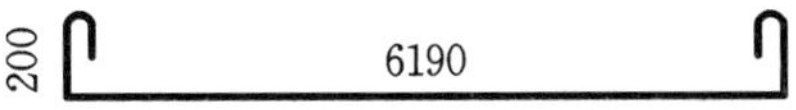	12
②		25
③	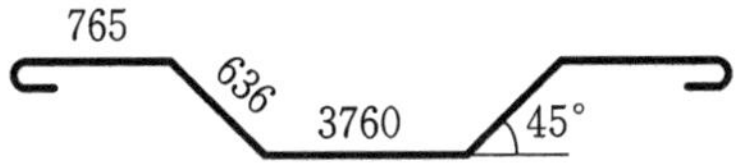	20
④	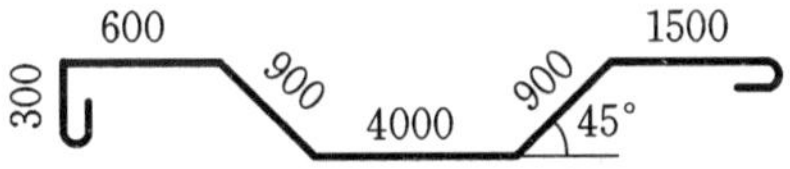	25
⑤	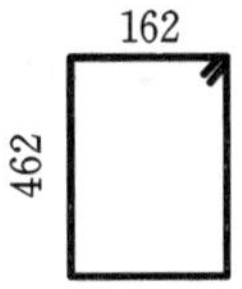	8

【解】 ① 号钢筋：6190＋2×200－2×2×12＋2×6.25×12＝6692 mm

②号钢筋：6190＋2×6.25×25＝6502.5 mm

③号钢筋：765×2＋636×2＋3760－4×0.5×20＋2×6.25×20＝6682 mm

④号钢筋：300＋600＋900＋4000＋900＋1500－4×0.5×25＋2×6.25×25＝8462.5 mm

⑤号钢筋：(462＋162)×2＋60＝1308 mm

(4) 钢筋切断

钢筋下料时须按下料长度进行剪切。钢筋剪切可采用手动切断器或钢筋切断机。前者一般只用于切断直径小于 12 mm 的钢筋；后者可切断直径小于 40 mm 的钢筋；直径大于 40 mm的钢筋需用氧气乙炔火焰或电弧割切，也可用锯锯断。钢筋下料长度应力求准确，其允许偏差为 10 mm。

(5) 钢筋弯曲

钢筋弯曲时，应按弯曲设备的特点及工地习惯进行画线，以便弯曲成所规定的(外包)尺寸。当钢筋的弯曲形状比较复杂时，可先放出实样，再进行弯曲。钢筋弯曲宜采用弯曲机和弯箍机进行，当直径小于 25 mm 时，现场也可采用板钩进行弯曲。钢筋弯曲成型后，形状、尺寸必须符合设计要求，平面上没有翘曲、不平现象。

(6) 钢筋代换

钢筋代换的方法有三种：

① 当结构构件配筋按强度控制时，可按代换前后强度相等的原则进行代换，称为“等强

度代换”。其代换钢筋根数可按下式计算：

$$n_2 \geqslant \frac{n_1 d_1^2 f_{y1}}{d_2^2 f_{y2}} \tag{3-3}$$

式中 n_2——代换钢筋根数；

n_1——原设计钢筋根数；

d_2——代换钢筋直径(mm)；

d_1——原设计钢筋直径(mm)；

f_{y2}——代换钢筋抗拉强度设计值(N/mm^2)；

f_{y1}——原设计钢筋抗拉强度设计值(N/mm^2)。

② 当结构构件按最小配筋率配筋控制时，或同钢号钢筋之间的代换，按代换前后面积相等的原则进行代换，称为“等面积代换”。其计算公式如下：

$$n_2 \geqslant n_1 \frac{d_1^2}{d_2^2} \tag{3-4}$$

③ 当结构构件按裂缝宽度或挠度控制时，钢筋的代换需进行裂缝宽度或挠度验算。

钢筋代换后，有时由于受力钢筋的直径加大或根数增多，而需要增加排数，则构件截面的有效高度 h_0 减小，截面强度降低，此时需要复核截面强度。

钢筋代换的注意事项：

钢筋代换时，必须充分了解设计意图和代换材料性能，并严格遵守现行相关规范的各项规定；凡重要结构中的钢筋代换，应征得设计单位同意。

① 对某些重要构件，如吊车梁、薄腹梁、桁架下弦等，不宜轻易用代换原则变换构件内的钢筋设计布置，如确需代换，应考虑钢筋强度与混凝土强度的匹配以及构件中钢筋的变形性能。

② 钢筋代换后，应满足配筋构造规定，如钢筋的最小直径、间距、根数、锚固长度等。

③ 同一截面内，可同时配有不同种类和直径的代换钢筋，但每根钢筋的拉力差不应过大(如同品种钢筋的直径差值一般不大于 5 mm)，以免构件受力不均。

④ 梁的纵向受力钢筋与弯起钢筋应分别代换，以分别保证正截面与斜截面强度。

⑤ 偏心受压构件(如框架柱、有吊车厂房柱、桁架上弦等)或偏心受拉构件作钢筋代换时，不取整个截面配筋量计算，而应按受力面(受压或受拉)分别代换。

⑥ 当构件受裂缝宽度控制时，如以小直径钢筋代换大直径钢筋，强度等级低的钢筋代换强度等级高的钢筋，则可不做裂缝宽度验算。

【例 3.2】 某梁设计主筋为 3 根直径为 20 mm 的 HRB400 级钢筋($f_{y1}=400\ N/mm^2$)，今现场无该级别钢筋，拟用直径为 16 mm 的 HRB500 级的钢筋($f_{y2}=500\ N/mm^2$)代换，试计算需几根钢筋。

【解】

$$n_2 \geqslant \frac{n_1 d_1^2 f_{y1}}{d_2^2 f_{y2}} = \frac{3 \times 20^2 \times 400}{16^2 \times 500} = 3.75 \approx 4\ \text{根}$$

3.3 混凝土工程

混凝土工程包括混凝土制备、运输、浇筑捣实和养护等施工过程，各施工过程相互联系和影响，任一施工过程处理不当都会影响混凝土工程的最终质量。近年来，混凝土外加剂发展很快，它们的应用影响了混凝土的性能和施工工艺。此外，自动化、机械化的发展和新的施工机械和施工工艺的应用，也大大改变了混凝土工程的施工面貌。

3.3.1 混凝土的制备

3.3.1.1 混凝土施工配制强度与配合比确定

混凝土的施工配合比，应保证结构设计对混凝土强度等级及施工对混凝土和易性的要求，并应符合合理使用材料、节约水泥的原则。必要时，还应符合抗冻性、抗渗性等要求。混凝土的实际施工强度主要受混凝土现场施工配制强度和配合比的影响。

(1) 混凝土施工配制强度确定

混凝土制备之前按下式确定混凝土的施工配制强度，以达到 95% 的保证率：

$$f_{cu,0}=f_{cu,k}+1.645\sigma \tag{3-5}$$

式中 $f_{cu,0}$—— 混凝土的施工配制强度（N/mm²）；

$f_{cu,k}$—— 设计混凝土强度标准值（N/mm²）；

σ—— 施工单位的混凝土强度标准差（N/mm²）。

当施工单位具有近期的同一品种混凝土强度的统计资料时，σ 可按下式计算：

$$\sigma=\sqrt{\frac{\sum f_{cu,i}^{2}-N\mu_{f_{cu}}^{2}}{N-1}} \tag{3-6}$$

式中 $f_{cu,i}$——统计周期内同一品种混凝土第 i 组试件强度（N/mm²）；

$\mu_{f_{cu}}$——统计周期内同一品种混凝土 N 组试件强度的平均值（N/mm²）；

N——统计周期内相同混凝土强度等级的试件组数，$N\geqslant 30$。

当混凝土强度等级为 C20 或 C25 时，如计算得到的 $\sigma<2.5$ N/mm²，取 $\sigma=2.5$ N/mm²；当混凝土强度等级高于 C25 时，如计算得到的 $\sigma<3.0$ N/mm²，取 $\sigma=3.0$ N/mm²。如施工单位无近期同一商品混凝土强度统计资料时，σ 可按表 3-8 取值。

表 3-8 混凝土强度标准差

混凝土强度等级	低于 C20	C25～C35	高于 C35
σ/(N/mm²)	4.0	5.0	6.0

(2) 混凝土施工配合比的确定

在混凝土施工现场，混凝土的配合比主要取决于混凝土的水胶比，而水胶比主要取决于用水量。在实验室中，混凝土骨料（砂、石）是干燥的，而施工现场的砂、石都有一定的含水率，并且含水量的高低与当地的气候环境息息相关。因此，要保证混凝土配合比的准确性，需按现场砂、石实际含水率对水胶比进行调整。

假设设计配合比为水泥：砂：石子：水=1：S：G：W；现场测得的砂、石含水率分别为 W_S 和 W_G，则换算后的施工现场配合比为：

$$水泥：砂：石子：水=1：S(1+W_S)：G(1+W_G)：(W-S\times W_S-G\times W_G)$$

【例 3.3】 某工程钢筋混凝土基础底板，选用商品混凝土浇筑，P6C35 混凝土的实验室配合比为水泥：砂：石子：水=1：1.7：2.8：0.46，每 1 m^3 混凝土的水泥用量为 400 kg，现场实测砂的含水率为 4%，石子的含水率为 1.2%。试计算：(1)混凝土施工配合比；(2)每立方米 P6C35 混凝土中水泥、砂、石、水用量。

【解】 (1) 施工配合比为：

$$\begin{aligned}水泥：砂：石子：水&=1：S(1+W_S)：G(1+W_G)：(W-SW_S-GW_G)\\&=1：1.7\times(1+4\%)：2.8\times(1+1.2\%)：(0.46-1.7\times4\%-2.8\times1.2\%)\\&=1：1.77：2.83：0.36\end{aligned}$$

(2) 每立方米 P6C35 混凝土中水泥、砂、石、水用量为：

水泥用量：400 kg

砂用量：400×1.77=708.00 kg

石用量：400×2.83=1132.00 kg

水用量：400×0.36=144.00 kg

3.3.1.2 混凝土的搅拌

混凝土制备是指将各种组成材料拌制成质地均匀、颜色一致、具备一定流动性的混凝土拌合物。由于混凝土配合比是按照细骨料恰好填满粗骨料的间隙，而水泥浆又均匀地分布在粗骨料表面的原理设计的，如果混凝土搅拌得不均匀就不能获得密实的混凝土，影响混凝土的质量，所以混凝土制备是混凝土施工工艺过程中非常重要的一道工序。

(1) 混凝土搅拌机的原理和搅拌机的选择

混凝土制备的方法，除工程量很小且分散的场合用人工拌制外，其他皆应采用机械搅拌。混凝土搅拌机按其原理分为自落式搅拌机[图 3-18(a)]和强制式搅拌机[图 3-18(b)]两类。

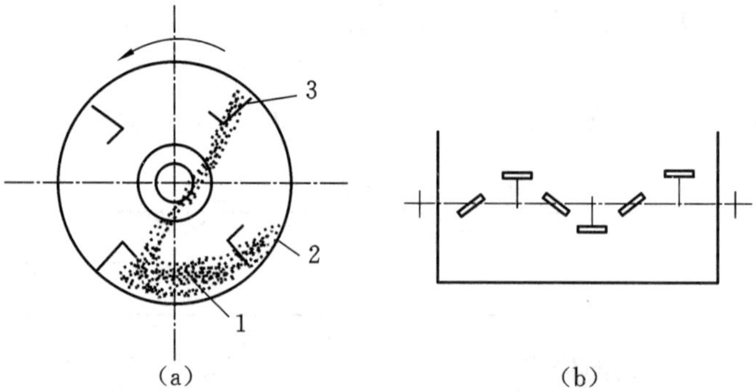

图 3-18 混凝土搅拌原理

(a)自落式搅拌；(b)强制式搅拌

1—混凝土拌合物；2—搅拌筒；3—叶片

① 自落式搅拌机的搅拌筒内壁焊有弧形叶片，当搅拌筒绕水平轴旋转时，弧形叶片不断将物料提高到一定高度，然后让其自由落下并互相混合。因此，自落式搅拌机主要是以重力原理设计的。

② 强制式搅拌机主要是根据剪切原理设计的。在这种搅拌机中有转动的叶片，这些不同角度和位置的叶片转动时通过物料，克服物料的惯性、摩擦力和黏滞力，强制物料产生环向、径向、竖向运动。这种由叶片强制物料产生剪切位移而达到均匀混合的原理，称为剪切搅拌原理。

选择搅拌机时，要根据工程量大小、混凝土的坍落度、骨料尺寸等而定。既要满足技术上的要求，又要考虑经济效益。

(2) 搅拌制度的确定

为了获得质量优良的混凝土拌合物，除正确选择搅拌机外，还必须正确确定搅拌制度，即搅拌时间、投料顺序和进料容量等。

① 混凝土搅拌时间

搅拌时间是指从原料全部投入搅拌筒时起，到开始卸料时为止所经历的时间。它与搅拌质量密切相关，并随搅拌机类型和混凝土的和易性的不同而变化。在一定范围内，随着搅拌时间的延长，混凝土的强度有所提高，但过长时间的搅拌既不经济也不合理。因为搅拌时间过长，不坚硬的粗骨料在大容量搅拌机中会因脱角、破碎等而影响混凝土的质量。加气混凝土也会因搅拌时间过长而使含气量下降。

② 投料顺序

投料顺序应从提高搅拌质量，减少叶片和衬板的损耗、减少拌合物与搅拌筒的粘结、减少水泥飞扬、改善工作环境等综合考虑确定。常用的有一次投料法和两次投料法。

一次投料法是在上料斗中先装石子、再加水泥和砂，然后一次投入搅拌机。对自落式搅拌机要在搅拌筒内先加部分水，投料时石子盖住水泥，使水泥不致飞扬，且水泥和砂先进入搅拌筒形成水泥砂浆，可缩短包裹石子的时间。对强制式搅拌机，因出料口在下部，不能先加水，应在投入原料的同时，缓慢、均匀、分散地加水。

两次投料法经过我国的研究和实践形成了“裹砂石法混凝土搅拌工艺”，它是在日本研究的造壳混凝土(简称 SEC 混凝土)的基础上结合我国的国情研究成功的，它分两次加水，两次搅拌。用这种工艺搅拌时，先将全部的石子、砂和 70%的拌和水倒入搅拌机搅拌 15 s，使骨料湿润，再倒入全部水泥进行造壳搅拌 30 s 左右，然后加入 30%的拌和水再进行糊化搅拌 60 s 左右即完成。与普通搅拌工艺相比，用裹砂石法搅拌工艺可使混凝土强度提高 10%～20%，或节约水泥 5%～10%。此外，我国还对净浆法、净浆裹石法、裹砂法、先拌砂浆法等各种两次投料法进行了试验和研究。

③ 进料容量

进料容量又称干料容量。进料容量与搅拌机搅拌筒的几何容量有一定的比例关系。一般情况下，如任意超载，就会使材料在搅拌筒内无充分的空间进行掺合，影响混凝土搅拌物的均匀性。反之，如装料过少，则又不能充分发挥搅拌机的效能。

3.3.1.3 混凝土的外加剂

掺于混凝土中，掺量不大于水泥质量的 5%(特殊情况下除外)，用以改善混凝土性能的物质称为混凝土外加剂。混凝土外加剂已成为混凝土中除水泥、水、砂和石以外的第五种组分。

混凝土外加剂按其功能分为四类：

① 改善混凝土拌合物流变性能的外加剂，包括各种减水剂、泵送剂、保水剂等。

② 调节混凝土凝结硬化性能的外加剂，包括缓凝剂、早强剂和速凝剂等。

③ 改善混凝土耐久性的外加剂，包括引气剂、防水剂和阻锈剂等。

④ 提供混凝土其他性能的外加剂，包括加气剂、膨胀剂、防冻剂、隔离剂等。

下面就一些常用外加剂的组成与特性进行简单的阐述。

（1）减水剂

减水剂是指在混凝土拌合物坍落度相同的条件下，能减少拌合物用水量的外加剂。根据减水量大小及功能，减水剂可分为普通减水剂和高效减水剂两大类。此外，还有复合型减水剂，即引气减水剂，它既具有减水作用，又能提高早期强度。减水剂的主要种类有以下三种：

① 木质素系减水剂

木质素系减水剂的主要品种是木质素磺酸钙（M 型减水剂），它是由生产纸浆或纤维浆的木质废液，经发酵处理、脱糖、浓缩、干燥、喷雾而制成的粉状物质。

M 型减水剂的掺量一般为水泥质量的 0.2%～0.3%，在保持配合比不变的条件下可提高混凝土坍落度一倍以上；若维持混凝土的抗压强度和坍落度不变，一般可节省水泥 8%～10%。

M 型减水剂还可减小混凝土拌合物的泌水性，改善混凝土的抗渗性及抗冻性，故适用于大体积浇筑，滑模施工，泵送混凝土及夏季施工等。M 型减水剂对混凝土有缓凝作用，但掺量过多，甚至可能使强度下降。M 型减水剂不利于冬季施工，也不宜蒸汽养护。

② 多环芳香族磺酸盐系减水剂

这类减水剂又称萘系减水剂。萘系减水剂的减水、增强、改善耐久性等效果均优于木质素系减水剂，属于高效减水剂。萘系减水剂的减水率一般在 15%以上，主要用于配制早强、高强的混凝土。

③ 水溶性树脂系减水剂

水溶性树脂系减水剂属于早强、非引气型高效减水剂，其减水及增强效果比萘系减水剂更好。其减水率为 10%～24%，适用于高强混凝土、早强混凝土、蒸养混凝土及流态混凝土等。

（2）引气剂

引气剂是指在混凝土搅拌过程中能引入大量均匀分布、稳定而封闭的微小气泡的外加剂。

引气剂引入的封闭气孔（直径为 20～500 μm）能有效隔断毛细孔通道，并能减少泌水造成的空隙，从而增强抗渗性。同时，封闭气孔的引入对水冻结时的膨胀能起到有效的缓冲作用，从而提高抗冻性。加入引气剂会使混凝土的强度和弹性模量有所降低。

引气剂的主要种类有：松香树脂类，烷基苯磺酸盐类，脂肪醇类，非离子型表面活性剂，木质素磺酸盐类。

(3) 早强剂

早强剂是加速混凝土早期强度发展的外加剂。早强剂可改变水泥的水化过程或速度，加快混凝土强度的发展。常用早强剂有以下几个种类：

① 无机类

主要是一些无机盐类，又可分为氯化物(氯化钠、氯化钙、氯化铁、氯化铝)和硫酸盐类(硫酸钠、硫代硫酸钠、硫酸钙、硫酸铝钾)，此外还有铬酸盐等。

② 有机类

常用的有三乙醇胺、三异丙醇胺、乙酸钠、甲酸钙等。

③ 复合类

由有机-无机早强剂复合或早强剂与其他外加剂复合而成。

(4) 缓凝剂

缓凝剂是能延长混凝土凝结时间，而不影响混凝土后期强度的外加剂。缓凝剂的主要种类有：羟基羧酸盐(如酒石酸、酒石酸钾钠、柠檬酸、水杨酸等)，多羟基碳水化合物(如糖蜜、淀粉)，无机化合物(如磷酸盐)，木质磺酸盐(如木质磺酸钙)。

我国最常用的缓凝剂为木质磺酸钙及糖蜜。其中，糖蜜的缓凝效果最好，它是一种经石灰处理过的制糖下脚料。

缓凝剂对水泥品种适应性十分明显，不同水泥品种，其缓凝效果不相同，甚至会出现相反效果，使用前必须进行试拌以检测其效果。

(5) 速凝剂

速凝剂主要有无机盐类(如硅酸钠、铝酸钠、磺酸钠)和有机物类(如聚丙烯酸、聚甲基丙烯酸、羟基胺)。

温度升高对速凝作用有增强效果；水胶比增大，速凝效果降低。速凝剂使混凝土的后期强度下降，掺加速凝剂的混凝土 28 d 强度为不掺时的 80%～90%。

3.3.1.4 混凝土的掺合料

在混凝土拌合物制备时，为了节约水泥、改善混凝土性能、调节混凝土强度等级而加入的天然的或者人造的矿物材料，统称为混凝土掺合料。用于混凝土中的掺合料可分为活性矿物掺合料和非活性矿物掺合料两大类。非活性矿物掺合料(如磨细石英砂、石灰石、硬矿渣之类材料)一般与水泥组分不起化学作用，或化学作用很小。活性矿物掺合料(如粒化高炉矿渣、火山灰质材料、粉煤灰、硅灰等)虽然本身不硬化或硬化速度很慢，但能与水泥水化生成的 $Ca(OH)_2$ 发生化学反应，生成具有水硬性的胶凝材料。下面介绍粉煤灰、硅灰、粒化高炉矿渣粉这三种掺合料。

(1) 粉煤灰

粉煤灰是在燃烧煤粉的锅炉烟气中收集到的细粉末，其颗粒多呈球形，表面光滑。粉煤灰有高钙粉煤灰和低钙粉煤灰之分，其中氧化钙含量大于 10%的称为高钙粉煤灰，小于 10%的称为低钙粉煤灰。低钙粉煤灰来源比较广泛，是当前国内外用量最大、使用范围最广的混凝土掺合料，其功效如下：

① 节约水泥：一般可以节约 10%～15%，有显著的经济效益；

② 改善混凝土拌合物的和易性、可泵性和抹面性；

③ 降低混凝土水化热，是大体积混凝土的主要掺合料；

④ 提高混凝土抗硫酸性能；

⑤ 提高混凝土抗渗性；

⑥ 抑制碱骨料反应。

（2）硅灰

硅灰又称硅粉，是电弧炉冶炼硅铁合金的副产品。硅灰中 SiO_2 含量达 80%以上，主要是非晶态的 SiO_2。硅灰颗粒极细，呈玻璃球状，比表面积为 20000～25000 m^2/kg，因而具有极高的活性。硅灰取代水泥的效果远远高于其他掺合料，它可以大幅度提高混凝土的强度、抗渗性、抗腐蚀性，降低水化热，减小温升。

硅灰的掺量一般为水泥质量的 5%～15%，在配制超高强度混凝土时，掺量可达 20%～30%。由于比表面积大，需水量大，因此，硅灰必须与减水剂配合使用。由于硅灰的价格较高，一般只用于高强或超高强混凝土、泵送混凝土、高耐久性混凝土，以及其他高性能混凝土的制备。

（3）粒化高炉矿渣粉

粒化高炉矿渣粉是由高炉矿渣经干燥、磨细到一定细度而成的磨细粒化高炉矿渣，含有活性 SiO_2 和 Al_2O_3，因而具有较高的活性，其掺量与效果均高于粉煤灰。粒化高炉矿渣粉的掺量为 10%～70%，可显著降低混凝土的温升，提高抗渗性和耐蚀性等，可用于钢筋混凝土和预应力钢筋混凝土工程。

3.3.1.5 预拌（商品）混凝土的制备

预拌混凝土是指水泥、骨料、水以及根据需要掺入的外加剂、矿物掺合料等组分按一定比例，在预拌混凝土企业经计量、拌制后出售的，并采用运输车在规定时间内运至使用地点的混凝土拌合物。

工艺先进的工厂应用电子技术自动控制物料的称量和进料，选择合适的配合比，测试砂的含水量并调整材料用量，显示贮仓料位，生产系统联动互锁和故障报警等。混凝土集中搅拌有利于采用先进的工艺技术，实行专业化生产管理，设备利用率高，计量准确，能减少环境污染。

预拌混凝土厂分为固定式、半移动式和移动式三种。

固定式预拌混凝土工厂规模较大，每小时产量一般为 100～120 m^3。半移动式预拌混凝土工厂，一般采用简易厂房，生产设备可以拆卸，转移后再组装。每小时产量一般为 60～80 m^3。

移动式预拌混凝土工厂，厂内不设搅拌系统，把砂、石和水泥的贮仓、称量和传送系统均组装在一个钢结构装置内。将配合好的干料装入混凝土搅拌输送车，注入拌和用水，边走边拌，运到施工现场。

3.3.2 混凝土的运输

3.3.2.1 基本要求

对混凝土拌合物运输的基本要求是：不产生离析现象、保证浇筑时规定的坍落度和在混凝土初凝之前能有充分时间进行浇筑和捣实。混凝土从搅拌机中卸出到浇筑完毕的延续时间不能超过表 3-9 中的值。

表 3-9 混凝土从搅拌机中卸出到浇筑完毕的最长延续时间 (单位:s)

混凝土强度等级	气温	
	≤25 ℃	>25 ℃
≤C30	120	90
>C30	90	60

为了避免混凝土在运输过程中发生离析,混凝土运输道路要平坦,运输工具要选择恰当,运输距离要有限制。如已产生离析,在浇筑前要进行二次搅拌。

3.3.2.2 运输分类及工具

(1) 混凝土运输分类

混凝土运输分为地面水平运输、垂直运输和高空水平运输三种情况。

① 混凝土地面水平运输

如采用预拌(商品)混凝土且运输距离较远时,多用混凝土搅拌运输车来运输。混凝土如来自工地搅拌站,则多用小型翻斗车运输,有时还用皮带运输机和窄轨翻斗车运输,近距离亦可用双轮手推车运输。

② 混凝土垂直运输

多采用混凝土泵、塔式起重机、快速提升斗和井架运输。用塔式起重机运输时,混凝土多放在吊斗中,这样可直接进行浇筑。

③ 混凝土高空水平运输

如采用塔式起重机垂直运输,一般可将料斗中混凝土直接卸在浇筑点;如用混凝土泵运输,则用布料机布料;如用井架等运输,则以双轮手推车为主。

(2) 混凝土主要运输工具

① 混凝土搅拌运输车

混凝土搅拌运输车(图 3-19)为长距离运输混凝土的有效工具。将一双锥式搅拌筒斜放在汽车底盘上,在混凝土搅拌站装入混凝土后,由于搅拌筒内有两条螺旋状叶片,在运输过程中,搅拌筒可通过慢速转动进行拌和,以防止混凝土离析,至浇筑地点,搅拌筒反转即可迅速卸出混凝土。搅拌筒的容量一般为 2～10 m^3。

图 3-19 混凝土搅拌运输车

② 混凝土泵与泵车

混凝土泵是一种高效的混凝土运输和浇筑工具,它以泵为动力,沿管道输送混凝土,可以一次完成水平运输及垂直运输，将混凝土直接输送到浇筑地点。道路工程、桥梁工程、地下工程、工业与民用建筑施工皆可应用，在我国城市建设中已普遍使用，并取得了较好的效果。

目前我国主要采用活塞泵。活塞泵多采用液压驱动，主要由进料斗、液压缸、活塞、混凝土缸、分配阀、Y形输送管、冲洗系统、液压系统和动力系统等组成，如图3-20所示。活塞泵工作时，搅拌机卸出的或由混凝土搅拌运输车卸出的混凝土倒入进料斗4，分配阀5开启，分配阀6关闭，在液压作用下通过活塞杆带动活塞2后移，料斗内的混凝土在重力和吸力作用下进入混凝土缸1。然后，液压系统中压力油的进出反向，活塞2向前推压，同时分配阀5关闭，而分配阀6开启，混凝土缸中的混凝土拌合物就通过Y形输送管压入输送管。由于有两个缸体交替进料和出料，因而能连续稳定地排料。不同型号的混凝土泵，其排量不同，水平运距和垂直运距亦不同。通常，混凝土排量为30～90 m^3/h，水平运距为200～900 m，垂直运距为50～300 m。

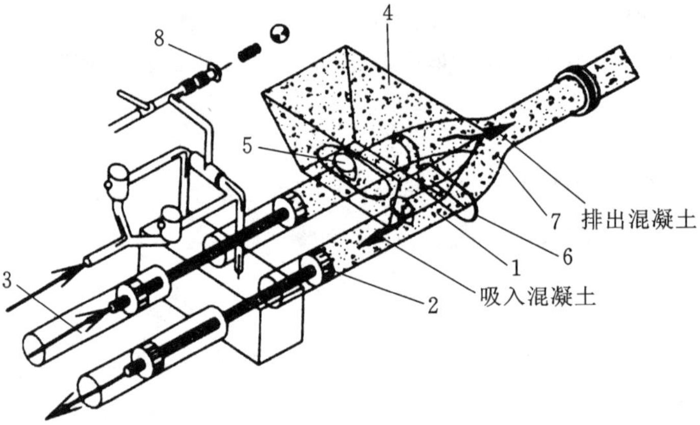

图3-20 液压活塞式混凝土泵

1—混凝土缸；2—活塞；3—液压缸；4—进料斗；
5—控制吸入的水平分配阀；6—控制排出的竖向分配阀；7—Y形输送管；8—冲洗系统

图3-21 带布料杆的混凝土泵车

将混凝土泵装在汽车上，汽车便成为混凝土泵车(图3-21)，同时车上还装有可以伸缩或曲折的布料杆，其末端是一软管，可将混凝土直接送至浇筑地点，使用十分方便。

泵送混凝土工艺对混凝土的配合比有一定的要求：a.当泵送高度为50 m以下时，碎石最大粒径与输送管内径之比一般不宜大于1∶3，卵石可为1∶2.5；泵送高度在50～100 m时，碎石最大粒径与输送管内径之比宜为1∶3～1∶4；泵送高度在100 m以上时，碎石最大粒径与输送管内径之比宜为1∶4～1∶5，以免堵塞。b.如用轻骨料，则以吸水率小者为宜，并宜用水预湿，以免在压力作用下强烈吸水，使坍落度降低而在管道中形成阻塞。c.砂宜用中砂，通过0.315 mm筛孔的砂应不少于15%。d. 砂率宜控制在38%～45%，如粗骨料为轻骨料时，还可适当提高。e. 水泥用量不宜过少，否则泵送阻力会增大，最小水泥用量为300 kg/m^3。f. 水胶比宜为0.4～0.6，泵送混凝土的坍落度根据不同泵送高度可参考表3-10选用。

表3-10 泵送混凝土的坍落度

泵送高度/m	30以下	30～60	60～100	100以上
坍落度/mm	100～140	140～160	160～180	180～200

混凝土泵宜与混凝土搅拌站运输车配套使用，且应使混凝土搅拌站的供应能力和混凝土搅拌站运输车的运输能力大于混凝土泵的泵送能力，以保证混凝土泵能连续工作，保证泵送管道不堵塞。进行输送管线布置时，应尽可能直，转弯要缓，管段接头要严，少用锥形管，以减少压力损失。如输送管向下倾斜，要防止因自重流动使管内混凝土中断、混入空气而引起混凝土离析，产生阻塞。为减小泵送阻力，用前先泵送适量的水和水泥浆或水泥砂浆以润滑输送管内壁，然后进行正常的泵送。在泵送过程中，泵的受料斗内应充满混凝土，防止吸入空气形成阻塞。混凝土泵排量大，在浇筑大面积混凝土时，最好用布料机进行布料，泵送结束要及时清洗泵体和管道。

③ 混凝土布料机

除了混凝土泵车以外，楼面混凝土布料机也是高层建筑混凝土浇筑的常用设备之一。楼面混凝土布料机是将布料机固定在楼板预留孔上进行作业，使用方便，安全可靠，经济实用。

3.3.3 混凝土的浇筑和养护

浇筑混凝土时要保证混凝土的均匀性和密实性；要保证结构的整体性、尺寸的准确性；要保证钢筋、预埋件的位置正确；拆模后混凝土表面要平整、光洁。浇筑前，应检查模板、支架、钢筋和预埋件的正确性，并进行验收。由于混凝土工程属于隐蔽工程，因而对混凝土施工，均应随时填写施工记录。

3.3.3.1 浇筑混凝土时应注意的问题

(1) 防止离析

浇筑混凝土时，混凝土拌合物由料斗、漏斗、混凝土输送管、运输车内卸出时，如自由倾落高度过大，由于粗骨料在重力作用下，克服黏着力后的下落动能大，下落速度较砂浆快，因而可能形成混凝土离析。为此，混凝土自高处倾落的自由高度不应超过3 m，在竖向结构中当有可靠措施保证不离析时自由倾落高度不宜超过6 m，否则应沿串筒、斜槽或振动溜管等下料。

(2) 正确留置施工缝

混凝土结构多要求整体浇筑，如因技术或组织上的原因不能连续浇筑时且停顿时间有可能超过混凝土的初凝时间，则应事先确定在适当的位置设置施工缝。由于混凝土的抗拉强度约为其抗压强度的1/10，因而施工缝是结构中的薄弱环节，宜留在结构剪力较小而且施工方便的部位。如建筑工程中柱子的施工缝宜留在基础顶面、梁或吊车梁牛腿的下面、吊车梁的上面、无梁楼盖柱帽的下面[图 3-22(a)中Ⅰ—Ⅰ、Ⅱ—Ⅱ截面]。和板连成整体的大截面梁的施工缝应留在板底面以下 20～30 mm 处[图 3-22(b)]。单向板的施工缝应留在平行于板短边的任何位置[图 3-22(c)]。有主次梁的楼盖宜顺着次梁方向浇筑，其施工缝应留在次梁跨度的中间 1/3 梁跨长度范围内[图 3-22(d)]。当现场必须沿着主梁方向浇筑混凝土时，施工缝也可留在主梁跨中 1/3 区间与相连板的跨中 1/3 区间的共同域范围内。楼梯的施工缝应留在楼梯长度方向的中间 1/3 范围内。墙的施工缝可留在门洞口过梁跨中 1/3 范围内[图 3-22(e)]，也可留在纵横墙的交接处。双向受力的楼板、大体积混凝土结构、拱、薄壳、多层架等及其他结构复杂的结构，应按设计要求留置施工缝。

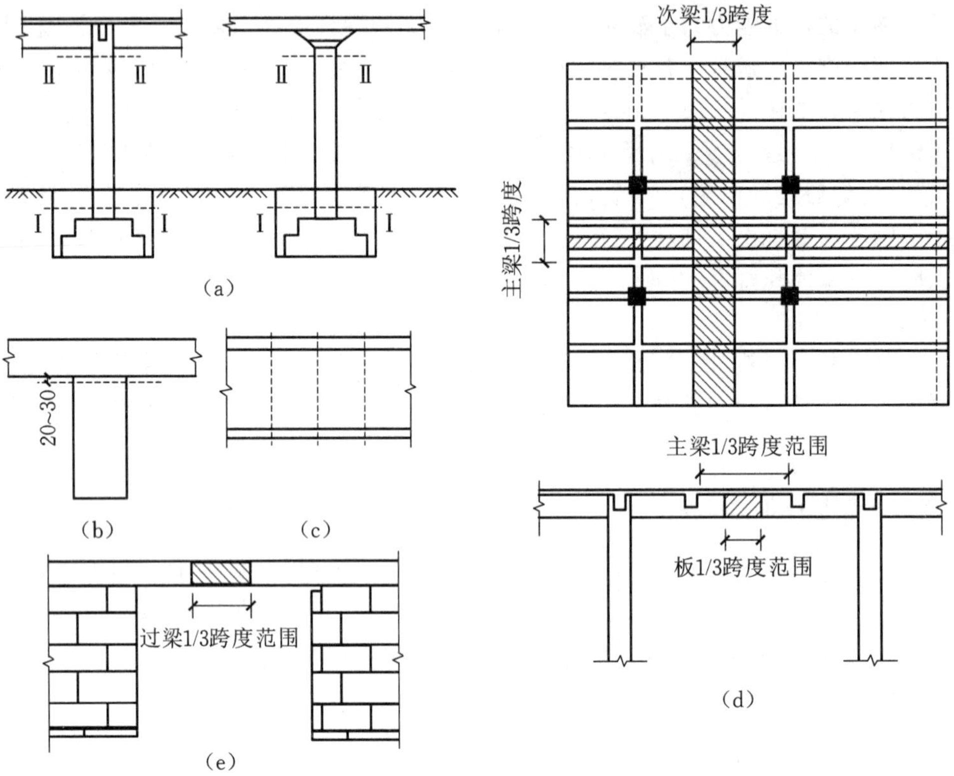

图 3-22 施工缝留设

(a)柱子的施工缝位置；(b)大截面梁的施工缝位置；(c)单向板的施工缝位置；(d)主次梁楼盖的施工缝位置；(e)过梁的施工缝位置

在施工缝处继续浇筑混凝土时，应先除掉水泥薄层和松动石子，表面加以湿润并冲洗干净，再铺水泥浆或与混凝土内砂浆成分相同的砂浆一层，并应待已浇筑的混凝土强度不低于 1.2 N/mm^2 后才允许继续浇筑。

3.3.3.2 混凝土浇筑方法

(1) 基本要求

① 混凝土浇筑时的坍落度应符合表 3-11 的规定。

表 3-11　混凝土浇筑时的坍落度　(单位:mm)

结构种类	坍落度
基础或地面等垫层、无配筋和大体积结构(挡土墙、基础等)或配筋稀疏的结构	10～30
板,梁,大型及中型截面的柱子等	30～50
配筋密列的结构(薄壁、斗仓、筒仓、细柱等)	50～70
配筋特密的结构	70～90

注:① 本表为采用机械振捣混凝土时的坍落度,当采用人工捣实混凝土时,其值可适当增大;
② 当需要配制大坍落度混凝土时,应掺用外加剂。

② 为了使混凝土振捣密实,混凝土必须分层浇筑,其浇筑层的厚度应符合表 3-12 的规定。

表 3-12　混凝土分层浇筑时浇筑层的厚度　(单位:mm)

捣实混凝土的方法		浇筑层的厚度
插入式振捣		振捣器作用部分长度的 1.25 倍
表面振捣		200
人工捣固	在基础、无钢筋混凝土或配筋稀疏的结构中	250
	在梁、墙板、柱结构中	200
	在配筋密列的结构中	150
轻骨料混凝土	插入式振捣	300
	表面振动(振动时需加荷)	200

③ 为了保证混凝土的整体性,浇筑工作应连续进行。当由于技术上或施工组织上的原因必须间歇时,其间歇时间应尽可能缩短,并应在前层混凝土凝结之前,将次层混凝土浇筑完毕。间歇的最长时间应按所用水泥品种及混凝土条件确定,不能超过表 3-13 的规定,当超过时应留置施工缝。

表 3-13　混凝土浇筑间歇的最长时间　(单位:min)

混凝土强度等级	气温	
	25 ℃	>25 ℃
C30 及 C30 以下	210	180
C30 以上	180	150

(2) 现浇结构的浇筑

① 划分施工层和施工段的原则

建筑结构一般各层梁、板、柱、墙等构件的截面尺寸、形状基本相同,故可以按结构层次划分施工层,按层施工。如果平面尺寸较大,还应分段进行,以便模板、钢筋、混凝土等工程能相互配合,流水施工。

② 准备工作

a.对模板及支架进行检查,确保标高、位置尺寸正确,强度、刚度、稳定性及密实性满足要求，模板中的垃圾、泥土和钢筋上的油污应加以清除，木模板应浇水润湿，但不允许留有积水。

b.对钢筋及预埋件应请工程监理人员共同检查，并做好隐蔽工程记录。

c.准备和检查材料、机具等；注意天气预报，不宜在雨雪天气浇筑混凝土。

d.做好施工组织工作和技术、安全交底工作。

③ 梁、板、柱、墙的浇筑

浇筑柱子时，同一施工段内的每排柱子应对称浇筑，不要由一端向另外一端推进，预防柱子模板逐渐受推倾斜。柱子在开始浇筑时，底部应先浇筑一层 50～100 mm 与混凝土内成分相同的水泥砂浆或水泥浆。浇筑完毕，如柱顶处有较大厚度的砂浆层，则应加以处理。柱子浇筑后，应间隔 1～1.5 h，待混凝土拌合物初步沉实，再浇筑上面的梁板结构。

柱基础浇筑时应先边角后中间，按台阶分层浇筑，确保混凝土充满模板各个角落，防止一侧倾倒混凝土而挤压钢筋，造成柱连接钢筋的位移。

剪力墙浇筑除按一般规定进行外，还应注意门窗洞口处应两侧同时下料，浇筑高差不能太大，以免门窗洞口发生位移或变形。并应先浇筑窗台下部，后浇筑窗间墙，以防窗台下部出现蜂窝孔洞。

与墙体同时浇筑的柱子，两侧浇筑高差不能太大，以防柱子中心移动。楼梯宜自下而上一次浇筑完成。对于钢筋较密集处，可改用细石混凝土，并加强振捣以保证混凝土密实。应采取有效措施保证钢筋保护层厚度及钢筋位置和结构尺寸的准确，注意施工中不要由于踩踏而改变负弯矩部分的钢筋的位置。

梁和板一般同时浇筑，从一端开始向前推进。当不能同时浇筑时，结合面应按叠合面要求进行处理。

(3) 大体积混凝土结构的浇筑

大体积混凝土是指最小断面尺寸大于 1 m，施工时必须采取相应技术措施妥善处理水化热引起的混凝土内外温度差值，并应合理控制温度应力的混凝土结构。

大体积混凝土结构在土木工程中较常见，如工业建筑中的设备基础，高层建筑中的地下室底板、结构转换层，各类结构的厚大桩基承台或基础底板以及桥梁的墩台等。由于其承受的荷载巨大，对结构的整体性要求高，往往不允许留施工缝，要求一次连续浇筑完毕。另外，大体积混凝土结构浇筑后水泥的水化热量大，由于体积大，水化热聚积在内部不易散发，浇筑初期混凝土内部温度显著升高，而表面散热较快，这样易形成较大的内外温差，导致混凝土内部产生压应力，而表面产生拉应力，如温差过大则易在混凝土表面产生裂纹。浇筑后期混凝土内部逐渐散热冷却产生收缩时，由于受到基底或已浇筑混凝土的约束，接触处将产生很大的剪应力，在混凝土正截面形成拉应力。当拉应力超过混凝土当时龄期的极限抗拉强度时，便会产生裂缝，甚至会贯穿整个混凝土断面，由此带来严重的危害。对于大体积混凝土结构的浇筑，上述两种裂缝(尤其是后一种裂缝)都应设法防止。

为防止大体积混凝土结构浇筑后产生裂缝，需降低混凝土的温度应力，因此，必须减少浇筑后混凝土的内外温差。为此应优先选用水化热低的水泥，降低水泥用量，掺入适量的粉煤灰，降低浇筑速度和减小浇筑层厚度，浇筑后宜进行测温，并采取蓄水法或覆盖法进行表面保温或对内部进行人工降温措施，控制内外温差不超过 25 ℃。

为保证混凝土的整体性，应保证使每一浇筑层在初凝前被上一层混凝土覆盖并捣实成整体。为此，要求混凝土按不小于下述的浇筑强度（单位时间的浇筑量）进行浇筑：

$$Q=\frac{FH}{T} \tag{3-7}$$

式中　Q——混凝土单位时间最小浇筑量（m^3/h）；

F——混凝土浇筑区的面积（m^2）；

H——浇筑层厚度（m），取决于混凝土捣实方法；

T——下层混凝土从开始浇筑到初凝为止所容许的时间间隔（h），一般等于混凝土初凝时间减去运输时间。

大体积混凝土结构的浇筑方案（图 3-23），可分为全面分层、分段分层和斜面分层三种。全面分层法要求的混凝土浇筑强度较大，斜面分层法要求的混凝土浇筑强度较小。工程中可根据结构物的具体尺寸、捣实方法和混凝土供应能力，通过计算选择浇筑方案。目前，建筑物基础底板等大面积的混凝土整体浇筑应用较多的是斜面分层法。

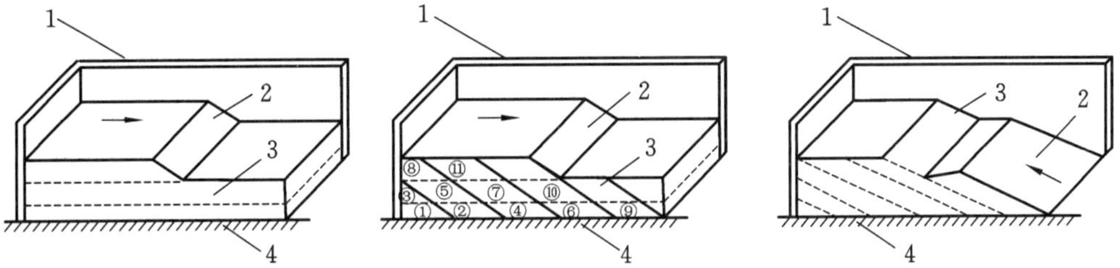

(a)　　(b)　　(c)

图 3-23　大体积混凝土结构浇筑方案

(a)全面分层；(b)分段分层；(c)斜面分层

1—模板；2—新浇筑的混凝土；3—已浇筑的混凝土；4—基层

注：图(b)中①，②，③，④，⑤，⑥，⑦，⑧，⑨，⑩，⑪表示混凝土浇筑顺序

此外，为了控制大体积混凝土裂缝的开展，在特殊情况下，可在施工期间设置相当于临时伸缩缝的后浇带，将结构分成若干段，以有效削减温差引起的收缩应力；待所浇筑的混凝土经一段时间的养护干缩后，再在后浇带中浇筑补偿收缩混凝土，使分块的混凝土连成一个整体。在正常施工条件下，后浇带的间距一般为 20～30 m，带宽 1 m 左右，混凝土浇筑30～40 d 后，用比原结构强度高 5～10 MPa 的混凝土填筑，并保持不少于 15 d 的潮湿养护。

（4）水下浇筑混凝土

深基础、沉井与沉箱的封底等，常需要进行水下浇筑混凝土，地下连续墙及钻孔灌注桩则是在泥浆中浇筑混凝土。水下或泥浆中浇筑混凝土，目前多用导管法施工。

导管直径为 250～300 mm（不小于最大骨料粒径的 8 倍），每节长 3 m，用快速接头连接，顶部装有漏斗。导管用起重设备吊住，可以升降。浇筑前，导管或料斗下口先用隔水塞堵塞，隔水塞用铁丝吊住。然后，在料斗和导管内浇筑一定量的混凝土，保证开管前料斗及管内的混凝土量使混凝土冲出后足以封住并高出管口。

将导管插入水下，使其下口距底面的距离约 300 mm 时进行浇筑，距离太近易堵管，太远则要求料斗及管内混凝土量较多。当导管内混凝土的体积及高度满足上述要求后，剪断吊住隔水塞的铁丝进行开管，使混凝土在自重作用下迅速推出隔水塞进入水中。接着，一面均衡地浇筑，一面慢慢提起导管，导管下口必须始终保持在混凝土表面之下 1～1.5 m 处。下口埋得越深，则混凝土顶面越平、质量越好，但混凝土浇筑也越难。

在整个浇筑过程中，一般应避免在水平方向移动导管。直到混凝土顶面接近设计标高时，才可将导管提起，换插到另一浇筑点。一旦发生堵管，如半小时内不能疏通，应立即换插备用导管。待混凝土浇筑完毕，应清除顶面与水或泥浆接触的一层松软部分。

3.3.3.3 混凝土密实成型

混凝土拌合物浇筑之后，需经密实成型才能赋予混凝土结构一定的外形和内部结构。强度、抗冻性、抗渗性、耐久性等皆与密实成型的好坏有关。混凝土密实成型的方法主要有以下几种。

(1) 振捣法

① 振捣密实原理

混凝土振捣密实的原理，是产生振动的机械在将振动能量通过某种方式传递给混凝土拌合物时，受振混凝土拌合物中所有的骨料颗粒都受到强迫振动，使混凝土拌合物保持一定塑性状态的黏着力和内摩擦力大大降低，受振混凝土拌合物呈现出所谓的“重质液体状态”，从而使混凝土拌合物中的骨料犹如悬浮在液体中，在其自重作用下向新的稳定位置沉落，排除存在于混凝土拌合物中的气体，消除孔隙，使骨料和水泥浆在模板中得到致密的排列。

② 振动机械的选择

混凝土的振动机械按其工作方式不同，分为内部振动器、表面振动器、外部振动器和振动台等。

a.内部振动器

又称插入式振动器(图 3-24)，其工作部分是一棒状空心圆柱体，内部装有偏心振子，在电动机带动下高速转动而产生高频微幅的振动。内部振动器多用于振实梁、柱、墙、厚板和大体积混凝土结构等。

(a) (b)

图 3-24 插入式振动器

插入式振动器的振捣方法有垂直振捣和斜向振捣两种(图 3-25),可根据具体情况采用,一般以采用垂直振捣为多。使用插入式振动器垂直振捣的操作要点是:“直上和直下,快插与慢拔;插点要均布,切勿漏点插;上下要振动,层层要扣搭;时间掌握好,密实质量佳”。操作要点中“快插”是为了防止先将混凝土表面振实,与下面混凝土产生分层离析现象;“慢拔”是为了使混凝土填满振动棒抽出时形成的插孔。振动器插点要均匀排列,可采用“行列式”或“交错式”的次序移动(图 3-26),防止漏振;每次移动两个插点的间距不应大于振动器作用半径的 1.4 倍(振动器的作用半径一般为 300～400 mm);振动棒与模板的距离,不应大于其作用半径的 50%,并应避免碰撞钢筋、模板、芯管、吊环、预埋件或空心胶囊等。为了保证每一层混凝土上下振捣均匀,应将振动棒上下来回抽动 50～100 mm;同时还应将振动棒插入下一层未初凝的混凝土中,深度不应小于 50 mm。混凝土振捣时间要掌握好,振捣时间过短,不能使混凝土充分捣实;过长,则可能产生离析;一般每点振捣时间为 20～30 s,使用高频振动器时亦应大于 10 s,以混凝土不下沉、气泡不上升、表面泛浆为准。

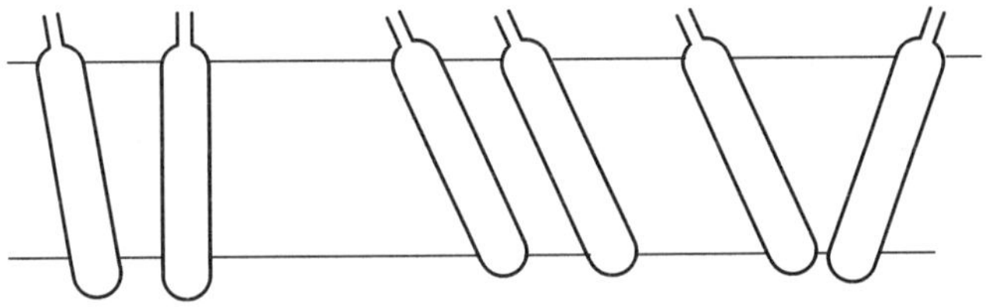

图 3-25　垂直振捣和斜向振捣

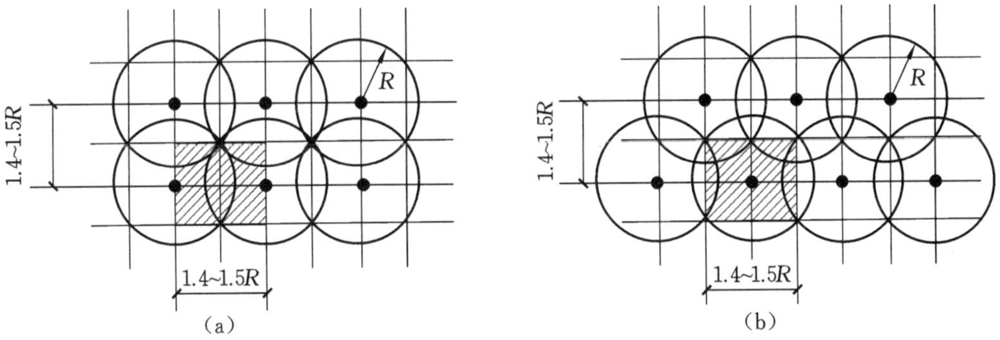

图 3-26　“行列式”和“交错式”

(a)“行列式”;(b)“交错式”

b.表面振动器

又称平板振动器,它由带偏心块的电动机和平板(木板或钢板)等组成。其作用深度较小,多用在混凝土表面进行振捣,适用于楼板、地面、道路、桥面等薄型水平构件。

c.外部振动器

又称附着式振动器,它通过螺栓或夹钳等固定在模板外部,通过模板将振动传给混凝土拌合物,因而要求模板有足够的刚度。它适用于振捣断面小且钢筋密的构件,如薄腹梁、箱形桥面梁以及地下密封的结构,及无法采用插入式振捣器的场合。其有效作用范围可通过实测确定。

d.振动台

振动台是混凝土制品厂中的固定生产设备,用于振实预制构件。

(2) 挤压法

挤压成型工艺的工作原理如图 3-27 所示。混凝土拌合物通过料斗由螺旋铰刀向后挤送,在此挤送过程中,由于受到已成型空心板阻力(即反作用力)作用而被挤压密实,挤压机也在这一反作用力作用下,沿着与挤压相反的方向被推动前进,在挤压机后面即形成一条连续的混凝土多孔板带。挤压成型实现了混凝土成型过程的机械化连续生产,减轻了劳动强度,提高了生产率,节约了模板,并可根据设计要求的不同长度任意切断板材,是预制构件厂生产预应力空心板的主要成型工艺。

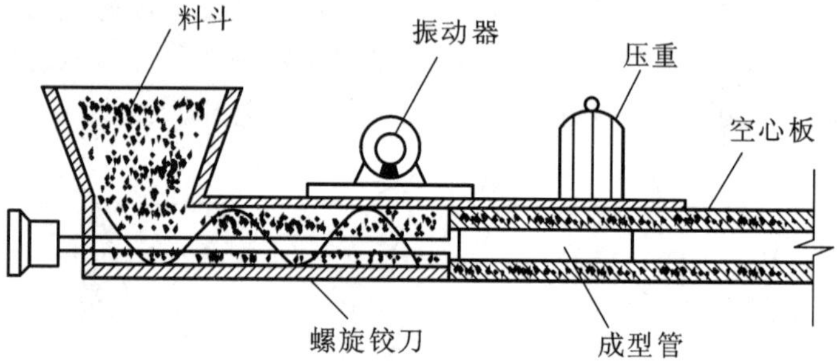

图 3-27 挤压法

(3) 离心法

离心法成型(图 3-28)是指将装有混凝土的钢制模板放在离心机上,当模板旋转时,由于摩擦力和离心力的作用,使混凝土分布于模板的内壁,并将混凝土中的部分水分挤出,使混凝土密实。离心法适用于管柱、管桩、管式屋架、电杆及上下水管等构件的生产。

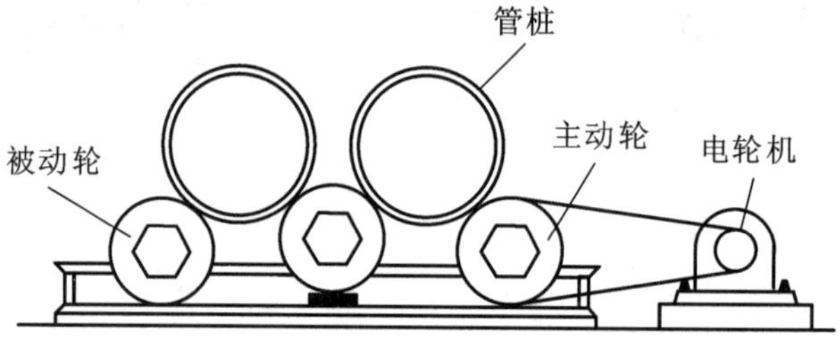

图 3-28 离心法

采用离心法成型时,石子最大粒径不应超过构件壁厚的 1/4～1/3,并不得大于 15～20 mm;砂率应为 40%～50%,水泥用量不应低于 350 kg/m^2,且不宜使用火山灰水泥,坍落度控制在 30～70 mm 以内。

(4) 真空作业法

混凝土真空作业法是借助真空负压,将水从刚浇筑成型的混凝土拌合物中吸出,同时使混凝土密实的一种成型方法(图 3-29)。真空作业法在道路工程和建筑工程中都有应用。

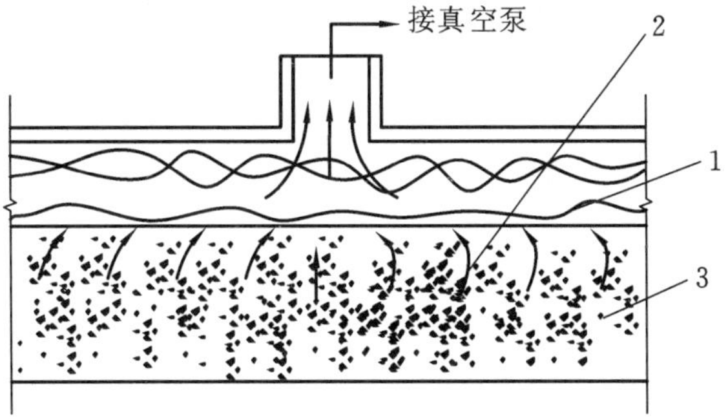

图 3-29 混凝土真空作业法原理

1—真空腔；2—吸出的水；3—混凝土拌合物

按作业的方式不同，真空作业可分为表面真空作业与内部真空作业。表面真空作业是在混凝土构件的上、下表面或侧面布置真空腔进行吸水。上表面真空作业使用得最多，它适用于楼板、预制混凝土平板、道路、机场跑道等；下表面真空作业适用于薄壳、隧道顶板等；墙壁、水池、桥墩等则宜用侧表面真空作业。有时还将上述几种方法结合使用。

内部真空作业是利用插入混凝土内部的真空腔进行真空作业，其主要设备有：真空吸水机组、真空腔和吸水软管。真空吸水机组由真空泵、真空室、排水管及滤网等组成。真空腔有刚性吸盘和柔性吸垫两种。

3.3.3.4 混凝土浇筑后的表面处理

大体积或大面积混凝土浇筑完毕，分两次收水，用木抹子将表面搓毛，防止表面的收缩裂纹。为了减小混凝土表面的毛细张力，防止混凝土龟裂，也可采用在混凝土浇筑二次收浆后，对混凝土表面用扫帚扫毛处理。

用混凝土抹平机对大面积混凝上浇筑后进行抹平，既能密实混凝土表面，也能防止混凝土表面开裂。抹平机分电动和汽油机两类，汽油抹平机的功率大，效率高。

3.3.3.5 混凝土养护

混凝土养护包括人工养护和自然养护，现场施工多采用自然养护。混凝土浇筑后之所以能逐渐硬化，主要是因为水泥水化作用，而水化作用则需要适当的温度和湿度条件。所谓混凝土的自然养护，即在平均气温高于 5 ℃的条件下在一定时间内使混凝土保持润湿状态。

混凝土浇筑后，如天气炎热、空气干燥、不及时进行养护，混凝土中的水分就会蒸发过快，出现脱水现象，使已形成凝胶的水泥颗粒不能充分水化，不能转化成稳定的结晶，缺乏足够的黏结力，从而在混凝土表面出现片状或粉状剥落，影响混凝土的强度。此外，在混凝土尚未具备足够的强度时，其中水分过早地蒸发还会产生较大的收缩变形，出现干缩裂纹，影响混凝土的整体性和耐久性。所以混凝土浇筑后初期阶段的养护非常重要。混凝土浇筑 12 h 以后就应该开始养护，干硬性混凝土应于浇筑完毕后立即进行养护。

自然养护分为洒水养护和喷涂薄膜养生液养护两种。

洒水养护是指根据外界气温，在混凝土浇筑完毕 3～12 h 内用草帘、芦席、麻袋、锯末、湿土或湿砂等材料将混凝土予以覆盖，并经常浇水保持湿润。混凝土浇水养护时间，对硅酸盐水泥、普通水泥和矿渣水泥拌制的混凝土不得少于7昼夜；掺用缓凝型外加剂或有抗渗要求的混凝土，不得少于14昼夜；当用矾土水泥时，不得少于3昼夜。每日浇水次数以能保持混凝土具有足够的润湿状态为宜，一般气温在15 ℃以上时，在混凝土浇筑后最初3昼夜中，白天至少每3 h浇水1次，夜间也应浇水2次；在以后的养护中，每昼夜应浇水3次左右；在干燥气候条件下，浇水次数应适当增加。

喷涂薄膜养生液养护适用于不易洒水养护的高耸构筑物和大面积混凝土结构。它是将过氯乙烯树脂塑料溶液用喷枪喷涂在混凝土表面上，溶液挥发后在混凝土表面形成一层塑料薄膜，将混凝土与空气隔绝，阻止其中水分的蒸发以保证水化作用的正常进行。有的薄膜在养护完成后能自行老化脱落，否则，不宜喷洒在以后要做粉刷的混凝土表面上。在夏季，薄膜成型后要防晒，否则易产生裂纹。地下建筑或基础，可在其表面涂刷沥青乳液以防止混凝土内水分蒸发。

混凝土必须养护至其强度达到1.2 N/mm^2以上，才能准许在其上行人或安装模板和支架。

3.3.3.6 混凝土质量检查

混凝土质量检查包括拌制和浇筑过程中的质量检查和养护后的质量检查。

(1) 拌制和浇筑过程中质量检查

在拌制和浇筑过程中，对组成材料的质量检查每一工作班至少2次；拌制和浇筑地点坍落度的检查每一工作班至少2次；每一工作班内，如混凝土配合比因外界影响而有变动时，应及时检查；对混凝土搅拌时间应随时检查。

对预拌(商品)混凝土，应在商定的交货地点进行坍落度检查。

(2) 养护后的质量检查

① 混凝土外观检查

混凝土结构件拆模后，应从外观上检查其表面有无麻面、蜂窝、孔洞、露筋、缺棱掉角、缝隙夹层等缺陷，外形尺寸是否超过允许偏差值，如有应及时加以修正。

② 混凝土强度检查

a.试块的留置和取样应满足以下要求：

每拌制100盘且不超过100 m^3的相同配合比的混凝土，取样不得少于1次；

每工作班拌制同一配合比的混凝土不足100盘时，取样不得少于1次；

每一次连续浇筑超过1000 m^3时，同一配合比的混凝土每200 m^3取样不得少于1次；

每一楼层、同一配合比的混凝土，取样不得少于1次；

每次取样应至少留置一组标准养护试件，同条件养护试件的留置组数应根据实际需要确定。混凝土的标准养护条件，在温度为(20±3)℃下，湿度在90%以上的环境或水中，养护28 d。

b.每组3个试件应在浇筑地点制作，在同盘混凝土中取样，并按下列规定确定该组试件的混凝土强度代表值：

取3个试件强度的算术平均值；

当3个试件强度中的最大值和最小值之一与中间值之差超过中间值的15%时，取中间值；

当3个试件强度中的最大值和最小值与中间值之差均超过中间值的15%时，该组试件不应作为强度评定的依据。

3.3.3.7 混凝土冬期施工

(1) 混凝土冬期施工的原理

混凝土之所以能凝结、硬化并取得强度，是由于水泥和水进行水化作用。水化作用的速度在一定湿度条件下主要取决于温度，温度愈高，强度增长也愈快，反之愈慢。当温度降至0 ℃以下时，水化作用基本停止，温度再继续降至－4～－2 ℃，混凝土内的水开始结冰，水结冰后体积增大8%～9%，在混凝土内部产生冰晶应力，使强度很低的水泥石结构内部产生微裂纹，同时，减弱了水泥与砂石和钢筋之间的粘结力，从而使混凝土后期强度降低。

受冻的混凝土在解冻后，其强度虽然能继续增长，但已不能达到原设计的强度等级。试验证明，混凝土遭受冻结带来的危害，与遭冻的时间早晚、水胶比等有关，遭冻时间愈早，水胶比愈大，则强度损失愈多，反之则强度损失愈少。

经过试验得知，混凝土经过预先养护达到一定强度后再遭冻结，其后期抗压强度就会降低。一般把混凝土遭冻结后其后期抗压强度损失在5%以内的混凝土预养强度值定义为混凝土受冻临界强度。混凝土受冻临界强度与水泥品种、混凝土强度等级有关。对普通硅酸盐水泥和硅酸盐水泥配制的混凝土，受冻临界强度定为设计的混凝土强度标准值的30%，对矿渣硅酸盐水泥配制的混凝土，受冻临界强度定为设计的混凝土强度标准值的40%，但对于强度等级不大于C15的混凝土，受冻临界强度不得低于5 N/mm^2。

混凝土冬期施工除上述早期冻害以外，还需要注意拆模不当带来的冻害。混凝土构件拆模后表面急剧降温，由于内外温差较大会产生较大的温度应力，亦会使表面产生裂纹，在冬期施工中亦应力求避免这种冻害。

凡根据当地多年气温资料室外日平均气温连续5 d稳定低于5 ℃时，就应采取冬期施工的技术措施进行混凝土施工。因为从混凝土强度增长的情况看，新拌混凝土在5 ℃的环境下养护，其强度增长很慢。而且日平均气温低于5 ℃时，一般最低气温已低于0 ℃，混凝土亦有可能受冻。

(2) 混凝土冬期施工方法的选择

混凝土冬期施工的方法分为三类：混凝土养护期间不加热的施工方法、混凝土养护期间加热的施工方法和综合方法。混凝土养护期间不加热的施工方法包括蓄热法、掺化学外加剂法；混凝土养护期间加热的施工方法包括电极加热法、电器加热法、感应加热法、蒸汽加热法和暖棚法；综合法即把上述两类方法综合应用，如目前最常用的综合蓄热法，以及在蓄热法的基础上掺加外加剂(早强剂或防冻剂)等综合措施。

选择混凝土冬期施工方法时，要考虑自然气温、结构类型和特点、原材料、工期限制、能源情况和经济指标。对工期不紧和无特殊限制的工程，从节约能源和降低冬期施工费用考虑，应优先选用养护期间不加热的施工方法或综合方法；在工期紧张、施工条件又允许时才考虑选用混凝土养护期间加热的方法，一般要经过技术经济比较确定。一个理想的冬期施工方案，应当是在杜绝混凝土早期受冻的前提下，用最低的冬期施工费用，在最短的施工期限内，获得优良的施工质量。

(3) 混凝土冬期施工方法

① 蓄热法

a.蓄热法原理

蓄热法是利用加热原材料(水泥除外)或混凝土(热拌混凝土)所预加的热量及水泥水化热,再利用适当的保温材料覆盖,防止热量过快散失,延缓混凝土的冷却速度,使混凝土强度在正温条件下增长至混凝土受冻临界强度以上。

室外最低气温不低于-15 ℃,地面以下的工程或表面系数不大于 15 m^{-1}的结构,应优先采用蓄热法。

b.原材料加热法及热工计算

水的比热容比砂石大,且水的加热设备简单,故应首先考虑加热水。如水加热至极限温度而热量尚嫌不足时,再考虑加热砂石。水的加热极限温度视水泥标号和品种而定,当水泥等级小于 52.5 级时,不得超过 80 ℃;当水泥等级等于或大于 52.5 级时,不得超过 60 ℃,如加热温度超过此值,则搅拌时应先与砂石拌和,然后加入水泥以防止水泥假凝。骨料加热时,可将蒸汽直接通到骨料中直接加热或在骨料堆、贮料斗中安设蒸汽盘管进行间接加热。工程量小时,也可以将骨料放在铁板上用火烘烤。砂石加热的极限温度也与水泥标号和品种有关,对于水泥等级小于52.5 级时,不得超过60 ℃;当水泥等级等于或大于 52.5 级时,不得超过 40 ℃。当骨料不需要加热时,也必须除去骨料中的冰凌后再进行搅拌。

水泥绝对不允许加热。

为保证混凝土在冬期施工中能达到混凝土受冻临界强度,应对原材料的加热、搅拌、运输、浇筑和养护进行热工计算。其计算步骤如下,此处不具体介绍计算方法。

混凝土拌合物的温度→拌合物的出机温度→混凝土在成型完成时的温度→混凝土蓄热养护过程中任一时刻的温度及从蓄热养护开始至任意时刻的平均温度→混凝土蓄热养护至冷却至 0 ℃的时间。根据混凝土强度增长曲线求出混凝土再次养护过程能达到的强度,看其是否满足混凝土受冻临界强度的要求。如果满足,则制定的施工方案可行,否则,可采取下列措施:

提高混凝土的热量,即提高水、砂、石的加热温度,但不能超过规定的最高值;

改善蓄热法用的保温措施,更换或加厚保温材料,使混凝土热量散发较慢,以提高混凝土的平均养护温度;

掺加外加剂,使混凝土早强、防冻;

混凝土浇筑后对其进行短期加热,提高混凝土热量,延长其冷却至 0 ℃的时间。

② 掺加外加剂法

这是一种只需要在混凝土中掺入外加剂,不需要采取加热措施就能使混凝土在负温条件下继续硬化的方法。在负温条件下,混凝土拌合物中的水要结冰,随着温度的降低,固相逐渐增加,一方面增加了冰晶应力,使水泥石内部结构产生微裂缝;另一方面由于液相减少,使水泥水化反应变得十分缓慢而处于休眠状态。掺外加剂的作用,就是使之产生抗冻、早强、催化、减水等效果。降低混凝土的冰点,使之在负温下加速硬化以达到要求的强度。常用的抗冻、早强的外加剂有氯化钠、氯化钙、硫酸钠、亚硝酸钠、碳酸钾、三乙醇胺、硫代硫酸钠、重铬酸钾、氨水、尿素等。其中,氯化钠具有抗冻、早强作用,且价廉易得,早从 20 世纪

50年代开始就得到应用，但对其掺量应有限制，否则会引起钢筋锈蚀。氯盐除应限制掺量外，在高湿度环境、预应力混凝土结构等情况下也禁止使用氯盐。外加剂种类的选择取决于施工要求和材料供应，而掺量应由试验确定，但混凝土的凝结速度不得超过其运输和浇筑时间，且混凝土的后期强度损失不得大于5%，其他物理力学性能不得低于普通混凝土。随着新型外加剂的不断出现，其效果越来越好。目前，掺加外加剂的形式已从单一型向复合型发展，外加剂也从无机化合物向有机化合物方向发展。

③ 蒸汽加热法

此方法即利用低压（不高于0.07 MPa）饱和蒸汽对新浇筑的混凝土构件进行加热养护，对各类构件都适用，但因需锅炉等设备，消耗能源多，费用高，因而只有在采用蓄热法、外加剂法达不到要求时考虑采用。此方法宜优先选用矿渣硅酸盐水泥，该水泥后期强度损失比普通硅酸盐水泥少。

蒸汽加热法除预制构件厂用的蒸汽养护室之外，还有汽套法、毛细管法和构件内部通气法等。用蒸汽加热法养护混凝土，当用普通硅酸盐水泥时温度不宜超过80 ℃，用矿渣硅酸盐水泥时可提高到85～95 ℃，升温、降温速度亦有限制，并应设法排除冷凝水。

汽套法即在构建模板外再加密封套板，模板与套板间的空隙不宜超过15 cm，在套板内通入蒸汽加热养护混凝土。此方法加热均匀，但设备复杂、费用大，只在特殊条件下用于养护水平结构的梁、板等。

毛细管法即利用所谓“毛细管模板”将蒸汽通在模板内进行养护。此方法用汽少、加热均匀，适用于垂直结构。此外，大模板施工时，也可在模板背后加装蒸汽管道，再用薄铁皮封闭并适当加以保温，常用于大模板工程冬季施工。

构件内部通汽法即在构件内部预埋外表面涂有隔离剂的钢管或胶皮管，浇筑混凝土后隔一定时间将管子抽出，形成孔洞，再于一端孔内插入短管即可通入蒸汽来加热混凝土。加热混凝土时混凝土温度一般控制在30～60 ℃，待混凝土达到要求强度后，用砂浆或细石混凝土灌入通汽孔加以封闭。

用蒸汽养护时，根据构件的表面系数，混凝土的升温速度有一定的限制。冷却速度和极限加热温度亦有限制。养护完毕，混凝土的强度至少要达到混凝土冬期施工临界强度。对整体式结构，当加热温度在40 ℃以上时，有时会使结构物的敏感部位产生裂缝，因而应对整体式结构的温度应力进行验算，对一些结构要采取措施降低温度应力，或设置必要的施工缝。

④ 电热法

电热法是利用电流通过不良导体（混凝土或电阻丝）所产生的热量来养护混凝土。此方法耗电量大，施工费用高，应慎重选用。

电热法养护混凝土又分为电极法和电热器法两类。电极法即在新浇筑混凝土中，按一定间距（200～400 mm）插入电极（短钢筋），接通电源，利用混凝土本身的电阻，变电能为热能进行加热。加热时要防止电极与构件内的钢筋接触而引起短路。对于较薄构件，也可将薄钢板固定在模板内侧作为电极。

电热器法是利用电流通过电阻丝产生的热量进行加热养护。根据需要，电热器可制成多种形状，如板状电热器、针状电热器、电热模板（模板背面装电阻丝形成热夹层，其外用铁皮包矿渣棉封严)等进行加热。

电热养护属于高温干养护,温度过高会出现热脱水现象。混凝土加热有极限温度的限制,升温、降温速度亦有所限制。混凝土电阻随强度发展而增大,当混凝土达到50%设计强度时电阻增大,养护效果不显著,而且电能消耗增加,为节省电能,用电热法养护混凝土只宜加热养护至设计强度的50%。对整体式结构也要防止加热养护时产生过大的温度应力。

习　　题

3-1　模板安装的基本要求有哪些?

3-2　爬升模板的爬升方法有哪些?

3-3　简述现浇混凝土结构模板的拆除要求及拆模顺序。

3-4　钢筋连接的方法有哪些?

3-5　简述钢筋代换的基本原则和方法。

3-6　钢筋的下料长度如何计算?

3-7　混凝土的配合比如何换算?

3-8　混凝土的搅拌制度包括哪些内容?

3-9　泵送混凝土对混凝土质量有何特殊要求?

3-10　什么是施工缝?施工缝的留设原则和处理方法有哪些?

3-11　大体积混凝土浇筑时的注意事项有哪些?

3-12　混凝土的质量检测包括哪些内容?

4 砌体工程

【本章要点】

本章主要内容包括建筑砂浆、砖砌体施工、砌块砌体施工。本章的教学重点为砌体工程施工工艺及砌筑施工要点、扣件式钢管脚手架的构造及其搭设方法；教学难点为砌体工程的留槎、顶砌及芯柱，扣件式钢管脚手架搭设的施工注意事项。

【学习目标】

掌握：砖砌体工程施工工艺；砖砌体工程的质量要求。

熟悉：砌筑砂浆原材料的要求，砂浆的技术要求和砂浆的制备与使用；砖及砌块块材的种类；砌筑前的准备工作；混凝土小型空心砌块砌体工程的施工要点；填充墙砌体工程的施工要点；脚手架的基本要求与分类；扣件式钢管脚手架组成部件、搭设方式及特点；井架、龙门架及施工电梯的特点及应用。

了解：砖、砌块砌体砌筑前的准备工作；冬期施工对砌体结构工程材料的要求，砌体结构工程冬期施工方法与措施；门式脚手架。

砌体结构是以块体和砂浆砌筑而成的墙、柱作为建筑物主要受力构件的结构，砌体结构主要包括砖砌体、砌块砌体和石砌体结构。砖石建筑在我国有悠久的历史，目前在土木工程中仍占有相当的比重。这种结构虽然取材方便、施工简单、成本低廉，但它的施工仍以手工操作为主，劳动强度大、生产效率低，而且烧制黏土砖占用大量农田，因而采用新型墙体材料、改善砌体施工工艺是砌筑工程改革的重点。

4.1 砌筑材料

砌筑工程所用材料主要是砖、石、砌块以及砌筑砂浆，它们必须符合设计要求。

常温下砌砖，普通黏土砖、空心砖的含水率宜在5%～10%，一般应提前1～2 d浇水润湿，避免砖吸收砂浆中的水分而影响黏结力，并可除去砖面上的粉末。但浇水过多会导致砌体走样或滑动。气候干燥时，石料亦应先洒水润湿。但灰砂砖、粉煤灰砖不宜浇水过多，其含水率控制在5%～8%为宜。

砌筑砂浆有水泥砂浆、石灰砂浆和混合砂浆。砂浆种类选择及其等级的确定，应符合设计要求。

水泥砂浆和混合砂浆可用于砌筑潮湿环境和强度要求较高的砌体，但对于基础，一般只用水泥砂浆。

石灰砂浆宜用于砌筑干燥环境中以及强度要求不高的砌体，不宜用于潮湿环境的砌体及基础，因为石灰属气硬性胶凝材料，在潮湿环境中，石灰膏不但难以硬结，而且会出现溶解流散现象。

制备混合砂浆和石灰砂浆用的石灰膏，应经筛网过滤并在化灰池中熟化不少于7 d，严禁使用脱水硬化的石灰膏。

一般用砂浆搅拌机拌制砂浆，要求拌和均匀。为改善砂浆的保水性，可掺入黏土、电石膏、粉煤灰等塑化剂。砂浆应随拌随用，常温下，水泥砂浆和混合砂浆必须分别在搅拌后3 h和 4 h 内使用完毕，如气温在 30 ℃以上，则必须分别在 2 h 和 3 h 内用完。

砂浆稠度主要根据墙体材料、砌筑部位及气候条件而定。例如，关于砂浆的流动性(沉入度)应符合以下要求：一般烧结普通砖砌体，宜为 70～90 mm；烧结多孔砖、空心砖砌体宜为 60～80 mm，石砌体宜为 30～50 mm；普通混凝土空心砌块及轻集料混凝土砌块宜为 50～70 mm。

4.2　砖砌体工程

4.2.1　砖砌体的砌筑形式

在基础完成后，即可进行砖墙砌筑。砌筑砖墙前应用水泥砂浆对基础顶面进行找平，并校核基础顶面的标高和轴线。用普通黏土砖砌筑的砖墙，按其墙面组砌形式不同，有一顺一丁砌法、三顺一丁砌法、梅花丁砌法、两平一侧砌法、全顺砌法、全丁砌法等。

(1) 一顺一丁砌法

一顺一丁砌法是一皮中全部顺砖与一皮中全部丁砖相互间隔砌成，上下皮间的竖缝相互错开 1/4 砖长，如图 4-1 所示。

(2) 三顺一丁砌法

三顺一丁砌法是三皮中全部顺砖与一皮中全部丁砖间隔砌成，上下皮顺砖与丁砖间竖缝错开 1/4 砖长，上下皮顺砖间竖缝错开 1/2 砖长，如图 4-2 所示。

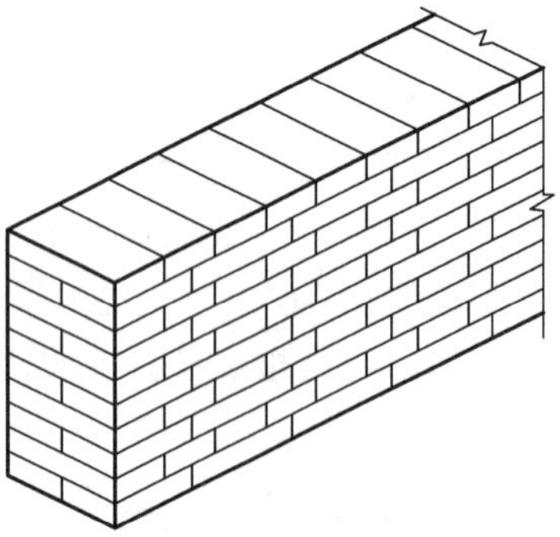

图 4-1　一顺一丁

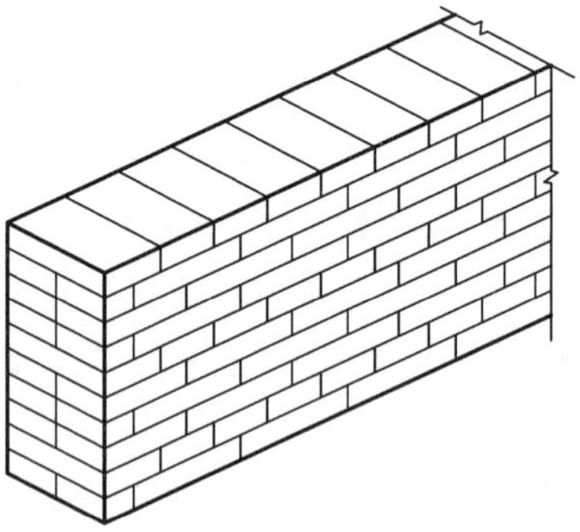

图 4-2　三顺一丁

(3) 梅花丁砌法

梅花丁砌法是每皮中丁砖与顺砖相隔，上皮丁砖坐中于下皮顺砖，上下皮间竖缝相互错开 1/4 砖长，如图 4-3 所示。

(4) 两平一侧砌法

两平一侧又称 18 墙，其组砌特点为：连砌两皮顺砖或丁砖，然后贴一层侧砖(条面朝下)。丁砖层上下皮搭接 1/4 砖长，顺砖层上下搭接 1/2 砖长。每砌两皮砖以后，将平砌砖和侧砖里外互换，即可组成两平一侧砌体，如图 4-4 所示。

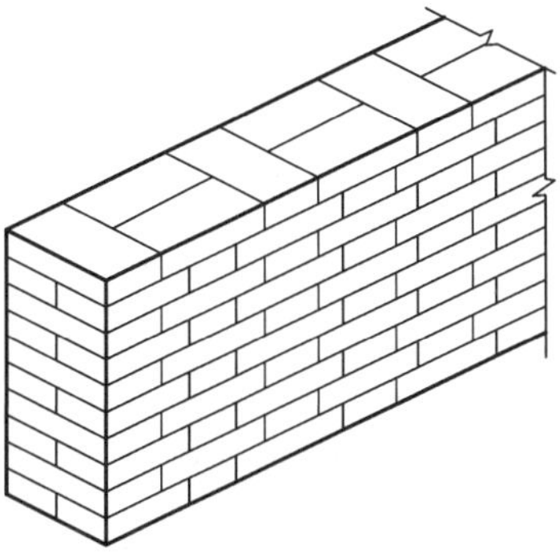

图 4-3 梅花丁

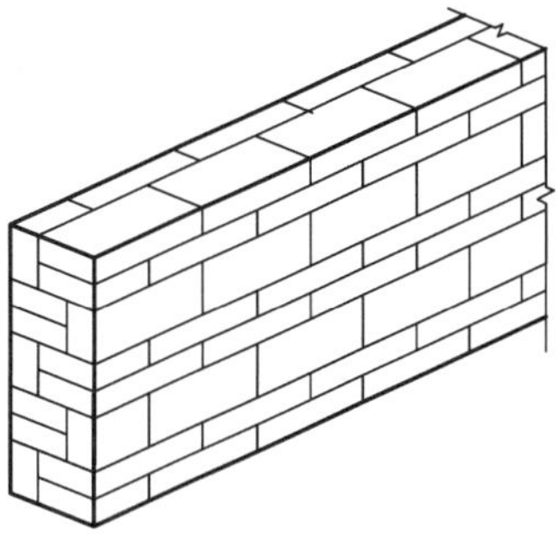

图 4-4 两平一侧

(5) 全顺砌法

全顺砌法全部采用顺砖砌筑，每皮砖搭接 1/2 砖长，适用于半砖墙。

(6) 全丁砌法

全丁砌法全部采用丁砖砌筑，每皮砖上下搭接 1/4 砖长，适用于圆形烟囱与窨井的砌筑。

4.2.2 砖砌体的砌筑工艺

砖砌体的砌筑方法有“三一”砌砖法、“二三八一”砌砖法、挤浆法、刮浆法和满口灰法。其中，“三一”砌砖法和挤浆法最为常用。

普通烧结砖砌筑工序包括找平、放线、摆砖样、立皮数杆、盘角、挂线、铺灰、砌砖和勾缝等工序。下面以房屋建筑砖墙砌筑为例，说明以上各道工序的具体做法。

(1) 找平

砌砖墙前，先在基础面或楼面上按标准的水准点定出各层标高，并用水泥砂浆或细石混凝土找平。

(2) 放线

建筑物顶层墙身可以龙门板上轴线定位钉为准拉麻线，沿麻线挂下线锤，将墙身中心轴线放到基础面上，并以此墙身中心轴线为准，弹出纵、横墙身边线，定出洞口位置。为保证各楼层墙身轴线的重合，并与基础定位轴线一致，可利用预先引测在外墙面上的墙身中心轴线，借助于经纬仪把墙身中心轴线引测到楼层上去；或用线锤挂线，对准外墙面上的墙身中心轴线，从而向上引测。轴线的引测是放线的关键，必须按图纸要求尺寸用钢、皮尺进行校核。然后，按楼层墙身中心线，弹出各墙边线，画出门窗洞口位置。

(3) 摆砖样

按选定的组砌方法，在墙基顶面放线位置试摆砖样(生摆，即不铺灰)，尽量使门窗垛符合砖的模数，偏差小时可通过竖缝调整，以减小斩砖数量，并保证砖及砖缝排列整齐、均匀，以提高砌砖效率。摆砖样在清水墙砌筑中尤为重要。

(4) 立皮数杆

立皮数杆(图 4-5)可以控制每皮砖砌筑的竖向尺寸，并使铺灰、砌砖的厚度均匀，保证砖皮水平。皮数杆上画有每皮砖和灰缝的厚度，以及门窗洞、过梁、楼板等的标高。它立于墙的转角处，其基准标高用水准仪校正。如墙的长度很大，可每隔 10～20 m 再立一根。

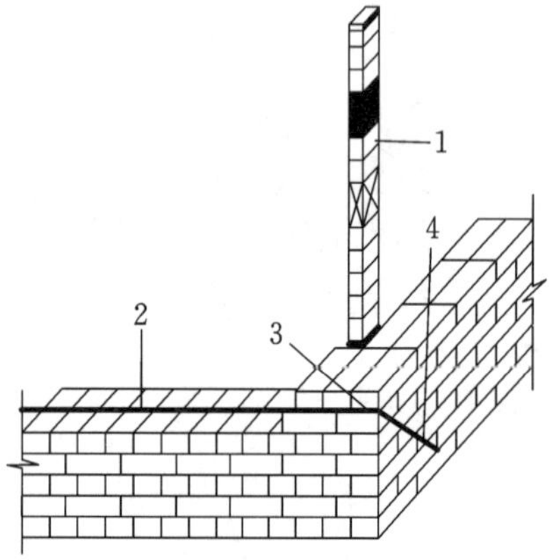

图 4-5　皮数杆示意图

1—皮数杆；2—准线；3—竹片；4—圆铁

(5) 盘角、挂线

砌墙前应先盘角。盘角又称为立对角、砌头角等，即对照皮数杆的砖层和标高，先砌筑墙角线。每次盘角砌筑的砖墙高度不超过五皮砖，并应及时吊靠，发现偏差及时修正。盘角时应特别注意皮数杆砖的竖向灰缝应错开，严禁砌成通缝墙体。盘角应随砌随盘。挂线是盘角后结合皮数杆连接墙体两端的连线，施工中一般采用麻绳线或棉线等。挂线的目的是为了保证砌体垂直平整，砌筑时必须挂线，一般二四墙可单面挂线，三七墙及以上的墙则应双面挂线。

(6) 砌砖

砌砖的操作方法很多，常用的是“三一”砌砖法和挤浆法。其中“三一”砌砖法是指“一铲灰、一口砖、一挤揉”，砌砖时，先挂上通线，按所排的干砖位置把第一皮砖砌好，然后盘角，从墙角处拉准线，再按准线砌中间的墙，砌筑过程中应三皮一吊、五皮一靠，保证墙面垂直平整。

(7) 勾缝、清理

清水墙砌完后，要进行墙面修正及勾缝，墙面勾缝应横平竖直，深浅一致，搭接平整，不得有丢缝、开裂和黏结不牢等现象。砖墙勾缝宜采用凹缝或平缝，凹缝深度一般为 4～5 mm，勾缝完毕后，应进行墙面、柱面和落地灰的清理。

4.2.3　砌体施工质量要求

砌体组砌的质量基本要求是：横平竖直、砂浆饱满、错缝搭接、接槎可靠。

(1) 横平竖直

水平缝厚度和竖缝宽度应为(10±2)mm，过厚的水平灰缝容易使砖块浮滑，墙身侧倾；过薄的水平灰缝会影响砌体间的粘结能力。

(2) 砂浆饱满

上部砌体的重量主要通过砌体间的水平灰缝传递到下部，水平灰缝不饱满往往会使砖块折断。为此，实心砖砌体水平灰缝的砂浆饱满度不得低于 80%。竖向灰缝的饱满程度影响砌体抗透风和抗渗的性能。

(3) 错缝搭接

错缝搭接是指砖砌体上下两皮砖的竖缝应当错开，以避免上下通缝。在竖向荷载作用下，砌体会由于“通缝”丧失整体性而影响砌体强度。同时，内外搭砌使同皮的里外砌体通过相邻上、下皮的砖块搭砌而组砌得牢固。

(4) 接槎可靠

“接槎”是指相邻砌体不能同时砌筑而设置的临时间断，应能保证先砌砌体与后砌砌体之间可靠接合。一般情况下，砖墙的转角处和交接处应同时砌筑，严禁无可靠措施的内外墙分砌施工。对不能同时砌筑而又必须留置临时间断处应砌成斜槎，斜槎水平投影长度不应小于高度的2/3[图4-6(a)]。非抗震设防及抗震设防烈度为6度、7度地区临时间断处，当不能留斜槎时，除转角处外，可留直槎，但直槎必须做成凸槎。留直槎处应加设拉结钢筋。拉结钢筋的数量为每120 mm墙厚设置1Φ6的拉结钢筋(120 mm厚墙放置2Φ6拉结钢筋)，间距沿墙高不应超过500 mm；埋入长度从留槎处算起每边均不应小于500 mm，对抗震设防烈度为6度、7度的地区，不应小于1000 mm；末端应有90°弯钩[图4-6(b)]。

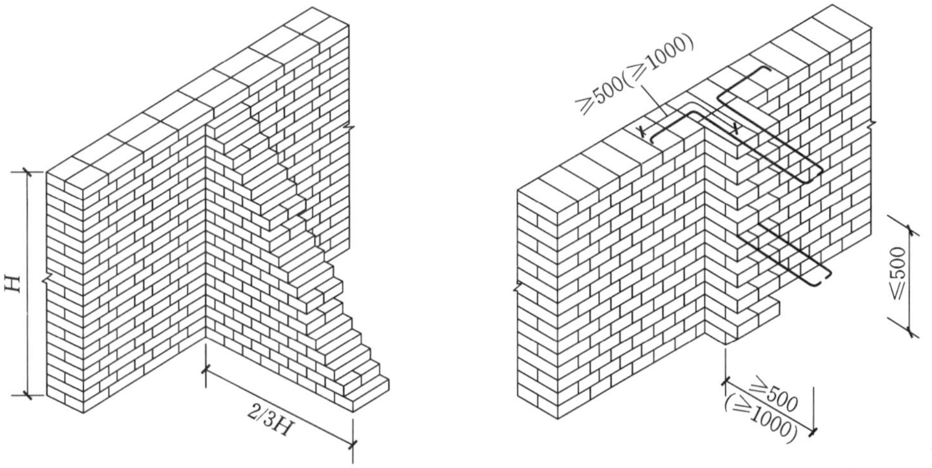

(a)　　　　(b)

图4-6　接槎

(a)斜槎砌筑；(b)直槎砌筑

4.2.4　混凝土构造柱

(1) 构造柱的构造

① 构造柱的截面尺寸不宜小于240 mm×240 mm，构造柱配筋中柱不宜少于4Φ12，边柱、角柱不宜少于4Φ14；箍筋宜为Φ6@200(楼层上下500 mm范围内宜为Φ6@100)；竖向受力钢筋应在基础梁和楼层圈梁中锚固；混凝土强度等级不宜低于C20。

② 砖墙与构造柱的连接处应砌成马牙槎，每一个马牙槎的高度不宜超过300 mm，并沿墙高每隔500 mm设置2Φ6拉结钢筋，拉结钢筋每边伸入墙内不宜小于600 mm。

(2) 构造柱的施工(图4-7)

① 钢筋混凝土构造柱应遵循“先砌墙、后浇柱”的程序进行。

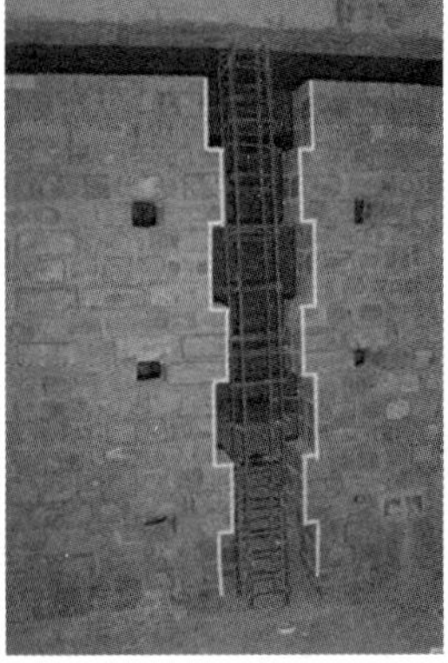

图4-7　构造柱

施工程序为:绑扎钢筋→砌砖墙→支模板→浇混凝土→拆模。

② 构造柱与墙体连接处的马牙槎,从每层柱脚开始,先退后进,马牙槎沿高度方向不宜超过 300 mm,齿深 60～120 mm,沿墙高每 500 mm 设 2ϕ6 拉结钢筋。

③ 马牙槎砌好后,应立即支设模板,模板必须与墙的两侧严密贴紧、支撑牢固,防止模板漏浆。模板底部应留出清理孔,以便清除模板内的杂物,清除后封闭。

④ 浇灌构造柱混凝土前,应将砌体及模板浇水湿润,利用柱底预留的清理孔清理落地灰、砖渣及其他杂物,清理完后立即封闭洞眼。

⑤ 浇灌混凝土前先在结合面处注入适量与混凝土配比相同的去石水泥砂浆,构造柱混凝土分段浇灌,每段高度不大于 2 m,振捣时,严禁振捣器触碰砖墙。

4.3 砌块砌体工程

4.3.1 砌块的种类及规格

砌块的种类主要有混凝土小型空心砌块、加气混凝土砌块和石膏砌块。

(1) 混凝土小型空心砌块

混凝土小型空心砌块分为普通混凝土和轻集料混凝土两大类。普通混凝土小型空心砌块为竖向方孔,强度等级有 MU20、MU15、MU10、MU7.5、MU5 五个等级。按外观质量分为优等品、一等品和二等品三类。

砌块规格为 390 mm×190 mm×190 mm,空心率不小于 25%,如图 4-8 所示。

图 4-8 混凝土小型空心砌块

轻集料混凝土小型空心砌块是以陶粒、浮石、炉渣等轻体颗粒为骨料,水泥为胶结料制成的混凝土砌块。其重量轻、隔声保温效果好、砌筑速度快、建筑使用面积大、综合造价低,主要用于保温的围护结构。砌块主规格为 390 mm×190 mm×190 mm,空心率不小于 25%。

(2) 加气混凝土砌块

加气混凝土砌块是在混凝土配料中加入发气剂,经搅拌、成型、发气膨胀、切割、高压蒸养而成的多孔硅酸盐砌块。其质量仅为黏土砖的 1/3,保温、隔声、抗渗性能分别是黏土砖的 3 倍、2 倍、1 倍,耐火性能是钢筋混凝土的 6～8 倍,且施工性能优良。

砌块规格为:长度均为 600 mm,高度有 200 mm、240 mm、250 mm 和 300 mm 四种,宽度从 100～300 mm 有九种规格。

(3) 石膏砌块

石膏砌块是以建筑石膏为主要原料,经加水搅拌、浇筑成型和干燥制成的轻质块状建筑石膏制品。生产中可加入纤维增强材料、轻集料或发泡剂。其具有隔声防火、施工便捷等多项优点,是可持续发展的绿色墙体材料。石膏砌块按截面可分为空心和实心两大类;按石膏不同,石膏砌块可分为天然石膏砌块和化学石膏砌块。

砌块通用规格为:长×高为 666 mm×500 mm,宽度有 60 mm、80 mm、90 mm、100 mm、120 mm、150 mm 和 200 mm 七种。规格可定制,并无严格限制。

4.3.2 中小型砌块施工

中小型砌块在我国房屋工程中已得到广泛应用。按砌块材料分,中小型砌块可分为粉煤灰硅酸盐砌块、普通混凝土空心硅酸盐砌块、煤矸石硅酸盐空心砌砖等。砌块的规格不一,中型砌块高度一般为 380~940 mm,长度为高度的 1.5~2.5 倍,厚度为 180~300 mm,每块砌体质量为 50~200 kg。

(1) 中型砌块施工

由于中型砌块体积较大、质量较重,不如砖块可以随意搬动,因此在吊装前应绘制砌块排列图,以指导吊装砌筑施工。砌块排列图(图 4-9)按每片纵、横墙分别绘制,施工中按砌块排列图砌筑。当设计无规定时,砌块的排列应遵循以下原则:

① 尽量采用主规格砌块;

② 砌块应错缝搭砌,搭接长度不得小于砌块高度的 1/3,并不小于 150 mm;

③ 纵横墙交接处应交错搭砌;

④ 必须镶砖时,砖应分散布置。

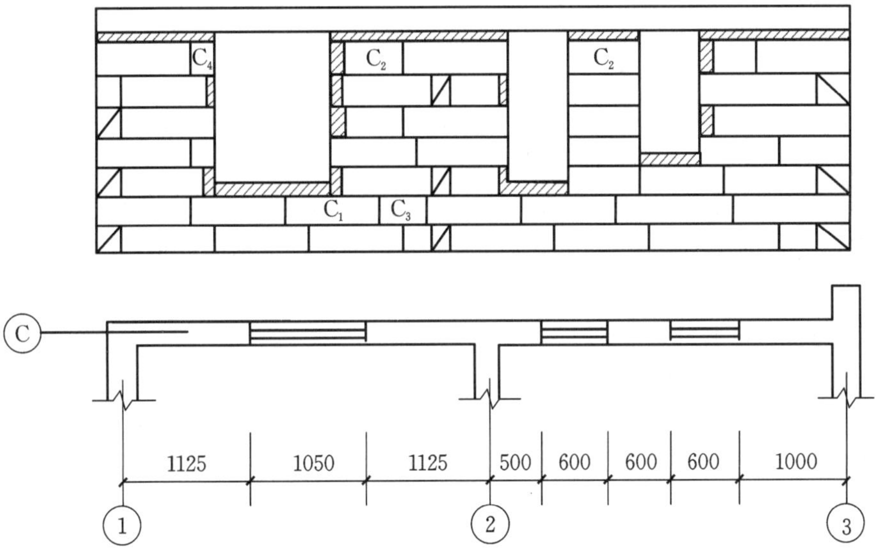

图 4-9 砌块排列图

砌块墙的施工特点是砌块数量多,吊次也相应较多,但砌块的质量不是很大,通常采用的吊装方案有两种:一是采用塔式起重机进行砌块、砂浆的运输以及楼板等构件的吊装,由台灵架吊装砌块,台灵架在楼层上的转移由塔吊来完成。二是以井架进行材料的垂直运输、杠杆车进行楼板吊装,所有预制构件及材料的水平运输则用砌块车和手推车来完成,台灵架负责砌块的吊装(图 4-10)。

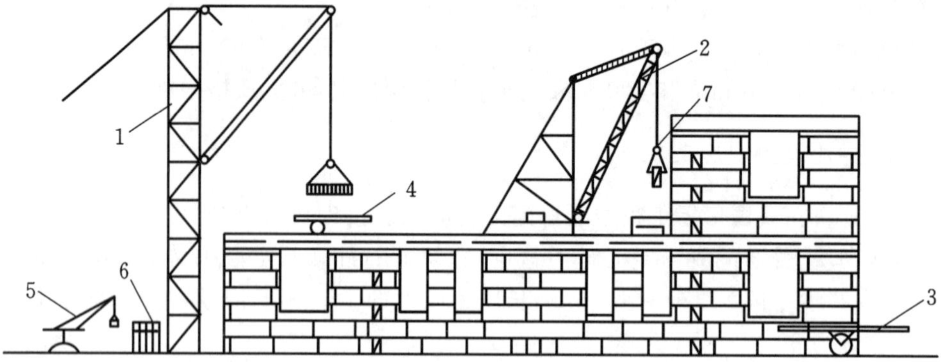

图 4-10　砌块吊装示意图

1—井架；2—台灵架；3—杠杆车；4—砌块车；5—少先吊；6—砌块；7—砌块夹

(2) 中型砌块施工质量要求

中型砌块砌体的水平灰缝宽度一般为 10～20 mm，有配筋的水平灰缝宽度为 20～25 mm，竖缝宽度为 15～20 mm。当竖缝宽度大于 30 mm 时应用与砌块同强度的细石混凝土填实，当竖缝宽度大于 100 mm 时，应用黏土砖镶砌。

砌块的组砌施工应满足如下要求：横平竖直、砌体表面平整清洁、砂浆饱满、灌缝密实。

(3) 小型砌块施工

小型砌块的规格很多，常用的有 390 mm×190 mm×190 mm 等种类，其形式有空心和实心两种。

小型砌块施工时所用的小砌块的产品龄期不应小于 28 d。当气候干燥炎热时，砌块可提前洒水湿润，但其表面有浮水时不得施工。

小砌块砌筑时应将底面朝上反砌于墙上，空心小砌块应对孔错缝搭砌，搭接长度不小于 90 mm，墙体个别位置不能满足要求时，应在灰缝中设置拉结钢筋或钢筋网片，但竖向通缝仍不得超过两皮小砌块。

(4) 小型砌块施工质量要求

小型砌块组砌时墙体转角处和纵横墙交接处应同时砌筑，间断处应砌成斜槎，斜槎水平投影长度不应小于高度的 2/3。小型砌块墙的水平灰缝厚度和竖向灰缝宽度规定为(10±2)mm，空心小砌块的水平灰缝砂浆饱满度按净截面计算不得小于 90%，竖向灰缝饱满度不得小于 80%。

4.4　脚手架工程

脚手架是建筑施工中工人进行操作、运输及堆放材料的一种临时性设施。它对保证工程质量、维护施工安全和提高劳动生产率有着直接的关系。

(1) 脚手架的种类

① 按位置分为外脚手架和里脚手架。

② 按功能分为结构脚手架、装修脚手架和支撑脚手架。

③ 按材料分为木、竹、金属脚手架。

④ 按构造分为立杆(扣件)式、门式、碗扣式、桥式、插口式等脚手架。

(2) 脚手架的基本要求

① 要有足够的横向宽度(1.2～1.5 m)、步架高度(1.2～1.8 m)和离墙距离(0.35～0.50 m),以满足材料堆放和运输方便等的要求。

② 构造合理,与结构拉结牢固,应确保杆件的局部稳定和整体稳定、承载可靠,并有可靠的防护设施。

③ 搭设、拆除和搬运方便,可多次周转使用。

④ 应与垂直运输设备及楼层作业面高度相适应,以确保材料由垂直运输转入楼层水平运输的需要。

4.4.1 立杆式钢管脚手架

立杆式钢管脚手架是目前广泛应用的一种脚手架,立杆式钢管脚手架主要由钢管和扣件组成,脚手架的主要构配件有:立杆、纵向水平杆、横向水平杆、扣件、脚手板、剪刀撑、横向斜撑、连墙件、纵向扫地杆、横向扫地杆、底座等(图 4-11)。

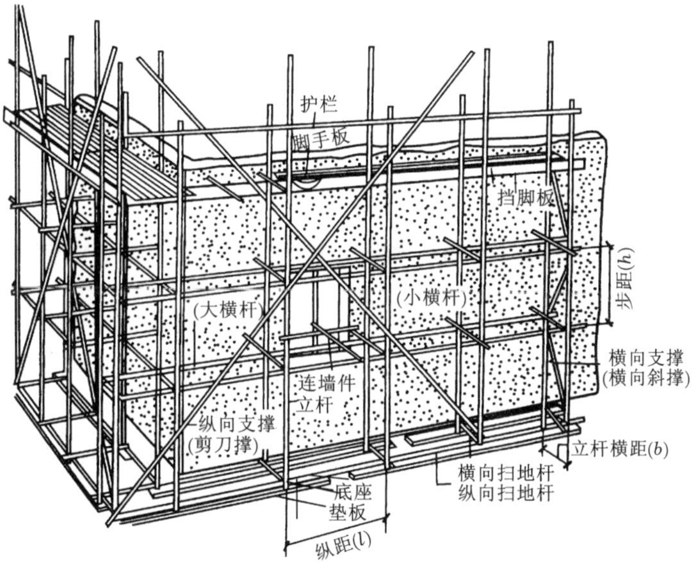

图 4-11 立杆式外脚手架组成

脚手架各部件的构造要求如下:

(1) 立杆

① 每根立杆底部应设置底座或垫板。

② 脚手架必须设置纵、横向扫地杆。当立杆基础不在同一高度上时,必须将高处的纵向扫地杆向低处延长两跨与立杆固定,高低差不应大于 1 m。靠边坡上方的立杆轴线到边坡的距离不应小于 500 mm,如图 4-11 所示。

③ 脚手架底层步距不应大于 2 m。

④ 立杆必须用连墙件与建筑物可靠连接。

⑤ 立杆接长除顶层顶部可采用搭接外，其余各层接头必须采用对接扣件连接。

⑥ 立杆顶端宜高出女儿墙上皮 1 m，高出檐口上皮 1.5 m。

⑦ 双管立杆中副立杆的高度不应低于 3 步，钢管长度不应小于 6 m。

(2) 纵向水平杆

① 纵向水平杆接长宜采用对接扣件连接，也可采用搭接。

② 在封闭型脚手架的同一步中，纵向水平杆应四周交圈，用直角扣件与内外角立杆固定。

(3) 横向水平杆

① 主节点处必须设置一根横向水平杆，用直角扣件扣接且严禁拆除。

② 作业层上非主节点处的横向水平杆宜根据支撑脚手板的需要等间距设置，最大间距不大于纵距的 1/2。

③ 当使用冲压钢脚手板、木脚手板、竹串片脚手板时，双排脚手架的横向水平杆两端均应采用直角扣件固定在纵向水平杆上；单排脚手架的横向水平杆的一端，应用直角扣件固定在纵向水平杆上，另一端应插入墙内，插入长度不应小于 180 mm。

④ 双排脚手架的横向水平杆的靠墙一端至墙装饰面的距离不宜大于 100 mm。

⑤ 单排脚手架的横向水平杆不应设置在下列部位：

a.设计上不允许留脚手眼的部位；

b.过梁上与过梁两端成 60°角的三角范围内及过梁净跨度 1/2 的高度范围内；

c.宽度小于 1 m 的窗间墙；

d.梁或梁垫下及其两侧各 500 mm 的范围内；

e.砖砌体的门窗洞口两侧 200 mm 和转角处 450 mm 的范围内；其他砌体的门窗洞口两侧 300 mm 和转角处 600 mm 的范围内。

(4) 剪刀撑与横向斜撑

① 双排脚手架应设剪刀撑与横向斜撑，单排脚手架应设剪刀撑。

② 剪刀撑的设置应符合下列要求：

a.每道剪刀撑宽度不应小于 4 跨，且不应小于 6 m，斜杆与地面的倾角宜为 45°～60°。

b.剪刀撑应由底至顶连续设置；中间各道剪刀撑之间的净距不应大于 15 m。

c.高度在 24 m 以上的双排脚手架应在外侧立面整个长度和高度上连续设置剪刀撑。

③ 剪刀撑斜杆的接长宜采用搭接，搭接长度不少于 1 m 且不少于两个旋转扣件。

④ 剪刀撑斜杆应用旋转扣件固定在与之相交的横向水平杆的伸出端或立杆上，旋转扣件线至主节点的距离不宜大于 150 mm。

⑤ 横向斜撑的设置应符合下列要求：

a.一字形、开口形双排脚手架的两端均必须设置横向斜撑，中间宜每隔 6 跨设置一道；

b.高度在 24 m 以下的封闭型双排脚手架可不设横向斜撑，高度在 24 m 以上的封闭型脚手架，除拐角应设置横向斜撑外，中间应每隔 6 跨设置一道。

(5) 连墙件

① 连墙件的设置应满足计算要求。

② 连墙件的布置应符合下列要求：

a.宜靠近主节点设置，偏离主节点的距离不应大于 300 mm；

b.应从底层第一步纵向水平杆处开始设置，当设置有困难时，应采用其他可靠措施固定；

c.宜优先采用菱形布置，也可采用方形、矩形、一字形、开口形。脚手架的两端必须设置连墙件，连墙件的垂直间距不应大于建筑物的层高，并不应大于 4 m(2 步)。

③ 对高度在 24 m 以下的单排、双排脚手架，宜采用刚性连墙件与建筑物可靠连接，也可采用拉筋和顶撑联合使用的附墙连接方式。严禁使用仅有拉筋的柔性连墙件。

④ 对高度在 24 m 以上的双排脚手架，必须采用刚性连墙件与建筑物可靠连接。

⑤ 连墙件中的连墙杆或拉筋宜呈水平设置，当不能水平设置时，与脚手架连接的一端应采用下斜连接，不应采用上斜连接。

⑥ 连墙件必须采用可承受拉力和压力的构造。

⑦ 当脚手架下部暂不能设连墙件时可搭设抛撑。

⑧ 脚手架高度超过 40 m 且有风涡流作用时，应采取抗上升翻流作用的连墙措施。

(6) 脚手板

① 作业层脚手板应铺满、铺稳，离开墙面 120～150 mm。

② 冲压钢脚手板、木脚手板、竹串片脚手板等，应设置在三根横向水平杆上。当脚手板长度小于 2 m 时，可采用两根横向水平杆支撑，但应将脚手板两端与其可靠固定，严防倾翻。这三种脚手板的铺设可采用对接平铺，也可采用搭接铺设。

③ 作业层端部脚手板探头长度应取 150 mm，其板长两端均应与支撑杆有可靠的固定。

④ 脚手板摆头应用直径为 3.2 mm 的镀锌钢丝固定在支承杆件上。

⑤ 在拐角、斜道平台口处的脚手板，应与横向水平杆可靠连接、防止滑动。

⑥ 自顶层作业层的脚手板往下记，宜每隔 12 m 满铺一层脚手板。

4.4.2 门式脚手架

门式脚手架(图 4-12)是一种工厂生产、现场组拼的脚手架，是当今国际上应用最普遍的脚手架之一。它不仅可作为外脚手架，也可作为移动式里脚手架或满堂脚手架。

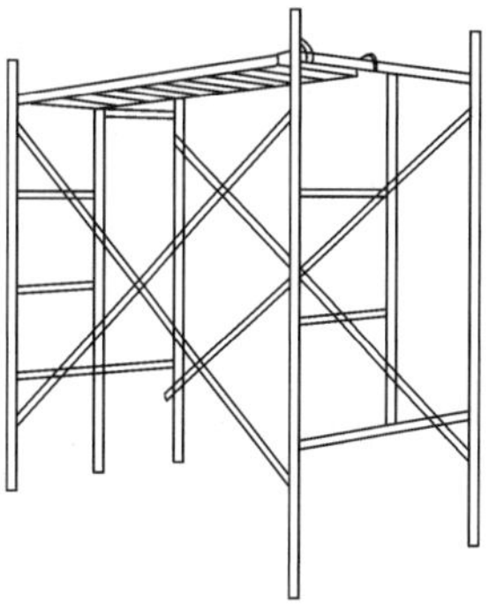

图 4-12 门式脚手架

门式脚手架因其几何尺寸标准化，结构合理、受力性能好、施工中装拆容易、安全可靠、经济实用等特点，广泛应用于建筑、桥梁、隧道、地铁等工程施工，在门架下部安放轮子，也可以作为机电安装、油漆粉刷、设备维修、广告制作的活动工作平台。通常门式脚手架搭设高度限制在 45 m 以内，但采取一定措施后可达到 80 m 左右。设计的施工荷载为：均布荷载1.8 kN/m^2，作用于脚手板跨中的集中荷载为 2 kN。

门式脚手架基本单元是由 2 个门式框架、2 个剪刀撑、1 个水平梁架和 4 个连接器组合而成的。若干基本单元通过连接器在竖向叠加，组成一个多层框架。在水平方向，用加固杆

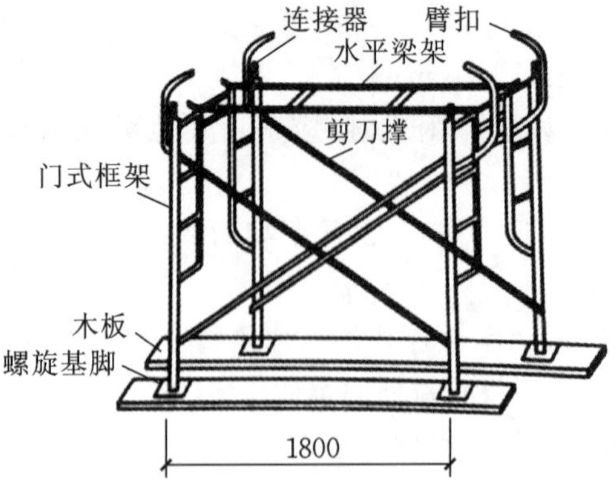

图 4-13　门式脚手架组成

和水平梁架使相邻单元连成整体，加上斜梯、栏杆柱和横杆组成上下步相通的外脚手架，如图4-13所示。

4.4.3　升降式脚手架

升降式脚手架是沿结构外表面满搭的脚手架，在结构和装修工程施工中应用较为方便，但费料耗工，一次性投资大，工期长。

升降式脚手架的特点如下：

① 脚手架不需满搭，只搭设满足施工操作及各项安全要求的高度。

② 地面不需做支撑脚手架的坚实地基，也不占施工场地。

③ 脚手架及其上承担的荷载传给与之相连的结构，因此，对这部分结构的强度有一定要求。

④ 随施工进程，脚手架可沿外墙升降，结构施工时由下往上逐层提升，装修施工时由上往下逐层下降。

近年来，在高层建筑及筒仓、竖井、桥墩等施工中发展出了多种形式的外挂脚手架，其中应用较为广泛的是升降式脚手架，包括自升降式脚手架、互升降式脚手架、整体升降式脚手架三种类型。

(1) 自升降式脚手架

自升降式脚手架的升降是通过手动或电动倒链交替对活动架和固定架进行升降来实现的。从升降架的构造来看，活动架和固定架之间能够进行上下相对运动。

(2) 互升降式脚手架

互升降式脚手架将脚手架分为甲、乙两种单元，通过倒链交替对甲、乙两单元进行升降。

(3) 整体升降式脚手架

整体升降式脚手架结构整体性好、升降快捷方便、机械化程度高、经济效益显著，是一种很有使用价值的超高建(构)筑外脚手架。

整体升降式外脚手架以电动倒链为提升机，使整个外脚手架沿建筑物外墙或柱整体向上爬升。

4.4.4　悬挑脚手架

悬挑脚手架(图 4-14)是在建筑结构外边缘设置悬挑结构来支承外脚手架，将脚手架的荷载传递给建筑结构的脚手架。因基坑土未能回填、受裙房影响使脚手架不能落地或超高层建筑的主体结构施工时常采用悬挑脚手架。

图 4-14　悬挑脚手架

悬挑式脚手架的特点如下：

① 无需地面或基础作支撑，不占用施工场地；

② 脚手架不满搭，只搭设满足施工操作及各项安全要求所需要的高度，脚手架的搭设材料不随建筑物高度增加而增多；

③ 脚手架及其承担的荷载通过悬挑支架或连接件传递给与之相连的建筑物结构，因此，对这部分结构的强度有一定要求；

④ 脚手架随建筑物的施工进度而沿其外墙升降，可节省材料、劳动力，经济效益随着建筑物的高度增加而更为显著。

悬挑脚手架按挑支方式分为型钢悬挑脚手架、三脚架悬挑脚手架和钢管支挑式脚手架。

(1) 型钢悬挑脚手架

① 一次悬挑的脚手架高度不宜超过 20 m；

② 悬挑梁采用双轴对称截面的型钢，型号及锚固件由计算确定，钢梁截面高度不小于 160 mm，U 形锚固螺栓直径不小于 16 mm；

③ 悬挑支承点应设置在结构梁上，不得设置在外伸阳台上或悬挑板上，悬挑梁长度不小于悬挑长度的 2.25 倍，悬挑梁尾端应由两道以上 U 形螺栓固定于钢筋混凝土梁板结构上。

(2) 三脚架悬挑脚手架

型钢三脚架的设计、制作须符合钢结构设计与施工验收规范的要求，预埋件须在主体施工时准确埋设，焊缝质量应满足设计要求。搭设脚手架前，搭设层混凝土强度必须达到设计强度的 50%。

(3) 钢管支挑式脚手架

钢管式支挑架体的搭设高度单层不得超过 5.4 m，双层不得超过 7.2 m。具体搭设应符合下列规定：

① 水平挑杆应通过扣件与焊于楼面上的短管牢固连接，出结构面处应垫实，与斜撑杆、内外立杆均应通过扣件连接牢固。

② 立杆接长须采用搭接；外立杆距主体结构面的距离不大于 1.0 m。

③ 斜撑杆及其顶支稳固杆件不得与模板支架连接。

④ 斜撑杆必须与内外立杆及水平挑杆用扣件连接牢固，每一连接点均应为双向约束；斜撑杆按每一纵距设置，斜撑杆上相邻两扣件节点之间的长度不得大于 1.8 m，底部应设置扫地杆。

⑤ 斜撑杆应为整根钢管，不得接长；斜撑杆与架体立杆的夹角不大于 30°。

4.5 垂直运输机械

砌体结构工程施工中所需的砖、砌块、砂浆等各种材料和脚手架、脚手板等各种工具，均需通过垂直运输设备运送到各施工楼层，因此，垂直运输工作量很大。目前常用的垂直运输设备有井架、龙门架和建筑施工电梯。

(1) 井架

井架可用型钢或钢管加工成定型产品，或用其他脚手架部件（如扣件式、碗扣式和门式钢管脚手架等)搭设。一般井架为单孔,也可构成双孔或三孔。在井架内设有吊盘,由卷扬机带动其升降。图 4-15 所示为普通型钢井架示意图,型钢井架的吊重可达 1～1.5 t,搭设高度可达 40 m。为了扩大井架的起重运输服务范围,常在井架上安装悬臂桅杆,工作幅度为 2.5～5 m。井架的特点是:构造简单,安装方便,稳定性好,运输量大,且价格低廉。

(2) 龙门架

龙门架(图 4-16)是由两根立杆及天轮梁(横梁)构成的门式架,在龙门架上装设导轨、吊盘、安全装置等,并由卷扬机带动吊盘升降,即构成一个完整的垂直运输体系。

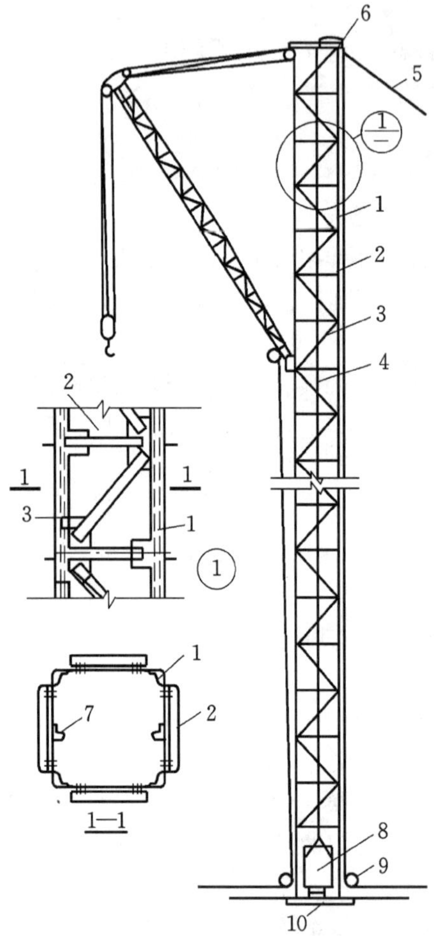

图 4-15　井架

1—立柱;2—平撑;3—斜撑;4—钢丝绳;5—缆风绳;6—天轮;7—导轨;8—吊盘;9—地轮;10—垫木

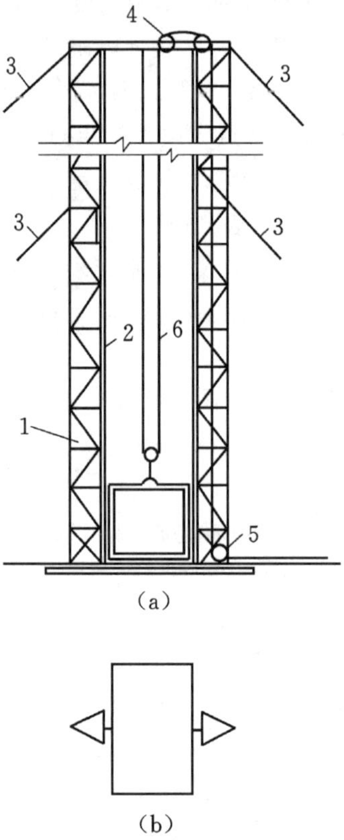

图 4-16　龙门架的组成

(a)立面图;(b)平面图

1—立杆;2—导轨;3—缆风绳;4—天轮;5—地轮;6—钢丝绳

龙门架的立杆可用角钢、钢管、圆钢组合成钢构架,以提高架体的强度和刚度。其提升质量一般为 0.6～1.2 t,提升高度一般为 20～30 m。龙门架的特点是:构造简单,制作容易,装拆方便,但由于其立杆的刚度和稳定性稍差,因此搭设高度不宜太大,常用于多层建筑施工中(图 4-17)。

图 4-17 龙门架

(3) 建筑施工电梯

建筑施工电梯(图 4-18)是运输材料和运送施工人员上下的人货两用垂直运输设备,其吊笼装在立柱外侧。施工电梯按传动形式可分为齿轮齿条式、钢丝绳式和混合式三种。施工电梯可载货 1.0～3.2 t,乘载 12～15 人。由于它附着在建筑物外墙或其他结构部位,故稳定性很好,并可随主体结构的施工逐步向上接高,架设高度可达 150 m。目前,施工电梯已广泛应用于高层建筑施工中。

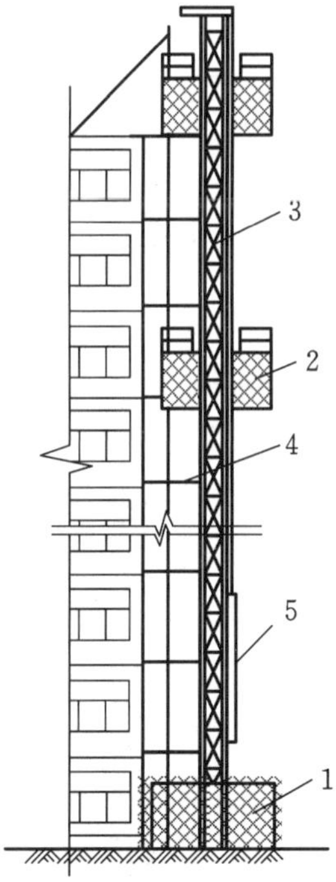

(a)

(b)

图 4-18 建筑施工电梯

1—底笼;2—吊笼;3—立柱;4—附墙支撑;5—平衡箱

习　题

4-1　砌筑砂浆有哪些要求？

4-2　简述砖墙的施工工艺。

4-3　砖砌体的质量要求有哪些？

4-4　砖墙临时间断处的接槎方式有哪几种？有何要求？

4-5　砖砌体的砌筑工程质量要求有哪些？

4-6　为什么砖砌体上不能留设脚手架眼？

4-7　简述砌块砌筑的工艺、砌块砌体施工的质量要求。

4-8　立杆式脚手架安装的顺序是什么？

4-9　悬挑脚手架的形式有几种？

4-10　立杆式脚手架由哪些部位组成？

4-11　常见垂直运输机械有哪些？

4-12　建筑施工电梯适用于什么工程？

5 预应力混凝土工程

【本章要点】

本章主要内容包括预应力混凝土的概念及发展，预应力混凝土的材料及其分类。本章的教学重点为先张法和后张法预应力混凝土施工工艺，各种预应力钢筋、张拉机具、锚具（夹具）及张拉控制的应用。

【学习目标】

掌握：预应力混凝土施工工艺，包括先张法的台座类型及设计要点，先张法的张拉设备与夹具锚具、预应力筋的张拉程序与放张，先张法工艺过程以及后张法的张拉机具及夹具锚具、孔道留设、预应力筋制作、预应力筋的张拉校验、孔道灌浆，后张法工艺过程。

熟悉：各种预应力钢筋、张拉机具、锚具（夹具）及张拉控制的应用。

了解：预应力钢材和预应力张拉锚固体系；无粘结预应力施工工艺。

5.1 预应力混凝土概述

5.1.1 预应力混凝土的优缺点

普通钢筋混凝土结构具有很多优点，但它也存在一些缺点，如开裂过早、刚度较小、不能充分利用高强度材料等，从而影响了钢筋混凝土结构在建筑工程中的应用。为了克服上述缺点，目前最好的方法是对混凝土施加预应力，即在构件承受荷载之前，对构件受拉区域通过张拉钢筋的方法将钢筋的回弹力施加给混凝土，使混凝土获得预压应力。这样，在构件承受荷载后，此预压应力就可以抵消荷载在混凝土中所产生的大部分或全部拉应力，从而延缓裂缝的产生，抑制裂缝的开展。

（1）预应力混凝土的优点

① 改善结构的使用性能，延缓裂缝的出现，减小裂缝宽度；截面刚度显著提高，挠度减小，可用于建造大跨度结构。

② 受剪承载力提高，施加纵向预应力可延缓斜裂缝的形成，使受剪承载力得到提高。

③ 卸载后的结构变形或裂缝可得到恢复，由于预应力的作用，活荷载移去后，裂缝会闭合，结构变形也会得到复位。

④ 提高构件的疲劳承载力。预应力可降低钢筋的疲劳应力比，增加钢筋的疲劳强度。

⑤ 使高强钢材和高强混凝土得到充分利用，有利于减轻结构自重，节约材料，经济效益较好。

(2) 预应力混凝土的缺点

① 工艺复杂,对施工质量要求较高。

② 需要有专门的设备,且预应力上拱度不易控制。

③ 预应力混凝土结构的造价较高。

5.1.2 预应力钢筋的种类

为了获得较大的预应力,预应力筋常用高强度钢材,目前较常见的有高强钢筋、钢绞线和无粘结预应力筋。

5.1.2.1 高强钢筋

高强钢筋(图 5-1)可分为热处理钢筋和冷拉钢筋两类,其中冷拉钢筋已经逐渐被淘汰,目前常用的高强钢筋为预应力螺纹钢筋。预应力螺纹钢筋又称精轧螺纹钢筋,主要用于制造高强度、大跨度的预应力混凝土结构,如桥梁、隧道、厂房、大坝等。预应力螺纹钢筋在整根钢筋上轧有外螺纹,具有大直径、高精度的特点;在整根钢筋的任意截面都能旋上带有螺纹的连接器进行连接,或旋上螺纹帽进行锚固。预应力螺纹钢筋的强度设计值见表 5-1。

表 5-1 预应力螺纹钢筋的强度设计值和弹性模量 (单位:N/mm^2)

钢筋种类	钢筋的直径/mm	符号	f_{ptk}	f_{py}	f'_{py}	E_s
预应力螺纹钢筋	18、25、32、40、50	Φ^T	980	650	400	2.0
			1080	770		
			1230	900		

注:f_{ptk}为极限强度标准值;f_{py}为抗拉强度设计值;f'_{py}为抗压强度设计值。

高强钢筋中含碳量和合金含量对钢筋的焊接性能有一定的影响,尤其当钢筋中含碳量达到上限或直径较粗时,焊接质量会不稳定。而预应力螺纹钢筋很好地解决了这一问题,预应力螺纹钢筋在端部用螺纹套筒连接接长。目前,我国生产的螺纹钢筋有直径为 25 mm 及 32 mm 的,其屈服点分别可达 750 MPa 以上及 950 MPa 以上。

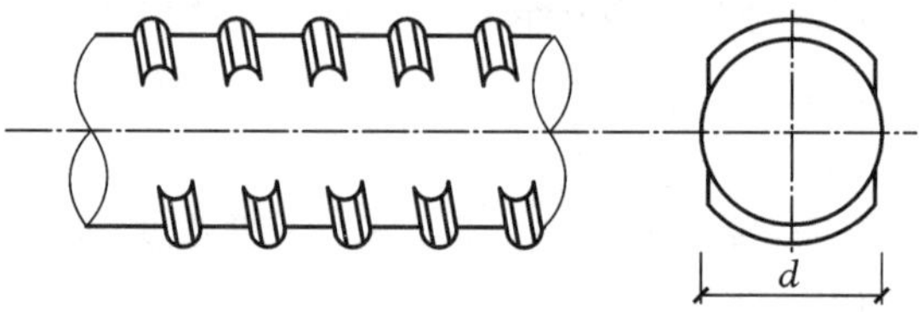

图 5-1 高强钢筋

d—高强钢筋直径

碳素钢丝是由高碳钢盘条经淬火、酸洗、拉拔制成。为了消除钢丝拉拔中产生的内应力,还需经过矫直回火处理。钢丝直径一般为 4~9 mm,按外形分为光面、刻痕和螺旋肋三种。钢丝强度高,冷拔后表面光滑,为了保证高强度钢丝与混凝土具有可靠的粘结,钢丝的表面常通过刻痕处理形成刻痕钢丝,或加工成螺旋肋,如图 5-2 所示。

预应力钢丝经矫直回火后,可消除钢丝冷拔过程中产生的残余应力,其比例极限、屈服

图 5-2 刻痕钢丝和螺旋肋钢丝的外形

(a)刻痕钢丝;(b)螺旋肋钢丝

强度和弹性模量等也会有所提高,塑性也有所改善,同时也解决了钢丝的矫直问题。这种钢丝通常被称为消除应力钢丝。消除应力钢丝的松弛值虽比消除应力前低一些,但仍然较高。于是人们又发展了一种叫作"稳定化"的特殊生产工艺,即在一定的温度(如 350 ℃)和拉应力下进行应力消除回火处理,然后冷却至常温。经"稳定化"处理后,钢丝的松弛值仅为普通钢丝的 25%～33%,这种钢丝被称为低松弛钢丝,目前已在国内外广泛应用。我国消除应力钢丝的品种及其强度设计值见表 5-2。

表 5-2 消除应力钢丝强度设计值和弹性模量 (单位:N/mm^2)

种类	符号	直径/mm	f_{ptk}	f_{py}	f'_{py}	E_s
消除应力钢丝(光面螺旋肋)	ϕ^P ϕ^H	5	1570	1110	410	2.05
			1860	1320		
		7	1570	1110		
		9	1470	1040		
			1570	1110		
中强度预应力钢丝(光面螺旋肋)	ϕ^{PM} ϕ^{HM}	5、7、9	800	510		
			970	650		
			1270	810		

5.1.2.2 钢绞线

钢绞线是由冷拔钢丝绞扭而成,其方法是在绞线机上以一种稍粗的直钢丝为中心,其余钢丝则围绕其进行螺旋状绞合,并经低温回火处理即可。钢绞线(图 5-3)根据深加工的要求不同又可分为普通松弛钢绞线(消除应力钢绞线)、低松弛钢绞线、镀锌钢绞线、环氧涂层钢绞线和模拔钢绞线等几种。

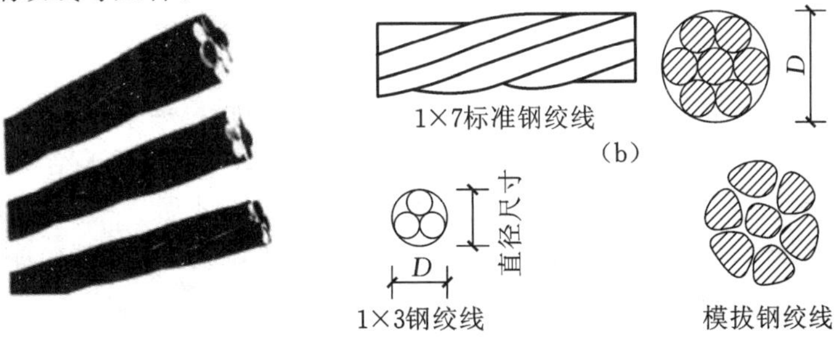

图 5-3 钢绞线及其断面

D—钢绞线直径

钢绞线规格有 2 股、3 股、7 股和 19 股等。7 股钢绞线由于面积较大、柔软、施工定位方便，适用于先张法和后张法预应力结构与构件，是目前国内外应用最广的一种预应力筋。表 5-3给出了我国常用的钢绞线的规格及其强度设计值。

表 5-3　钢绞线强度设计值和弹性模量　　（单位：N/mm^2）

钢丝种类	符号	直径/mm	f_{ptk}	f_{py}	f'_{py}	E_s
1×3	ϕ^s	8.6、10.8、12.9	1570	1110	390	1.95
			1860	1320		
			1960	1390		
		9.5、12.7、15.2、17.8	1720	1220		
			1860	1320		
1×7			1960	1390		
		21.6	1860	1320		

5.1.2.3　无粘结预应力筋

图 5-4　无粘结预应力筋

无粘结预应力筋是一种在施加预应力后沿全长与周围混凝土不粘结的预应力筋，它由预应力钢材、涂料层和包裹层组成（图 5-4）。无粘结预应力筋的高强钢材和有粘结的要求完全一样，常用的钢材为用 7 根直径 5 mm 的碳素钢丝束及 7 根 5 mm 或 4 mm的钢丝绞合而成的钢绞线。无粘结预应力筋的制作，通常采用挤压涂塑工艺，外包聚乙烯或聚丙烯套管，套管内涂防腐建筑油脂，经挤压成型，塑料包裹层裹覆在钢绞线或钢丝束上。

5.1.3　对混凝土的要求

在预应力结构中，混凝土的强度等级应不低于 C30，当采用钢绞线、钢丝、热处理钢筋作预应力筋时其强度不得低于 C40。目前，在一些重要的预应力混凝土结构中，已开始采用 C50～C60 的高强混凝土，并逐步向更高强度等级的混凝土发展。在预应力混凝土构件的施工中，不能掺用对钢筋有侵蚀作用的氯盐、氯化钠等，否则会发生严重的质量事故。对混凝土的配制要求是高强度、低收缩、徐变小。施工采取的措施是控制水胶比、选用高标号水泥、控制水泥掺入量、注意掺合料的选择、加强振捣和养护。施加预应力时的混凝土强度应遵守设计规定，设计无规定时应经计算确定，并不低于设计强度的 75%。

5.1.4 预应力锚固体系

预应力锚固体系包括锚具、夹具和连接器，如图 5-5 所示。

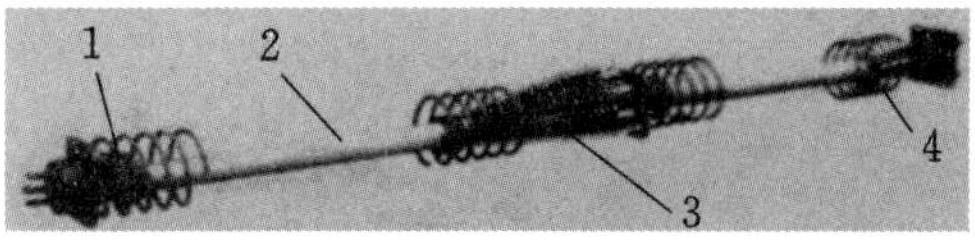

图 5-5 预应力锚固体系

1—张拉端锚具；2—波纹管及预应力筋；3—连接器；4—锚固端锚具

锚固体系的种类很多，且呈现配套化、系列化和工厂化生产的模式。

(1) 锚具

锚具是在后张法结构或构件中，用于保持预应力筋的拉力并将其传递到混凝土(或钢结构)上所用的夹持预应力筋的永久性锚固装置。对锚具的要求是应符合《预应力筋用锚具、夹具和连接器》(GB/T 14370—2015)的相关规定。

锚具应具有可靠的锚固能力，且应构造简单、操作方便、体形较小、成本较低。锚具按所锚固预应力筋的类型不同，可分为钢丝束锚具、钢绞线锚具和粗钢筋锚具。锚具类型详见表 5-4。

表 5-4 锚具类型表

锚具类型	常见锚具	备注
钢丝束锚具	镦头锚具	①锚具按在构件中的位置又可分为张拉端锚具、固定端锚具两种；②锚具一般由设计单位按结构要求、产品性能和张拉施工方法选用
	钢质锥形锚具	
钢绞线锚具	多孔夹片锚具	
	固定端锚具	
粗钢筋锚具	—	

(2) 夹具

夹具是在先张法构件施工时，用于保持预应力筋的拉力并将其固定在生产台座(或设备)上的临时性锚固装置；或是在后张法结构或构件施工时，在张拉千斤顶或设备上夹持预应力筋的临时性锚固装置(又称为工具锚)。先张法中钢丝的夹具分两类：一类是将预应力筋锚固在台座上的锚固夹具；另一类是张拉时夹持预应力筋用的夹具。锚固夹具与张拉夹具都是重复使用的工具。夹具的种类繁多，图 5-6 是常用的单根钢丝锚固夹具，图 5-7 是常用的钢丝张拉夹具。常用的钢绞线夹具是 QM 预应力体系中的 JXS、JXL、JXM 型夹具，如图 5-8 所示。钢筋锚固常用圆套筒三片式夹具，它由套筒和夹片组成，如图 5-9 所示。

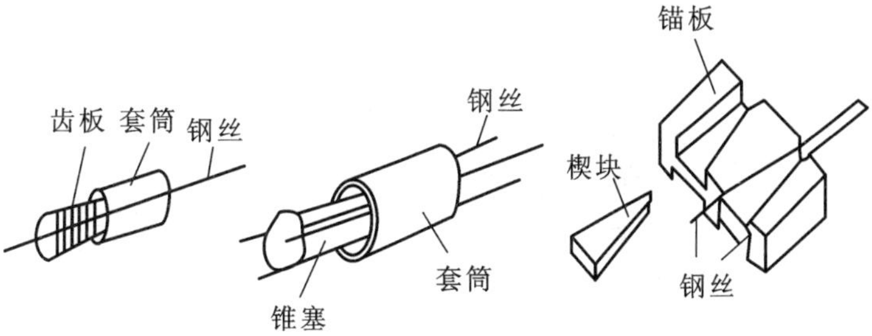

图 5-6 钢丝常用锚固夹具

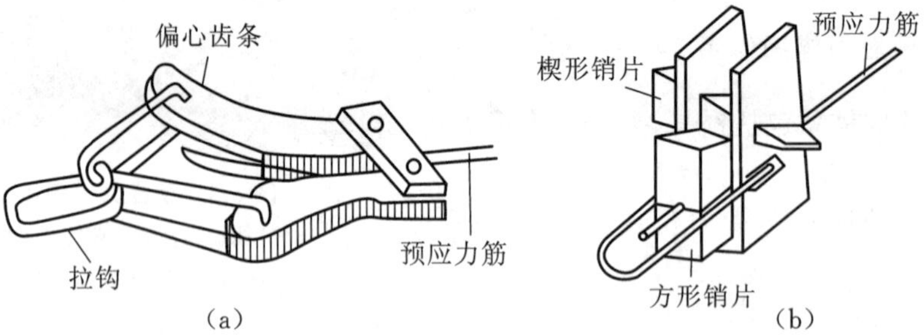

图 5-7　偏心式夹具和压销式夹具

(a)偏心式夹具;(b)压销式夹具

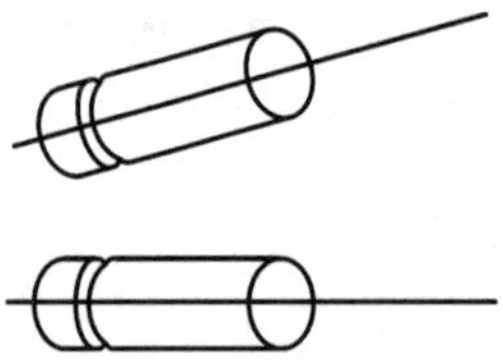

图 5-8　JXS **型先张夹具**

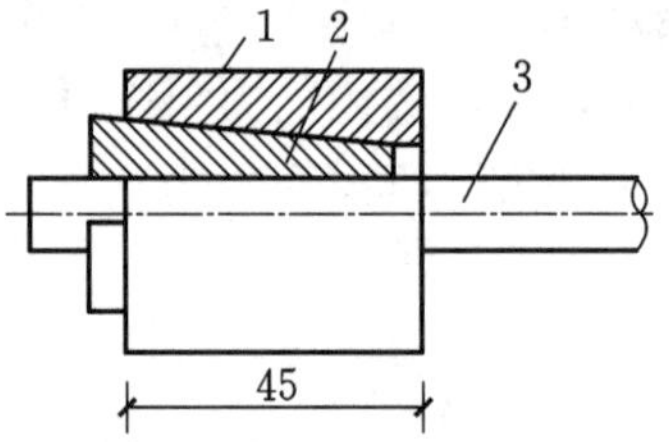

图 5-9　圆套筒三片式夹具

1—套筒;2—夹片;3—预应力钢筋

(3) 连接器

连接器是用于连接预应力筋的装置。永久留在混凝土结构或构件中的连接器,应符合锚具的性能要求;用于先张法施工且在张拉后还将放张和拆卸的连接器应符合夹具的性能要求。

5.1.5　张拉设备

预应力张拉设备主要有电动张拉设备和液压张拉设备两大类。电动张拉设备仅用于先张法,液压张拉设备可用于先张法与后张法。液压张拉设备由液压千斤顶、高压油泵和外接油管组成。张拉设备应装有测力仪器,以准确施加预应力。张拉设备应由专人使用和保管,并定期维护和校验。常用的电动张拉机械主要有电动螺杆张拉机、电动卷扬张拉机等。液压张拉设备主要有穿心式千斤顶、拉杆式千斤顶、锥锚式千斤顶、前卡式千斤顶和扁锚整体张拉千斤顶等。预应力筋、锚具、张拉机具的配套使用见表 5-5。

表 5-5　预应力筋、锚具、张拉机具配套使用表

<table>
<tr><th rowspan="3">预应力筋品种</th><th colspan="3">锚具位置</th><th rowspan="3">张拉机具</th></tr>
<tr><th colspan="2">张拉端</th><th rowspan="2">固定端</th></tr>
<tr><th>安装在结构之外</th><th>安装在结构之内</th></tr>
<tr><td>钢绞线及钢绞线束</td><td>夹片锚具
挤压锚具</td><td>压花锚具
挤压锚具</td><td>夹片锚具</td><td>穿心式</td></tr>
<tr><td rowspan="3">钢丝束</td><td rowspan="3">夹片锚具
镦头锚具
挤压锚具</td><td rowspan="3">挤压锚具
镦头锚具</td><td>夹片锚具</td><td rowspan="2">穿心式</td></tr>
<tr><td>镦头锚具</td></tr>
<tr><td>锥塞锚具</td><td>坠锚式</td></tr>
<tr><td>精轧螺纹钢筋</td><td>螺母锚具</td><td>—</td><td>螺母锚具</td><td>拉杆式</td></tr>
</table>

为保证预应力筋张拉应力的准确性，应定期、配套校验张拉机具设备及仪表，确定张拉力与油表读数的关系，校验间隔期一般不超过 6 个月，校正后的千斤顶与油压表必须配套使用。当使用中出现异常或千斤顶维修后，应重新标定。

5.1.6　预应力的施加方法

预应力的施加方法，根据与构件制作的先后顺序分为先张法、后张法两大类。按钢筋的张拉方法又分为机械张拉和电热张拉。后张法中因施工工艺的不同，又可分为一般后张法、后张自锚法、无粘结后张法、体外预应力张拉法等。

5.2　先张法预应力混凝土施工

先张法是在混凝土构件浇筑前先张拉预应力筋，并用夹具将其临时锚在台座或钢模上，再浇筑混凝土，待其达到一定强度后（约为设计强度的 75%），放松并切断预应力筋，预应力筋产生弹性回缩，借助混凝土与预应力筋之间的粘结，对混凝土产生预压应力的施工方法（图 5-10）。

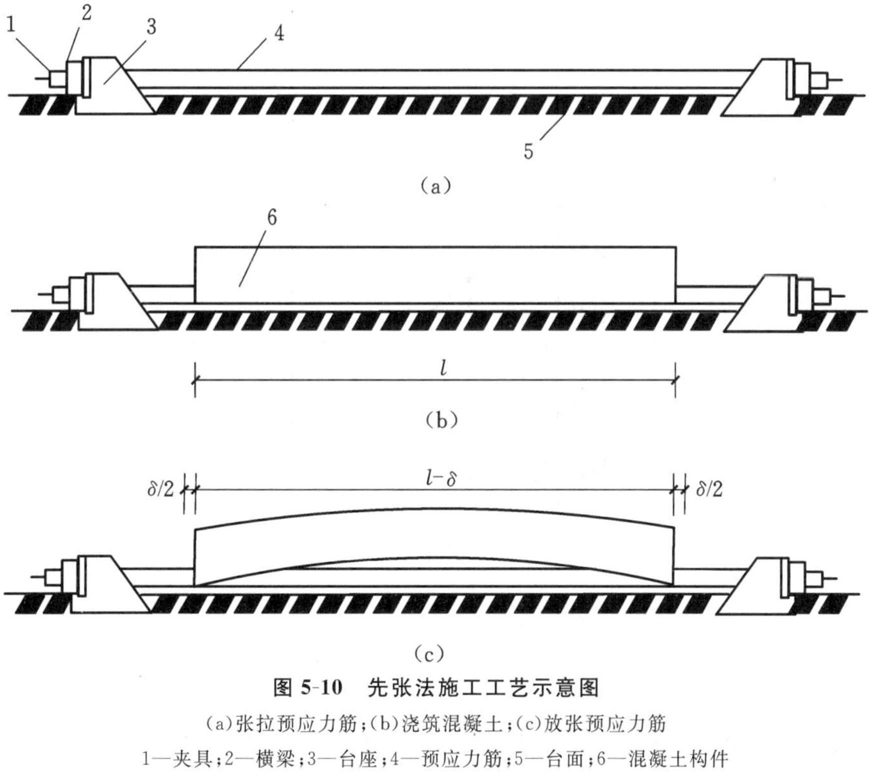

图 5-10　先张法施工工艺示意图

(a)张拉预应力筋；(b)浇筑混凝土；(c)放张预应力筋

1—夹具；2—横梁；3—台座；4—预应力筋；5—台面；6—混凝土构件

l—构件长度；δ—构件回缩长度

先张法主要应用于房屋建筑中的空心板、多孔板、槽形板、双 T 板、V 形折板、托梁、檩条、槽瓦、屋面梁等，道路桥梁工程中的轨枕、桥面空心板、简支梁等，基础工程中的预应力方桩及管桩等。

先张法生产构件可采用长线台座法生产(台座长度为 100～150 m),或是采用台模机组流水法生产。先张法涉及台座、张拉机具和夹具及施工工艺,下面分别叙述。

5.2.1 台座

台座是先张法施工中的主要设备之一,台座承受预应力筋的全部拉力,故台座应具有足够的强度、刚度和稳定性,以免因台座变形、倾覆和滑移而引起预应力的损失。台座由台面、横梁和承力结构组成。按构造形式不同,台座其可分为墩式台座、槽式台座和钢模台座等。台座可用于成批生产预应力构件。

(1) 墩式台座(图 5-11)

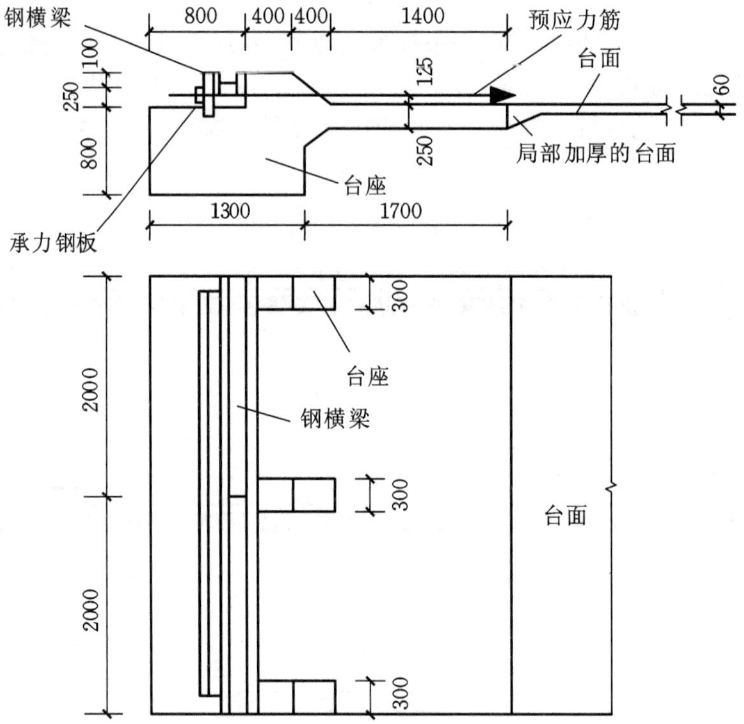

图 5-11　墩式台座示意图

墩式台座由台墩、台面与横梁组成。目前,常用的是台墩与台面共同受力的墩式台座,由现浇钢筋混凝土做成。台座应具有足够的强度、刚度和稳定性,台座设计时应进行抗倾覆与抗滑移验算。

台墩与台面共同工作时,预应力筋的张拉力几乎全部传给了台面,可不进行抗滑移验算。

墩式台座的台面一般是在夯实的碎石垫层上浇筑一层厚度为 60～100 mm 的混凝土而成。台面略高于地坪且必须平整光滑,以保证构件表面的平整。为防止台面开裂,可根据当地温差和经验设置伸缩缝(一般 10 m 左右设置一条),同时也可在台面内沿上、下表面配置钢筋网片。必要时还可采用预应力混凝土滑动台面,不留伸缩缝。墩式台座的横梁以台墩为支座,直接承受预应力筋的张拉力,其挠度不应大于 2 mm,并不得产生翘曲。预应力筋的定位板必须安装准确,其挠度不大于 1 mm。

(2) 槽式台座(图 5-12)

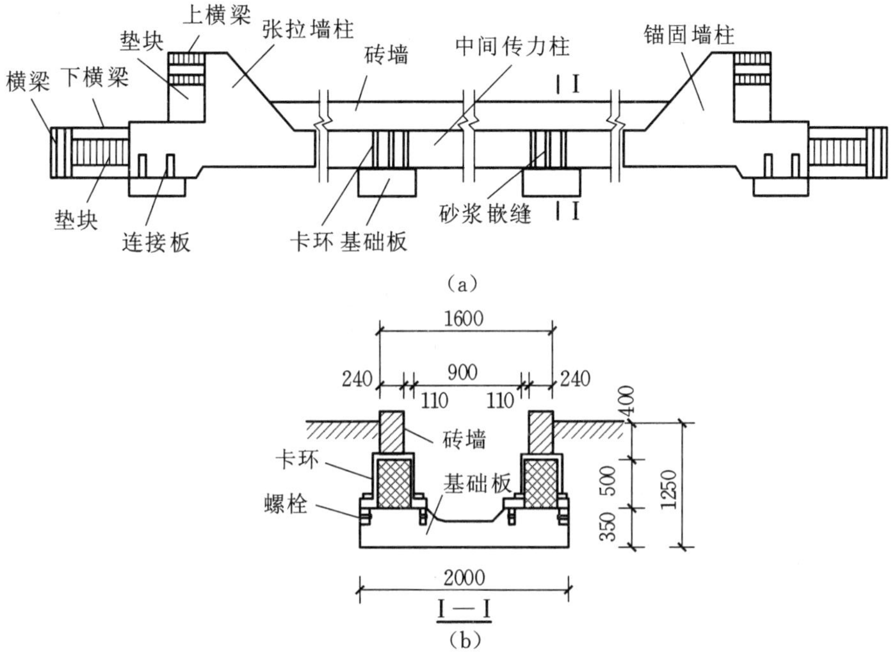

图 5-12 槽式台座示意图

槽式台座由端柱、传力柱、横梁和台面组成,既可承受张拉力和倾覆力矩,加盖后又可作为蒸汽养护槽。其适用于张拉吨位较大的吊车梁、屋架、箱梁等大型预应力混凝土构件。

槽式台座的长度一般不大于 80 m,宽度随构件外形及制作方式而定,一般不小于 1 m。端柱、传力柱的端面必须平整,对接接头必须紧密,柱与柱垫必须牢靠连接。为便于混凝土输送及蒸汽养护,台座宜低于地面,但需考虑地下水位的影响及防雨排水的措施。为便于拆迁,台座可设计成装配式。

槽式台座需进行强度和稳定性验算。端柱和传力柱应按钢筋混凝土偏心受压构件设计计算。端柱的抗倾覆力矩由端柱、横梁自重力以及部分张拉力组成。

5.2.2 夹具

夹具本身须具备自锁和自锚能力。自锁即锥销、齿板或楔块打入后不会反弹而脱出的能力;自锚即预应力筋张拉中能可靠地锚固而不被从夹具中拉出的能力。先张法中钢丝的夹具分两类:一类是将预应力筋锚固在台座或钢模上的锚固夹具;另一类是张拉时夹持预应力筋用的夹具。锚固夹具与张拉夹具都是重复使用的工具。夹具的种类繁多。锚固夹具主

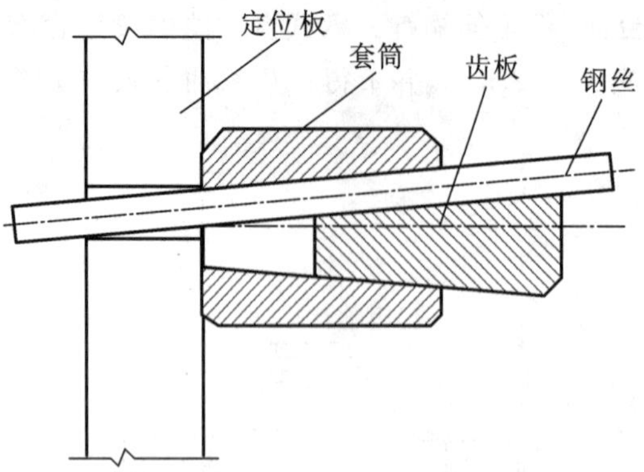

图 5-13　锥形式夹具

要有偏心式夹具和楔形夹具两种，张拉夹具主要有锥形式、镦头式和夹片式三种。其中锥形式夹具(图 5-13)适用于夹持冷拔低碳钢丝和碳素钢丝。

镦头式夹具分为单根镦头夹具和镦头梳筋板夹具(图 5-14)，适用于有镦粗头的Ⅱ级、Ⅲ级、Ⅳ级螺纹钢筋和钢丝；夹片式夹具分为圆套筒三片式夹具(ϕ12、ϕ14 单根冷拉钢筋)(图 5-15)、方套筒二片式夹具(ϕ8.2 热处理钢筋)和单根钢绞线夹具(ϕ12 和 ϕ15 钢绞线)。

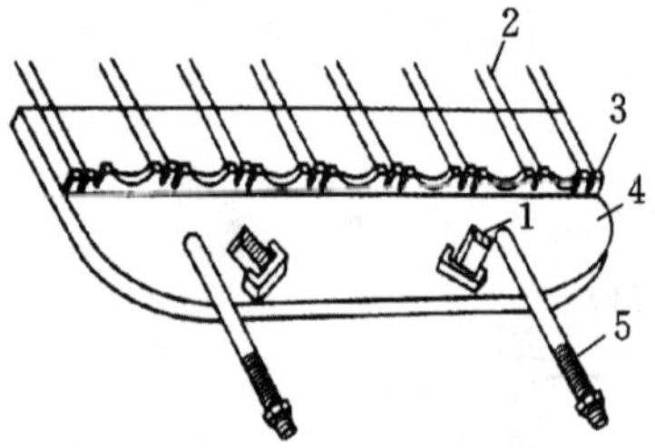

图 5-14　镦头梳筋板夹具

1—张拉沟槽口；2—钢丝；3—钢丝镦头；
4—活动梳筋板；5—锚固螺杆

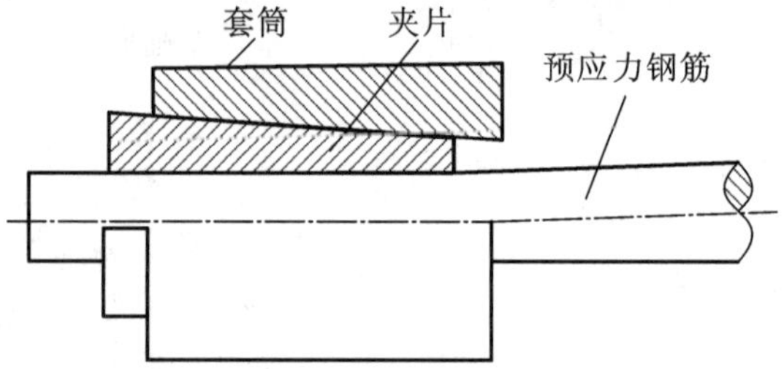

图 5-15　圆套筒三片式夹具

5.2.3　施工工艺

先张法的施工工艺流程如图 5-16 所示。

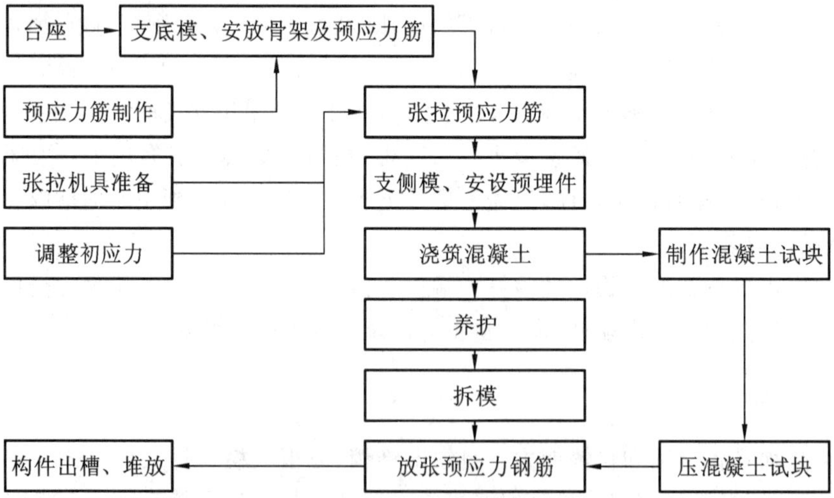

图 5-16　先张法混凝土施工工艺流程图

(1) 预应力筋的铺设

预应力筋宜采用砂轮锯或切断机切断，不得采用电弧切割。为便于脱模，长线台座在铺放预应力筋前应先刷隔离剂，但应采取相应保护措施防止隔离剂污染预应力筋，从而降低粘结力。预应力筋安装宜自下而上进行，先穿直线预应力筋，再通过转折器穿折线预应力筋，预应力筋与锚固梁间宜采用张拉螺杆连接。预应力钢丝宜用牵引车铺设，需要接长时借助钢丝拼接器用20～22号铁丝密排绑扎。

(2) 预应力筋的张拉

预应力筋张拉前，应对台座、横梁及各项张拉设备进行详细检查，符合要求后方可进行操作。预应力筋的张拉应按设计要求进行，采用合适的张拉方法、张拉设备，按正确的张拉程序进行，并采取可靠的质量和安全保障措施。

① 单根钢丝张拉

台座法多用于单根钢丝张拉，由于张拉力较小，一般可采用10～20 kN电动螺杆张拉机或电动卷扬机进行单根钢丝张拉，常采用弹簧测力计测力，优质锥形式夹具锚固。

② 整体钢丝张拉

台模法多用于整体钢丝张拉，如可采用台座式千斤顶设置在台墩与钢横梁之间进行整体张拉，采用优质夹片式夹具锚固。该方法要求钢丝的长度相等，并事先调整好初应力。在预制厂生产预应力多孔板时，可在钢模上用镦头梳筋板夹具进行整体张拉。其方法是钢丝两端镦粗，一端卡在固定梳筋板上，另一端卡在张拉端的活动梳筋板上，用张拉钩钩住活动梳筋板，再通过连接套筒将张拉钩和拉杆式千斤顶连接，即可张拉。

③ 单根钢绞线张拉

单根钢绞线张拉可采用前卡式千斤顶张拉，单孔夹片工具锚固定。

④ 整体钢绞线张拉

整体钢绞线张拉一般在三横梁式台座上进行，台座式千斤顶与活动横梁组装在一起，利用工具式螺杆与连接器将钢绞线挂在活动横梁上。张拉前，先用小型千斤顶在固定端逐根调整钢绞线初应力。张拉时，台座式千斤顶推动活动横梁带动钢绞线整体张拉。

⑤ 粗钢筋的张拉

粗钢筋张拉机具的张拉力应不小于预应力筋张拉力的1.5倍；张拉行程应不小于预应力筋伸长值的1.1～1.3倍。

(3) 预应力筋的张拉程序及预应力值校核

先张法预应力筋的张拉程序应符合设计要求，设计无规定时，其张拉程序可按预应力筋的种类确定，见表5-6。

表5-6 预应力筋张拉程序

预应力筋种类	张拉程序
钢筋	0→初应力→1.05σ_{con}(持荷2 min)→σ_{con}(锚固)
钢丝	0→(1.03～1.05)σ_{con}(锚固)
低松弛钢绞线	对单根张拉 0→σ_{con}(锚固) 0→初应力调整值→σ_{con}(锚固)

注：σ_{con}是指张拉预应力筋时的控制应力，是张拉预应力钢筋时，张拉设备测力仪表所指示的总张拉力除以预应力钢筋截面面积得出的拉应力值。对于钢制锥形锚具等一些因锚具构造影响而存在锚圈口摩阻力的锚具，σ_{con}是指经过锚具扣除此摩阻力后的(锚下)应力值。

预应力筋的张拉控制应力σ_{con}应符合设计要求，但不宜超过表5-7中的控制应力限值。对于要求提高构件在施工阶段的抗裂性能而在使用阶段受压区配置的预应力筋，或当要求部分抵消由于预应力松弛、摩擦、钢筋分批张拉以及预应力筋与张拉台座之间的温差等引起的应力损失时，可将σ_{con}提高$0.05f_{ptk}$或$0.05f_{pyk}$。施工中为了减少由于钢筋松弛变形造成的预应力损失而进行超张拉时，其最大张拉控制应力也应符合表5-7中的要求。

表5-7　张拉控制应力限值和最大张拉控制应力

钢筋种类	张拉控制应力限值		超张拉最大张拉控制应力
	先张法	后张法	
消除应力钢丝、钢绞线	$0.75f_{ptk}$	$0.75f_{ptk}$	$0.80f_{ptk}$
热处理钢筋	$0.70f_{ptk}$	$0.65f_{ptk}$	$0.75f_{ptk}$
精轧螺纹钢筋	$0.90f_{pyk}$	$0.85f_{ptk}$	$0.95f_{pyk}$

注：f_{ptk}为极限抗拉强度标准值；f_{pyk}为屈服强度标准值。

预应力筋张拉时，张拉机具与预应力筋应在一条直线上；同时在台面上每隔一定距离放一根圆钢筋头或相当于保护层厚度的其他垫块，以防预应力筋因自重而下垂，破坏隔离剂，污染预应力筋。顶紧锚塞时，用力不要过猛，以防钢丝折断；在拧紧螺母时，应注意压力表读数，以保持所需的张拉力。预应力筋张拉完毕后，对设计位置的偏差不得大于5 mm，也不得大于构件截面最短边长的4%。台座两端应有防护设施。张拉时沿台座长度方向每隔4～5 m放一个防护架，两端严禁站人，也不准人进入台座。张拉时应从台座中间向两侧进行（防止因偏心而损坏台座），多根成组张拉时，初应力应一致（用测力计抽查）。冬期施工张拉时，温度不得低于－15 ℃，且应考虑预应力筋容易脆断的危险。

【例5.1】 某住宅楼多孔板采用$\Phi^{PM}5$预应力筋，单根钢丝截面面积为19.6 mm²，已知其抗拉强度标准值$f_{ptk}=800\ N/mm^2$，张拉程序为$0\rightarrow1.03\sigma_{con}$（锚固），试计算单根钢丝的张拉应力。

【解】 由表5-7可知：

$$N=1.03\times0.75\times800\times19.6=12.11\times10^3\ N=12.11\ kN$$

$$\text{单根钢丝的抗拉强度值}=\frac{12.11}{19.6}=0.62\ kN/mm^2=620\ N/mm^2,\ \frac{620}{800}=0.77$$

即其张拉应力为$0.77f_{ptk}$，即620 N/mm²。

钢丝张拉时，伸长值不作校核。张拉锚固后，用钢丝内力测定仪反复测定4次，取后3次的平均值为钢丝内力，其允许偏差为设计规定预应力值的±5%。每工作班应检查预应力筋总数的1%，且不少于3根。钢绞线张拉时，一般采用张拉力控制、伸长值校核。张拉时预应力筋的实际伸长值与理论伸长值的允许偏差为±6%。张拉力控制的校核方法与钢丝相同。

(4) 混凝土的浇筑与养护

预应力筋张拉完成后，应尽快进行钢筋绑扎、模板拼装和混凝土浇筑等工作。混凝土浇筑时，宜整体浇筑，振动器不得碰撞预应力筋；混凝土未达到强度前，不允许碰撞或踩动预应力筋。当构件在台座上进行湿热养护时，应防止温差引起的预应力损失。

(5) 预应力筋的放张

预应力筋的放张过程是预应力值的建立过程，是保证先张法构件质量的重要环节，应根据放张要求确定相应的放张顺序、放张方法和相应的技术措施。

① 放张要求

预应力筋放张时，混凝土的强度应符合设计要求；若设计无规定，则不应低于设计的混凝土强度标准值的75%。

② 放张顺序

轴心受预压构件，所有预应力筋应同时放张；偏心受预压构件，应先同时放张预压力较小区域的预应力筋，再同时放张预压力较大区域的预应力筋；不能满足上述要求时，应分阶段、对称、交错地放张，防止构件在放张过程中产生弯曲、裂纹或预应力筋断裂。放张后预应力筋的切断顺序是从放张端切向另一端。

③ 放张方法

当预应力筋采用钢丝时，对配筋不多的中小型钢筋混凝土构件，钢丝可用砂轮锯或切断机切断等方法放张。对配筋多的钢筋混凝土构件，钢丝应同时放张，若逐根放张，则最后几根钢丝将由于承受过大的拉力而突然断裂，易使构件端部开裂。

预应力筋为钢筋时，对热处理钢筋及冷拉Ⅳ级钢筋不得用电弧切割，宜用砂轮锯或切断机切断。钢筋数量较多时，也应同时放张。多根钢丝或钢筋的同时放张，可用油压千斤顶放张、砂箱放张(图5-17)、楔块放张(图5-18)等方法。采用湿热养护的预应力混凝土构件，宜热态放张预应力筋，而不宜降温后再放张。

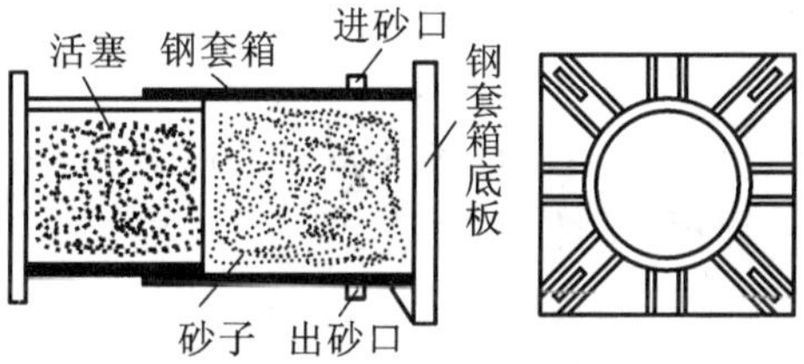

图5-17　砂箱放张示意图

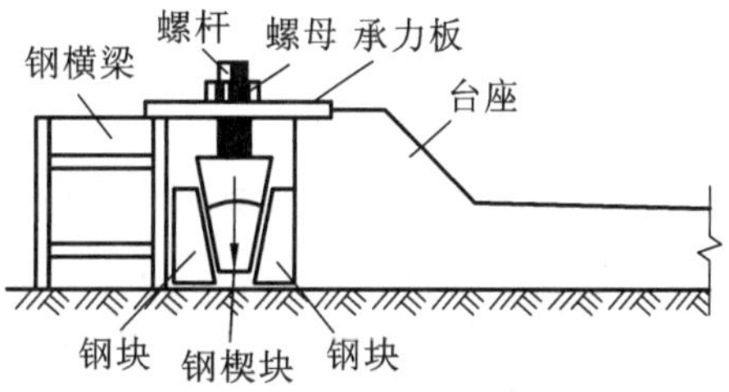

图5-18　楔块放张示意图

(4) 放张的注意事项

为了检查构件放张时钢丝与混凝土的粘结是否可靠，切断钢丝时应测定钢丝往混凝土内的回缩情况。放张前，应拆除侧模，使放张时构件能自由压缩，否则将损坏模板或使构件开裂。用氧炔焰切割时，应采取隔热措施，防止烧伤构件端部混凝土。

5.3　后张法预应力混凝土施工

在制作构件或块体时，在放置预应力筋的部位留设孔道，待混凝土达到设计规定的强度后，将预应力筋穿入预留孔道内，用张拉机具将预应力筋张拉到规定的控制应力，然后借助锚具把预应力筋锚固在构件端部，最后进行孔道灌浆(也有不灌浆的)，这种预加应力的方法称为后张法。图5-19所示为后张法预应力施工示意图。后张法预应力施工又可以分为有粘结预应力施工和无粘结预应力施工两类。

后张法不需要台座，构件在张拉过程中完成混凝土的弹性压缩。后张法不但适用于房屋建筑中的吊车梁、屋面梁、屋架以及桥梁中的T形梁、箱形梁等构件，且在大跨度的现浇结构及空间结构中的应用也日趋成熟；也为桥梁工程的悬索结构、斜拉结构提供了丰富的发展空间。

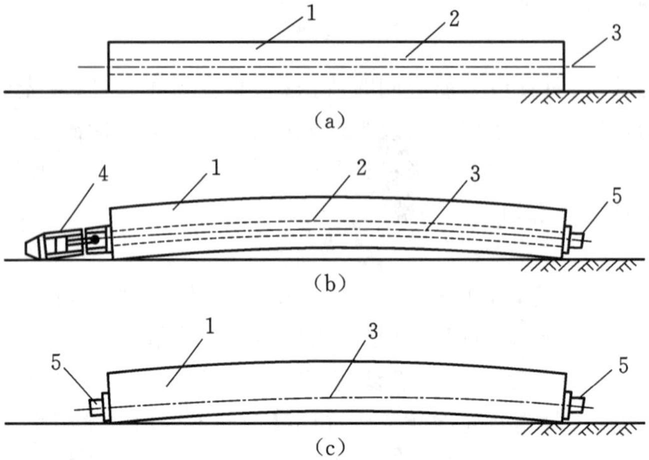

图 5-19　后张法预应力施工示意图

(a)做混凝土构件；(b)张拉预应力筋；(c)锚固、孔道灌浆(有粘结预应力)

1—混凝土构件；2—预留孔道；3—预应力筋；4—千斤顶；5—锚具

后张法的特点是直接在构件上张拉预应力筋，构件在张拉过程中受到预压力而完成混凝土的弹性压缩，因此，混凝土的弹性压缩不直接影响预应力筋有效预应力值的建立。后张法适宜于在施工现场制作大型构件(如屋架等)，以避免大型构件长途运输的麻烦。后张法除作为一种预加应力的工艺方法外，还可以作为一种预制构件的拼装手段。大型构件(如拼装式大跨度屋架)可以预制成小型块体，运至施工现场后，通过预加应力的手段拼装成整体；或各种构件安装就位后，通过预加应力手段，拼装成整体预应力结构。但后张法预应力的传递主要依靠预应力筋两端的锚具，锚具作为预应力筋的组成部分，永远留置在构件上，不能重复使用，这样，不仅耗用钢材多，而且锚具加工要求高，费用昂贵，加上后张法工艺本身要预留孔道以及穿筋、张拉、灌浆等，故施工工艺比较复杂，成本也比较高。

5.3.1　预应力筋制作及锚具

在后张法构件生产中，锚具、预应力筋和张拉机具是配套使用的，目前，我国在后张法构件生产中采用的预应力筋钢材主要有热处理钢筋、精轧螺纹钢筋、碳素钢丝和钢绞线等，可归纳成三种类型预应力筋，即单根粗钢筋(包括精轧螺纹钢筋)、钢绞线束(或钢筋束)和钢丝束。下面分别叙述三种类型预应力筋的锚具及制作。

5.3.1.1　单根预应力钢筋的锚具及制作

单根预应力钢筋主要采用 $\phi12\sim\phi40$ 的精轧螺纹钢筋及与其钢筋配套的锚具制作而成。

(1) 锚具

单根预应力钢筋根据构件长度和张拉工艺要求，可以在一端张拉或两端张拉。锚具与预应力钢筋的基本配套组合有两种，即：两端张拉时，预应力筋两端均采用螺丝端杆锚具；一端张拉、一端固定时张拉端采用螺丝端杆锚具，固定端则采用帮条锚具或镦头锚具。

① 螺丝端杆锚具

螺丝端杆锚具由螺丝端杆、螺母和垫板三部分组成，如图 5-20 所示。

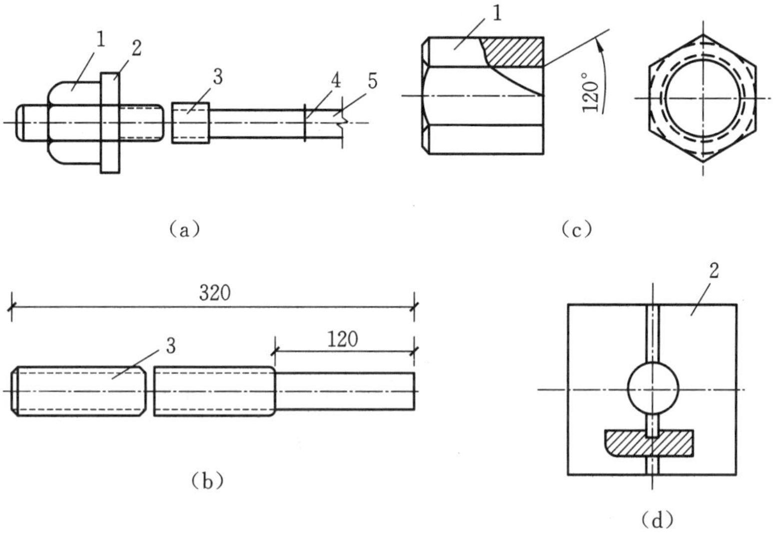

图 5-20 螺丝端杆锚具

(a)螺丝端杆锚具；(b)螺丝端杆；(c)螺母；(d)垫板

1—螺母；2—垫板；3—螺丝端杆；4—对焊接头；5—预应力筋

② 帮条锚具

帮条锚具由帮条和衬板组成，帮条锚具的构造如图 5-21 所示。

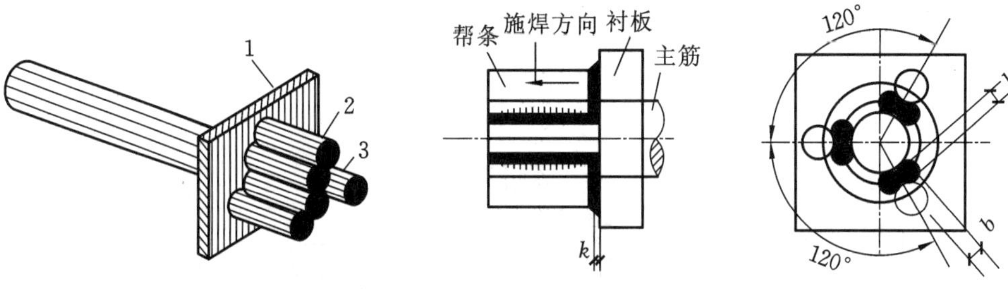

图 5-21 帮条锚具

1—衬板；2—帮条；3—预应力主筋；k，b，h—焊缝尺寸

帮条锚具的帮条采用与预应力筋同级别的钢筋，衬板采用普通低碳钢板。帮条锚具的 3 根帮条应成 120°均匀布置。3 根帮条应垂直于衬板，以免受力时发生扭曲。帮条焊接应在钢筋冷拉前进行，并应防止烧伤预应力筋。

③ 镦头锚具

镦头锚具(图 5-22)的镦头一般是直接在预应力筋端部热镦、冷镦或锻打成型。

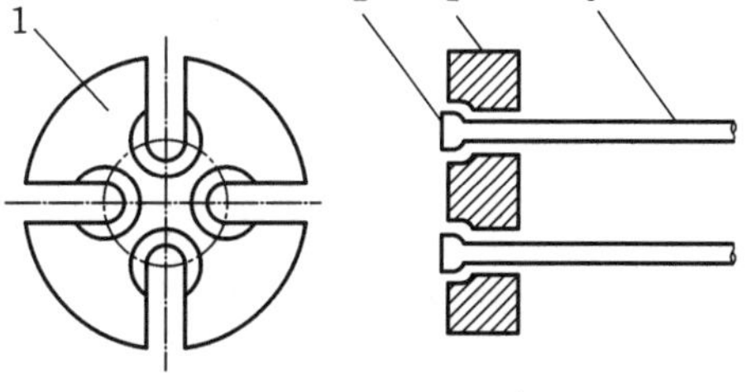

图 5-22 镦头锚具

1—衬板；2—预应力筋镦头；3—预应力筋

以上三种锚具与预应力筋焊接时，焊接头的抗拉强度不应低于预应力筋的抗拉强度，凡是锚具所用的垫板或衬板，在贴紧构件的一面，应开有槽口，以便孔道灌浆时作排气孔用。

(2) 单根预应力钢筋的制作

单根预应力钢筋的制作，一般包括配料、对焊、冷拉等工序。预应力筋的下料长度应由计算确定。计算时应考虑下列因素：结构的孔道长度、锚具厚度、千斤顶长度、焊接接头或镦头的预留量、冷拉伸长值、弹性回缩值、张拉伸长值等。

为了保证预应力筋下料准确，对于钢筋的冷拉率应进行实际测定，将其作为计算钢筋下料长度的依据。当测得的钢筋冷拉率比较分散时，应对钢筋逐根取样分别编组，把钢筋冷拉率相差 0.5%以内的钢筋对焊在一起，确保冷拉完成后的预应力筋具有所要求的强度和长度，预应力钢筋经冷拉后，钢筋的弹性回缩率一般在 0.3%左右。

钢筋与钢筋、钢筋与螺丝端杆的对焊接头的压缩量，根据连续闪光对焊工艺所需的闪光留量和顶锻留量而定，一般每个对焊接头的压缩量约等于钢筋的直径。

螺丝端杆外露在构件孔道外的长度，根据垫板厚度、螺母高度和拉伸机与螺丝端杆连接所需长度确定，一般可选用 120～150 mm。固定端用帮条锚具或镦头锚具固定时，其长度视锚具尺寸而定。

两端采用螺丝端杆锚具的预应力钢筋[图 5-23(a)]，其下料长度可按下式计算：

$$L=\frac{l-2l_1+2l_2}{1+\delta-\delta_1}+nd \tag{5-1}$$

式中 l——构件孔道长度(mm)；

l_1——螺丝端杆长度(mm)，一般取 320 mm、370 mm；

l_2——螺丝端杆外露长度(mm)，一般取 120～150 mm；

n——对焊接头个数；

d——预应力筋直径(mm)；

δ——伸长率(%)；

δ_1——回弹率(%)。

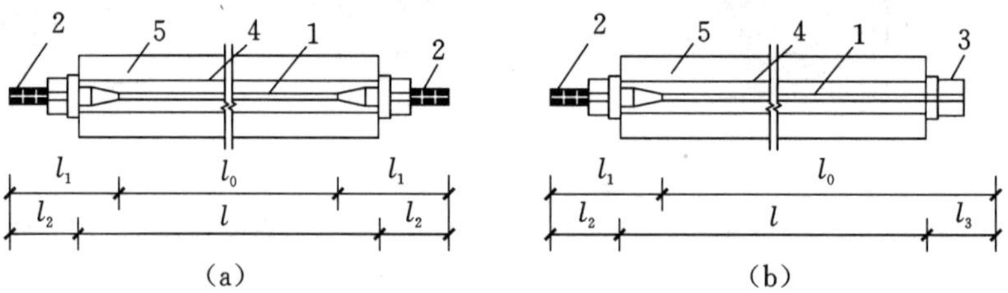

图 5-23 预应力钢筋下料长度计算示意图

(a)两端用螺丝端杆锚具；(b)一端用螺丝端杆锚具，一端用帮条(或镦头)锚具

1—预应力筋；2—螺丝端杆锚具；3—帮条(或镦头)锚具；4—孔道；5—混凝土构件

当一端用螺丝端杆锚具、一端用帮条锚具(或镦头锚具)时[图 5-23(b)]，其下料长度可按下列方法计算：

$$L=\frac{l-l_1+l_2+l_3}{1+\delta-\delta_1}+nd \tag{5-2}$$

式中 l_3——帮条外露长度(mm)。

5.3.1.2 钢筋束、钢绞线束预应力筋的锚具及制作

钢筋束由 3～6 根Ⅳ级 ϕ12 钢筋组成;钢绞线束通常由 3～7 根公称直径为 15.2 mm 或 12.7 mm 的钢绞线组成,1×7 钢绞线由 7 根钢丝捻制而成,6 根外层钢丝围绕着一根中心钢丝。由于钢绞线的强度高、柔性好,而且盘卷成 1000 mm 左右的盘径,便于运输到现场,因此钢筋束已逐渐被钢绞线束取代。

(1) 锚具

由于钢筋束和钢绞线束使用比较广泛,其锚具的形式也日益增多,但多为夹片式锚具,对于锚具安装在混凝土结构之内的,还采用挤压锚具和压花锚具。图 5-24 是夹片式锚具中常用的 XM 型锚具,是近年来随着预应力结构工程和无粘结预应力平板结构的发展而研制出的一种新型锚具。它既可用于锚固钢绞线束,又可用于锚固钢丝束;既可锚固单根预应力筋,又可锚固多根预应力筋。当用于锚固多根预应力筋时,既可单根张拉,逐根锚固,又可成组张拉,成组锚固;既可用作工作锚,又可用作工具锚。实践证明,XM 型锚具具有通用性强,锚固性能可靠,施工方便,便于高空作业等优点。

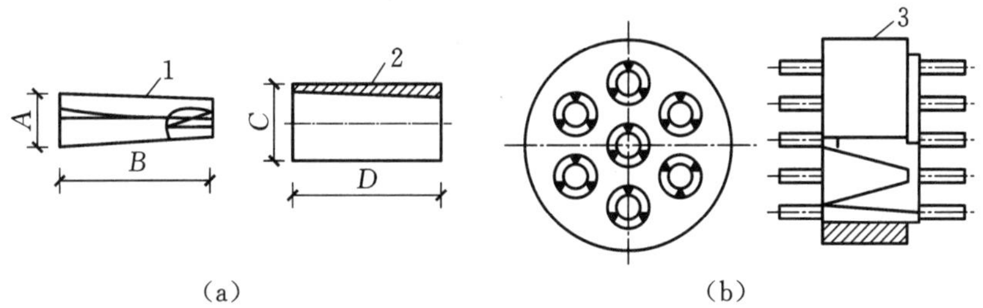

图 5-24 XM 型锚具

(a)单根 XM 型锚具;(b)多根 XM 型锚具

1—夹片;2—锚环;3—锚板

A—夹片直径;*B*—夹片长度;*C*—锚环直径;*D*—锚环长度

(2) 钢绞线束预应力筋制作

钢绞线一般长度较长,不需要对焊接长。钢绞线束预应力筋的制作工序包括开盘、下料、编束。钢绞线下料切断时,宜采用砂轮锯切或切断机切断,不得采用电弧切割,因为预应力筋一般为高强钢材,如局部加热或冷却,将引起该部位脆性变形而造成脆断。钢绞线切断前,在切口两侧各 50 mm 处,应用铅丝绑扎,以免钢绞线松散。钢绞线宜用 20 号铁丝绑扎编束,间距为 2～3 m,编束前先将钢绞线理顺,使各根钢绞线松紧一致且不紊乱,在穿束时宜采用束网套穿束。

钢绞线预应力筋下料长度主要与张拉设备和选用的锚具有关。采用夹片式锚具(JM 型、XM 型等)、穿心式千斤顶张拉时(图 5-25),预应力筋的下料长度应等于构件孔道长度加上两端为张拉、锚固所预留的外露长度(即张拉千斤顶的长度和千斤顶尾部锚固钢筋的锚固长度),可按下式计算:

两端张拉:

$$L = l + 2(l_1 + l_2 + l_3 + 100) \tag{5-3}$$

一端张拉：

$$L = l + 2(l_1 + 100) + l_2 + l_3 \tag{5-4}$$

式中 l——构件的孔道长度(mm)；

l_1——夹片式工作锚厚度(mm)；

l_2——穿心式千斤顶长度(mm)；

l_3——夹片式工具锚厚度(mm)。

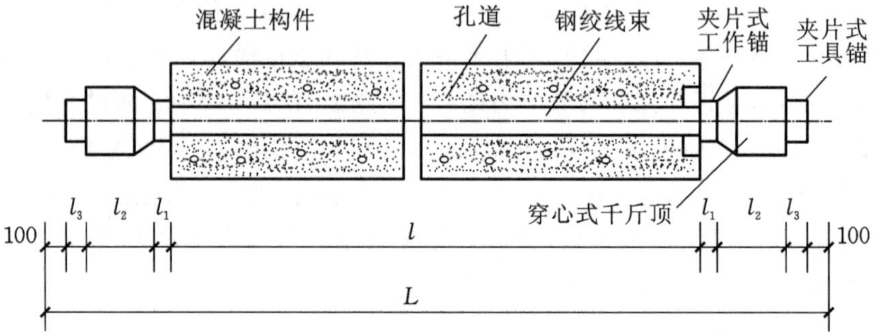

图 5-25 钢绞线下料长度计算简图

5.3.1.3 钢丝束预应力筋的锚具及制作

钢丝束预应力筋的钢丝为碳素钢丝，用优质高碳钢盘条经索氏体化处理、酸洗、镀铜或磷化后冷拔而成。碳素钢丝的品种有：冷拉钢丝、消除应力钢丝、刻痕钢丝、低松弛钢丝和镀锌钢丝等。

(1) 锚具

钢丝束预应力筋常用的锚具有钢质锥形锚具、镦头锚具和锥形螺杆锚具。钢质锥形锚具由锚环和锚塞组成，适用于锚固 6 $\Phi^P 5$、12 $\Phi^P 5$、18 $\Phi^P 5$ 或 24 $\Phi^P 5$ 碳素钢丝束。钢丝束镦头锚具是利用钢丝本身的镦头而锚固钢丝的一种锚具，可以锚固任意根数的$\Phi^P 5$～$\Phi^P 7$ 碳素钢丝束，张拉时需配置工具式螺杆。

(2) 钢丝束预应力筋的制作

钢丝束的制作，随着选用的锚具形式不同，制作方法有很大差异。一般需经下料、编束和组装锚具等工序。为保证钢丝束两端钢丝排列顺序一致，穿束与张拉不致紊乱，钢丝必须编束。钢丝编束可分为空心束和实心束，都需用梳丝板理顺钢丝，在距钢丝端部 5～10 cm 处编扎一道。实心束工艺简单，但空心束孔道灌浆效果优于实心束。

消除应力钢丝放开后是直的，可直接下料。为了保证下料精度，一般有两种方法：一种是应力下料，钢丝在应力状态下切断下料，控制应力为 300 N/mm^2，下料长度的误差要控制在 $L/5000$ 以内，且不大于 5 mm。另一种是用钢管限位法下料，即将钢丝通过小直径钢管(钢管内径略粗于钢丝直径)调直固定于工作台上等长下料，钢丝通过钢管时由于钢管限制了钢丝的左右摆动弯曲，可以提高钢丝下料的精度。钢管限位下料法是较常采用的下料法。

当用钢质锥形锚具和 XM 型锚具时，预应力钢丝束的制作和下料长度计算，基本上与预应力钢绞线束相同。当钢丝束采用镦头锚固体系时，若采用锚杯式镦头锚具和锚板式镦头锚具配套使用，钢丝束的下料长度 L（图 5-26）则可用下式计算（主要考虑构件孔道长度、锚板厚度、两端的钢丝镦头的留量、锚板的高度以及预应力钢丝张拉伸长值和构件混凝土张拉过程中造成的混凝土弹性压缩值，预应力钢丝束张拉完成后，要确保锚杯能被拉出构件，并能拧上螺母）：

$$L=L_0+2(a+\delta)-0.5(H-H_1)-\Delta L-C \tag{5-5}$$

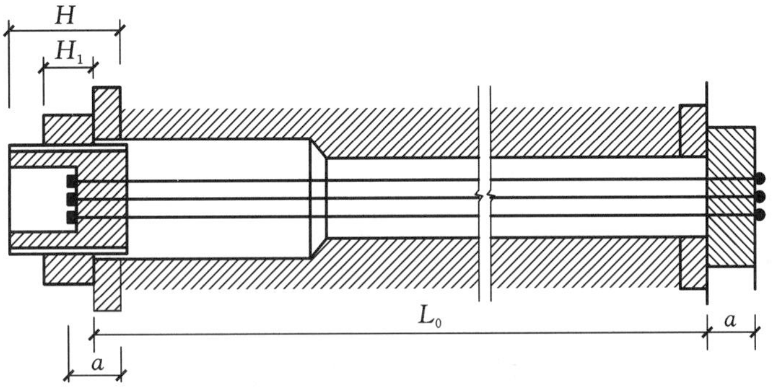

图 5-26　采用镦头锚具时钢丝束下料长度计算简图

式中　L_0——构件孔道长度（mm）；

a——锚板厚度（mm）；

δ——钢丝镦头留量（取钢丝直径的 2 倍）（mm）；

H——锚杯高度（mm）；

H_1——螺母高度（mm）；

ΔL——张拉时钢丝束的张拉伸长值（mm）；

C——构件混凝土的弹性压缩值（当其值较小时可略去不计）（mm）。

5.3.2　施工工艺

后张法施工工艺流程如图 5-27 所示。下面主要介绍孔道的留设、预应力筋的张拉和孔道灌浆三部分内容。

5.3.2.1　孔道留设

后张法预应力筋的孔道形状有直线、曲线和折线三种，其直径与布置根据构件的受力性能、张拉锚固体系特点及尺寸确定。后张法预应力孔道的布置要求是：孔道规格、数量、位置和形状应符合设计要求；定位应牢固，浇筑混凝土时不应出现位移和变形；孔道应平顺，端部的预埋锚板应垂直于孔道。对孔道直径的要求是：粗钢筋的孔道直径应比对焊接头外径或需穿过孔道的锚具、连接器外径大 10～15 mm；钢丝、钢绞线的孔道直径应比预应力筋外径或锚具外径大 5～10 mm，且孔道面积宜为预应力筋净面积的 3～4 倍。对孔道布置的要求是：孔道至构件边缘的净距不小于 40 mm，孔道之间的净距不小于 50 mm；端部的预埋钢板应垂直于孔道中心线；凡需起拱的构件，预留孔道应随构件同时起拱。

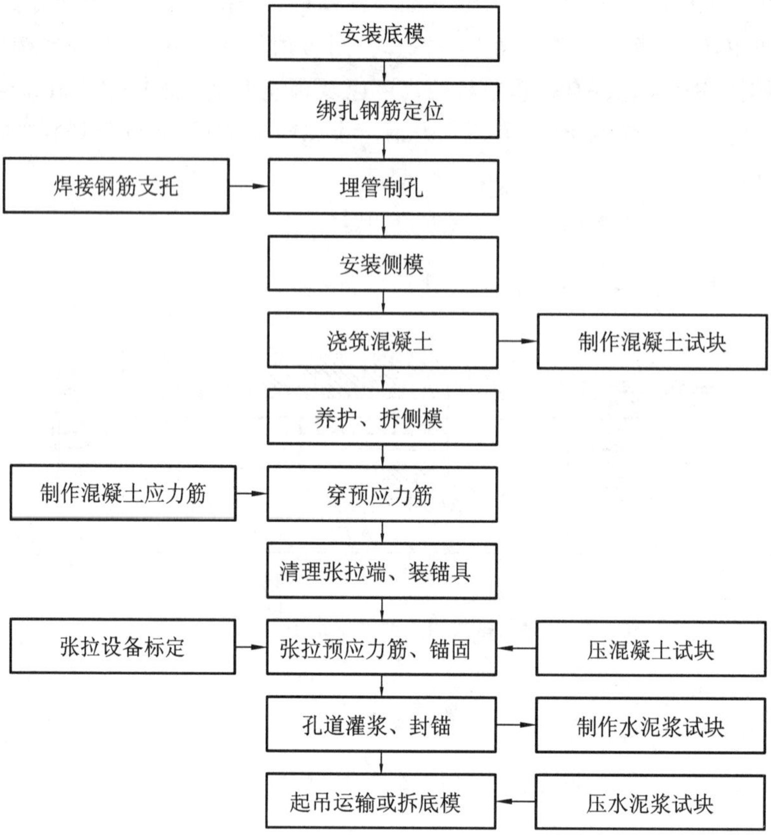

图 5-27　后张法施工工艺流程图

孔道成型方法有钢管抽芯法、胶管抽芯法和预埋管法。孔道成型的要求是:孔道的尺寸与位置正确,孔道平顺,接头不漏浆。

(1) 钢管抽芯法

钢管抽芯法用于直线孔道。钢管要求平直、表面光滑,每根不超过 15 m,超过 15 m 的用两根钢管,中间套管连接。钢管在构件孔道位置上安装并用钢筋井字架固定,固定间距不大于 1 m。混凝土浇筑后,每隔 10～15 min 转动钢管(两根钢管时,旋转方向要相反),在初凝后、终凝前,以手指按压混凝土,无明显压痕又不沾浆即可抽管,常温下一般在混凝土浇筑后 3～5 h 可抽管。抽管顺序是先上后下,先中间后周边。当部分孔道有扩孔时,先抽无扩孔管道,后抽扩孔管道;抽管时应边抽边转、速度均匀、与孔道成一直线。抽管后,及时检查孔道并做好孔道清理工作,以防止穿筋困难。

(2) 胶管抽芯法

胶管抽芯法可用于直线或曲线孔道。胶管有夹布胶管或钢丝网胶管两种。使用前,一端封堵,另一端与阀门连接,充水(气)加压至 0.5～0.8 MPa,使胶皮管直径增大约 3 mm。在构件孔道位置上安装胶管并用钢筋井字架固定,钢筋井字架固定间距不大于 0.6 m。采用胶管抽芯法时,混凝土浇筑后不需转动胶管,只需在抽管前放水(气)降压,待管径缩小与混凝土脱离时即可抽管;抽管时间比钢管略迟;抽管顺序是先上后下,先曲后直。

(3) 预埋管法

预埋管法可采用薄钢管、镀锌钢管、金属螺旋管和塑料波纹管,使用最多的是塑料波纹管。预埋管法将管埋入后不再抽出,可用于各类形状的孔道,是目前大力推广的孔道留设方法。塑料波纹管要求在 1 kN 径向力作用下不变形,使用前应进行灌水试验,检查有无渗漏,防止水泥浆流入管内堵塞孔道;安装就位过程中避免反复弯曲,以防管壁开裂。螺旋管用钢筋井字架在构件中固定,间距不大于 1.0 m,固定后,必须用铅丝与钢筋扎牢,防止浇筑混凝土时螺旋管上浮而造成严重事故。

为了进行孔道灌浆,在孔道制作时应设置灌浆孔,其间距不超过 12 m,并应设排气泌水管。对于曲线孔道,排气泌水管宜设置在波峰(谷)处,有些锚具本身带有灌浆排气(水)孔。预留孔道的规格、数量、位置和形状应符合设计要求;预留孔道的定位应牢固,浇筑混凝土时不应出现移位和变形;孔道应平顺,端部的预埋锚垫板应垂直于孔道中心线;成孔用管道应密封良好,接头应严密且不得漏浆;在曲线孔道的波峰部位应设置泌水管,灌浆孔与泌水管的孔径应能保证浆液畅通。排气孔不得遗漏或堵塞;曲线孔道控制点的竖向位置偏差应符合要求。

5.3.2.2 预应力筋张拉

预应力筋的张拉应在混凝土强度满足设计要求时进行,设计无要求时应不低于设计强度的 75%。分段制作的构件应在张拉前完成拼装,块体拼装立缝处的混凝土或砂浆强度应不低于混凝土强度的 40%,且不得低于 15 N/mm^2。

(1) 预应力筋穿束

预应力筋穿入孔道按穿筋时间分为先穿束和后穿束,按穿入数量分为整束穿和单根穿,按穿束方法分为人工穿束和机械穿束。先穿束是指在混凝土浇筑前穿束,省力,但穿束占用工期,预应力筋保护不当易生锈;后穿束是指在混凝土浇筑后进行,不占用工期,穿筋后即进行张拉,但较费力。长度在 50 m 以内的两跨曲线束,多采用人工穿束;对超长束、特重束、多波曲线束应采用卷扬机穿束。

(2) 张拉方式

根据构件的特点、预应力筋的形状和长度以及施工方法,预应力筋张拉有如下几种方法。

① 一端张拉方式。张拉设备放在构件的一端进行张拉,适用于长度小于或等于 30 m 的直线预应力筋与锚固损失影响长度 $L_f \geqslant 0.5L$(L 为预应力筋长度)的曲线预应力筋。

② 两端张拉方式。张拉设备放在构件的两端进行张拉,适用于长度大于 30 m 的直线预应力筋与锚固损失影响长度 $L_f < 0.5L$ 的曲线预应力筋。

③ 分批张拉方式。对配有多束预应力筋的构件分批进行张拉,由于后批预应力筋张拉所产生的混凝土弹性压缩对先批张拉的预应力筋造成预应力损失,因此先批张拉的预应力筋应加上该弹性压缩损失值,使分批张拉的每根预应力筋的张拉力基本相等。

④ 分段张拉方式。在多跨连续梁板施工时,通长的预应力筋需要逐段进行张拉,第二段及后段的预应力筋利用锚头连接器与前段预应力筋进行接长。

⑤ 分阶段张拉方式。为平衡各阶段的不同荷载,采取分阶段逐步施加预应力的方式进行张拉。

(3) 张拉顺序及程序

合理地选择张拉顺序和张拉程序，是施工中贯彻设计意图，保证预应力构件质量的重要环节。预应力筋的张拉顺序，应按设计的有关规定进行，如设计无规定或受张拉设备限制时，则可分批、分阶段、对称地张拉，以免构件承受过大的偏心压力。当构件同一截面有多根预应力筋须分批张拉时，则应考虑混凝土弹性压缩对预应力筋有效预应力值的影响。

当两端同时张拉一根预应力筋时，宜先在一端张拉、一端锚固，再在另一端张拉补足张拉力后锚固；为解决混凝土弹性压缩损失问题，可采用同一张拉值，逐根复拉补足张拉力；对于重要的预应力混凝土构件，可分阶段建立预应力，即全部预应力先张拉至 50%之后，第二次再拉至 100%。

预应力筋张拉操作程序，应根据构件类型、张拉锚固体系、松弛损失等因素确定。

后张法宜采用应力控制方法，同时校核预应力筋的伸长值。预应力筋的伸长值可综合反映张拉力是否足够、孔道摩阻损失是否偏大、预应力筋是否有异常现象等问题。因此，张拉时应对伸长值进行校核，当实际伸长值与计算伸长值的偏差大于±6%时，应暂停张拉，在采取措施调整后，方可继续张拉。

5.3.2.3　孔道灌浆及锚具保护

预应力筋锚固张拉后，应进行孔道灌浆，其主要作用是防止预应力筋锈蚀，并使预应力筋与结构混凝土形成整体。因此，孔道灌浆宜在预应力筋张拉锚固后尽早进行。

孔道灌浆用的砂浆，除应满足强度和粘结力要求外，还应具有较大的流动性和较小的干缩性、泌水性。因此，孔道灌浆时应采用标号不低于 42.5 号的普通硅酸盐水泥配制的水泥浆；对空隙大的孔道，可采用水泥砂浆灌浆，灌浆用的水泥浆及砂浆强度均不应小于 20 MPa。水泥浆的水胶比宜为 0.4 左右，搅拌后 3 h 泌水率宜控制在 2%左右，最大不得超过 3%，当需要增加孔道灌浆的密实性时，水泥浆中可掺入对预应力筋无腐蚀作用的外加剂。

灌浆前混凝土孔道应用压力水冲刷，确保孔道混凝土的湿润和洁净。孔道灌浆时可采用电动灰浆泵。水泥浆倒入灰浆泵时，必须过筛，以免水泥块或其他杂物进入泵体或孔道，影响灰浆泵正常运动或堵塞孔道。在孔道灌浆过程中，灰浆泵内应始终保持有一定的灰浆量，以免空气进入孔道而形成空腔。

灌浆应缓慢、均匀地进行，不得中断，并排气通顺，在灌满孔道并封闭排气孔后，宜再继续加压至 0.5～0.6 MPa，并稳定一定时间，再封闭灌浆孔，以确保孔道灌浆的密实性。用不加外加剂的水泥浆灌浆时，必要时可采用二次灌浆法灌浆。

灌浆顺序应先下后上，以避免上层孔道灌浆时堵塞下层孔道。曲线孔道灌浆，宜由低点压入水泥浆，至最高点排气孔中排出空气及溢出浓浆为止。为确保曲线孔道最高处或锚具端部灌浆密实，宜在曲线孔道最高处设泌水竖管，使水泥浆下沉，泌水上升到泌水管内排出，并利用压入竖管内的水泥浆回流，来保证曲线孔道最高处和锚固区的灌浆密实。

预应力张拉、孔道灌浆完成后应及时对预应力锚具进行保护。锚具外的预应力筋宜用无齿锯或机械切断机切断，其外露长度不宜小于预应力筋直径的 1.5 倍，且不宜小于 30 mm。锚具的密封保护应符合设计要求，当设计无要求时，应采取防止锚具腐蚀和遭受机械损伤的有效措施。预应力筋及锚具通常采用混凝土保护，锚具的保护层厚度不应小于 50 mm；预应力筋的保护层厚度一般不得小于 20 mm，处于易受腐蚀的环境时，保护层厚度不得小于 50 mm。

5.3.3 无粘结预应力施工

无粘结预应力施工是在混凝土浇筑前将预应力筋铺设在模板内，然后浇筑混凝土，待混凝土达到设计规定强度后进行预应力筋张拉锚固的施工方法。该工艺无需预留孔道及灌浆，预应力筋易弯成所需的多跨曲线形状，施工简单方便，最适用于双向连续平板、密肋板和多跨连续梁等现浇混凝土结构。

(1) 无粘结预应力筋的制作及铺设

无粘结预应力筋主要采用钢绞线和高强钢丝，采用钢绞线时张拉端采用夹片式锚具(XM 型锚具)，埋入端采用压花式埋入锚具；钢丝束的张拉端和埋入端均采用夹片式或镦头式锚具。

无粘结预应力筋通常在底部非预应力筋铺设后、水电管线铺设前铺设，支座处负弯矩钢筋在最后铺设。无粘结预应力筋应严格按照设计要求的曲线形状就位并固定牢靠，其竖向位置宜用支撑钢筋或钢筋马凳控制，保证无粘结预应力筋的曲线顺直。经检查无误后，用铅丝将无粘结预应力筋与非预应力筋绑扎牢固，防止钢丝束在浇筑混凝土过程中移位。

(2) 无粘结预应力筋的张拉

无粘结预应力筋的张拉程序基本与有粘结预应力筋后张法相同。无粘结预应力混凝土楼盖结构的张拉顺序应是先张拉楼板的预应力筋，后张拉楼面梁的预应力筋。板中的无粘结预应力筋可依次张拉，梁中的无粘结预应力筋宜对称张拉。板中的无粘结预应力筋一般采用前卡式千斤顶单根张拉，并用单孔式夹片锚具锚固；无粘结曲线预应力筋长度超过 35 m 时，宜两端张拉，超过 70 m 时宜分段张拉。

(3) 锚头端部处理

无粘结预应力钢丝束两端在构件上预留有一定长度的孔道，其直径略大于锚具的外径。钢丝束张拉锚固后端部便留下孔道，该部分钢丝没有涂层，应封闭处理以保护预应力钢丝。无粘结预应力钢丝束锚头端部处理，目前常采用两种方法：第一种是在孔道中注入油脂并加以封闭；第二种是在两端留设的孔道内注入环氧树脂水泥砂浆，其抗压强度不低于 35 MPa。灌浆的同时将锚头封闭，防止钢丝锈蚀，还能起一定的锚固作用。预留的孔道中注入油脂或环氧树脂水泥砂浆后，应用 C30 级的细石混凝土封闭锚头部位。

习　　题

5-1　什么是预应力混凝土？

5-2　何为先张法？何为后张法？

5-3　简述先张法与后张法的施工工艺。

5-4　先张法与后张法的最大张拉控制应力如何确定？

5-5　什么是超张拉？为什么要超张拉并持荷 2 min？采用超张拉时为什么要规定最大限值？

5-6　预应力钢筋的张拉与钢筋的冷拉有何本质区别？

5-7　预应力锚具分为哪两类？锚具的效率系数的含义是什么？

5-8　什么是锚具的自锁与自锚？如何评价锚具锚固的可靠性？

5-9　分批张拉预应力筋时，如何弥补混凝土弹性压缩应力损失？

5-10　后张法施工分批对称张拉，后批预应力筋张拉时，对前批张拉并锚固好的预应力筋的影响是什么？

5-11　为什么要进行孔道灌浆？怎样进行孔道灌浆？

5-12　无粘结预应力的施工工艺是怎样的？其锚头端部应如何处理？

6 防水工程

【本章要点】

本章主要内容包括屋面防水、地下防水工程。本章的教学重点为卷材防水、涂膜防水的施工；教学难点为卷材防水、涂膜防水的施工工艺。

【学习目标】

掌握：卷材防水、涂膜防水的构造和施工方法，钢筋混凝土自防水和附加防水层构造及施工方法。

熟悉：刚性防水屋面施工，防、排结合的地下防水构造。

了解：防水材料。

在土木工程中防水一般分为地下防水、屋面防水、外墙防水和厨卫防水，本章主要介绍地下防水和屋面防水两部分。防水工程质量的优劣，不仅关系到建筑物或构筑物的使用寿命，而且直接关系到它们的使用功能。影响防水工程质量的因素有设计的合理性、防水材料的性能、施工工艺及施工质量、保养与维修管理等。其中，防水工程的施工质量是关键因素。

6.1 地下防水工程

地下建筑埋置在土中，会不同程度地受到地下水或土体中水分的作用。一方面，地下水对地下建筑有着渗透作用，而且地下建筑埋置越深，渗透水压就越大；另一方面，地下水中的化学成分复杂，有时会对地下建筑造成一定的腐蚀和破坏作用。因此，地下建筑应采取合理有效的防水措施，以确保地下建筑的安全耐久和正常使用。

地下建筑防水工程中采用的防水方案有结构自防水、表面防水层和止水带防水。地下工程防水等级标准见表 6-1。

地下防水工程施工前，施工单位应进行图纸会审，掌握工程主体及细部构造的防水技术要求，并编制防水工程的施工方案。地下防水工程的施工，应建立各道工序的自检、交接检和专职人员检查的"三检"制度，并有完整的检查记录。未经建设(监理)单位对上道工序的检查确认，不得进行下道工序的施工。

地下防水工程必须由具备相应资质的专业防水队伍进行施工；主要施工人员应持有建设行政主管部门或其指定单位颁发的执业资格证书。

地下防水工程所使用的防水材料，应有产品合格证书和性能检测报告，材料的品种、规格、性能等应符合现行国家标准和设计要求。

表 6-1 地下工程防水等级标准

防水等级	标准
Ⅰ级	不允许渗水,结构表面无湿渍
Ⅱ级	不允许渗水,结构表面无湿渍; 工业与民用建筑:湿渍总面积不大于总防水面积的1‰,单个湿渍面积不大于0.1 m^2,任意100 m^2 防水面积湿渍点不超过1处; 其他地下工程:湿渍总面积不大于总防水面积的6‰,单个湿渍面积不大于0.2 m^2,任意100 m^2 防水面积湿渍点不超过4处
Ⅲ级	有少量漏水点,不得有线漏和漏泥沙; 单个湿渍面积不大于0.3 m^2,单个漏水点的漏水量不大于2.5 L/d,任意100 m^2 防水面积漏水点不超过7处
Ⅳ级	有漏水点,不得有线漏和漏泥沙; 整个工程平均漏水量不大于2 L/(m^2 · d),任意100 m^2 防水面积的平均漏水量不大于4 L/(m^2 · d)

6.1.1 结构自防水

结构自防水是以调整结构混凝土的配合比或掺外加剂的方法来提高混凝土的密实度、抗渗性、抗蚀性,满足设计对地下建筑的抗渗要求,达到防水的目的。结构自防水具有施工简便、工期短、造价低、耐久性好等优点,是目前地下建筑防水工程的一种主要方法。

6.1.1.1 普通结构自防水混凝土

防水混凝土是通过控制材料选择,控制混凝土拌制、浇筑、振捣的施工质量,以减少混凝土内部的孔隙和消除孔隙间的连通,最后达到防水要求。

(1) 原材料

水泥的强度等级不宜低于42.5,要求抗水性好、泌水小、水化热低,并具有一定的抗腐蚀性。水泥品种宜采用硅酸盐水泥、普通硅酸盐水泥,采用其他品种水泥时应经试验确定;在受侵蚀性介质作用时,应按介质的性质选用相应的水泥品种;不得使用过期或受潮结块的水泥,并不得将不同品种或强度等级的水泥混合使用。

细骨料要求为颗粒均匀、圆滑,质地坚实、坚硬,抗风化性强、洁净,含泥量不应大于3%,泥块含量不宜大于1.0%的中粗砂。砂的粗细颗粒级配适宜,平均粒径为0.4 mm左右。

粗骨料要求为组织密实、形状整齐、坚固耐久、粒形良好的洁净碎石或卵石,含泥量不应大于1.0%,泥块含量不应大于0.5%,颗粒的自然级配适宜,粒径为5～40 mm,最大不超过40 mm,且吸水率不大于1.5%。

(2) 制备

在保证振捣密实的前提下水胶比尽可能小,一般不大于0.6。坍落度不宜大于50 mm。在一定水胶比范围内,每立方米混凝土水泥用量一般不小于260 kg,但亦不宜超过400 kg。粗骨料选用卵石时砂率宜为35%,粗骨料为碎石时砂率宜为35%～40%,泵送时可增至

45%。水泥与砂的比例应控制在1∶1.5～1∶2.5。

6.1.1.2 外加剂结构自防水混凝土

外加剂结构自防水混凝土是在混凝土中掺入一定的有机或无机的外加剂，改善混凝土的性能和结构组成，提高混凝土的密实性和抗渗性，从而达到防水目的。由于外加剂种类较多，各自的性能、效果及适用条件不尽相同，故应根据地下建筑防水结构的要求和施工条件，选择合理、有效的防水外加剂。常用的外加剂结构自防水混凝土有：三乙醇胺防水混凝土、加气剂防水混凝土、减水剂防水混凝土、氯化铁防水混凝土等。

6.1.1.3 结构自防水混凝土的施工

(1) 施工

防水混凝土在施工中应注意：

① 保持施工环境干燥，避免带水施工；

② 模板支撑牢固、接缝严密；

③ 防水混凝土浇筑前应无泌水、离析现象；

④ 防水混凝土浇筑时的自落高度不得大于1.5 m；

⑤ 防水混凝土应采用机械振捣，并保证振捣密实；

⑥ 防水混凝土应自然养护，养护时间不少于14 d；

⑦ 防水混凝土应分层连续浇筑，分层厚度不得大于500 mm；

⑧ 防水混凝土采用预拌混凝土时，入泵坍落度宜控制在120～160 mm，坍落度每小时损失值不应大于20 mm，坍落度总损失值不应大于40 mm。

(2) 防水构造处理

① 施工缝处理

地下建筑施工时应尽可能不留或少留施工缝，尤其是不得留垂直施工缝。在墙体中一般留设水平施工缝。

② 贯穿铁件处理

地下建筑施工中墙体模板的穿墙螺栓，穿过底板的基坑围护结构等，均是贯穿防水混凝土的铁件。由于材质差异，地下水分较易沿铁件与混凝土的界面向地下建筑内渗透。为保证地下建筑的防水要求，可在铁件上加焊一道或数道止水铁片，延长渗水路径、减小渗水压力，达到防水目的。拆模后应将留下的凹槽用密封材料封堵密实，并用聚合物水泥砂浆抹平。

6.1.2 表面防水层防水

表面防水层防水有刚性、柔性两种。

(1) 刚性防水层

刚性防水层采用水泥砂浆防水层，它是依靠提高砂浆层的密实性来达到防水要求。这种防水层取材容易，施工方便，成本较低，适用于地下砖石结构的防水层或防水混凝土结构的加强层。但水泥砂浆防水层抵抗变形的能力较差，当结构产生不均匀下沉或受较强烈振动荷载时，易产生裂缝或剥落。受腐蚀、高温及反复冻融的砖砌体工程不宜采用刚性防水层防水。刚性防水层又可分为多层刚性防水层和刚性外加剂防水层等。

① 多层刚性防水层

多层刚性防水层是指利用素灰(即较稠的纯水泥浆)和水泥砂浆分层交叉抹面而构成的防水层,具有较高的抗渗能力。

② 刚性外加剂防水层

刚性外加剂防水层是在普通水泥砂浆中掺入防水剂或采用聚合物水泥防水砂浆、掺外加剂或掺合料的防水砂浆,使水泥砂浆内的毛细孔被填实、堵塞,获得较高的密实度,提高抗渗能力。常用的外加剂有氯化铁防水剂、铝粉膨胀剂、减水剂等。

(2) 柔性防水层

柔性防水层采用卷材防水层,是用胶结材料粘贴防水卷材而成的一种防水层。这种防水层具有良好的韧性和延伸性,可以适应一定的结构振动和微小变形,防水效果较好,目前仍作为地下工程的一种防水方案而被广泛采用。其缺点是:机械强度低,直接影响防水层质量,而且材料成本高,施工工序多,操作条件差,工期较长,发生渗漏后修补困难。目前一般采用高聚物改性沥青类防水卷材或合成高分子类防水卷材和与之相匹配的胶粘剂粘贴,改善了油毡卷材防水层低温脆裂、高温流淌、抗老化性能差、耐久性差的缺点,从而提高了防水工程的质量。

卷材防水层施工的铺贴方法,按其与地下防水结构施工的先后顺序分为外防外贴法和外防内贴法两种。

① 外防外贴法

外防外贴法(图 6-1)指在垫层四周先砌筑保护墙,然后将防水卷材铺贴在垫层和保护墙上,最后再进行地下结构的底板和墙体施工。

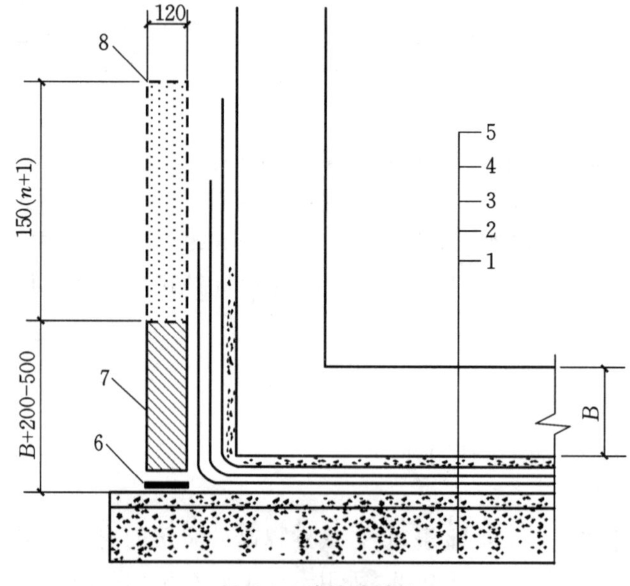

图 6-1　外防外贴法

1—垫层;2—找平层;3—卷材防水层;4—保护层;5—构筑物

6—油毡;7—永久保护墙;8—临时性保护墙;n—卷材层数;B—底板厚度

② 外防内贴法

外防内贴法(图 6-2)是指在地下建筑墙体施工前先砌筑保护墙,然后将卷材防水层铺贴在保护墙上,最后进行地下建筑墙体施工。采用此方法时,应先贴垂直面,后贴水平面;贴墙面卷材时,应先贴转角,后贴大面,铺贴完毕,再做卷材防水层的保护层。

外防内贴法施工顺序:混凝土底板垫层→砌筑永久性保护墙→找平层→待找平层干燥后涂刷冷底子油一道→铺贴卷材防水层。

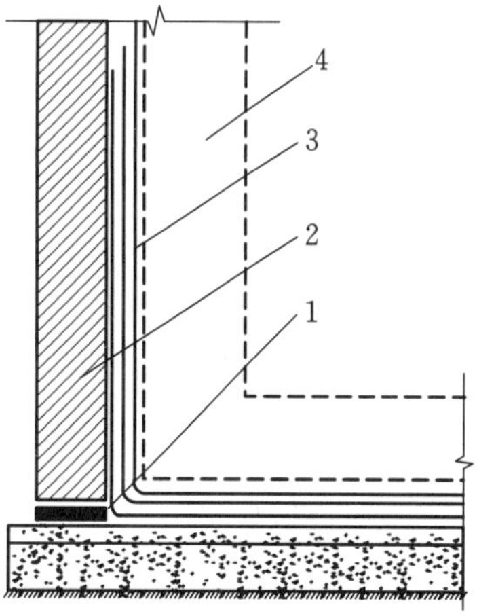

图 6-2 外防内贴法

1—油毡;2—保护墙;3—卷材防水层;4—尚未施工的构筑物

6.1.3 止水带防水

为适应建筑结构沉降、温度伸缩等因素产生的变形,在地下建筑的变形缝(沉降缝或伸缩缝)、后浇带、施工缝、地下通道的连接口等处两侧的基础结构间会留一定宽度的空隙,两侧的基础也是分别浇筑的,因此这些位置都是防水结构的薄弱环节,如果这些部位产生渗漏,抗渗堵漏较难实施。为防止变形缝处的渗漏水现象,除在构造设计中考虑防水的能力外,通常还采用止水带防水(图 6-3)。

目前,常见的止水带材料有:橡胶止水带、塑料止水带、氯丁橡胶止水带、金属止水带和膨润土止水带等。其中,橡胶止水带、塑料止水带均为柔性材料,抗渗能力和适应变形能力强,是常用的止水带材料;氯丁橡胶止水带是一种新型止水材料,具有施工简便、防水效果好、造价低且易修补的特点;金属止水带一般仅用于高温环境下,且无法采用橡胶止水带或塑料止水带时;膨润土止水带具有优异的防水防渗性能,不会发生老化,耐久性好,环保,施工简便,且不受施工环境温度的限制,但不适合用于强碱、强酸溶液的防渗。

止水带构造形式有:外贴式、可卸式、中埋式等。目前采用较多的是中埋式。根据防水设计的要求,有时在同一变形缝处,可采用数层、数种止水带。

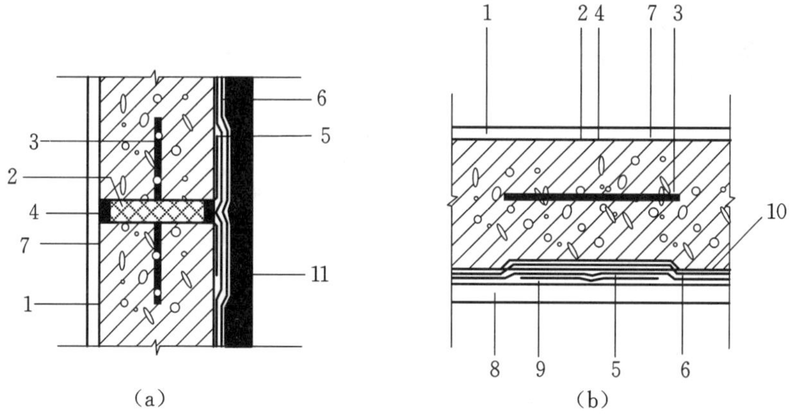

图 6-3 止水带防水

(a)墙体变形缝;(b)底板变形缝

1—需防水结构;2—浸过沥青的木丝板;3—止水带;4—填缝油膏;5—卷材附加层;
6—卷材防水层;7—水泥砂浆面层;8—混凝土垫层;9—水泥砂浆找平层;10—水泥砂浆保护层;11—保护墙

6.2 屋面防水工程

屋面防水工程是房屋建筑的一项重要工程。屋面根据排水坡度分为平屋面和坡屋面两类;根据屋面防水材料的不同又可分为卷材防水层屋面(柔性防水层屋面)、瓦屋面、构件自防水屋面、现浇钢筋混凝土防水屋面(刚性防水屋面)等。本节主要介绍卷材防水屋面和涂膜防水屋面的构造和施工。屋面防水等级和设防要求应符合表 6-2 的规定。

表 6-2 屋面防水等级和设防要求

防水等级	建筑类别	设防要求
Ⅰ级	重要建筑和高层建筑	两道防水设防
Ⅱ级	一般建筑	一道防水设防

6.2.1 卷材防水材料及构造

卷材防水屋面(图 6-4)所用的卷材有沥青防水卷材、高聚物改性沥青防水卷材及合成高分子卷材等,目前沥青卷材已被逐步淘汰。卷材经粘贴后形成一整片防水的屋面覆盖层,起到防水作用。

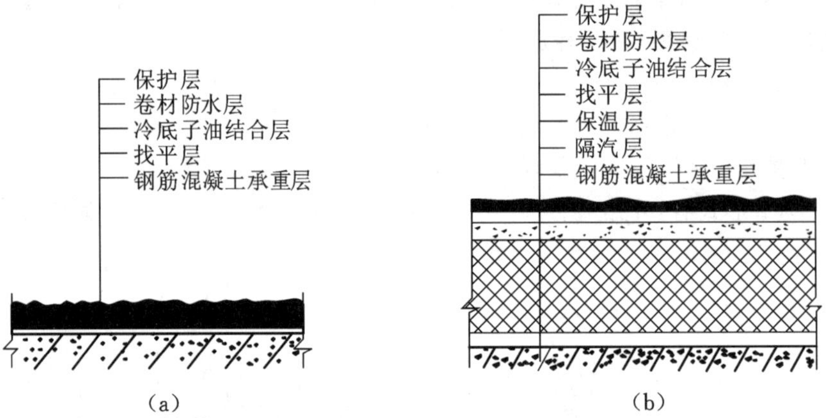

图 6-4 卷材防水屋面

(a)无保温卷材防水屋面;(b)有保温卷材防水屋面

卷材有一定的韧性,可以适应一定程度的胀缩和变形。粘贴层的材料取决于卷材种类,沥青卷材用沥青胶做粘贴层,高聚物改性沥青防水卷材则用改性沥青胶做粘贴层;合成橡胶树脂类卷材、合成高分子系列的卷材需用特制的粘结剂冷粘贴于预涂底胶的屋面基层上,形成一层整体、不透水的屋面防水覆盖层。

对于卷材屋面的防水功能要求主要有:

① 耐久性,又叫大气稳定性,在日光、温度、臭氧影响下,卷材有较好的抗老化性能。

② 耐热性,又叫温度稳定性,卷材应具有防止高温软化、低温硬化的稳定性。

③ 耐重复伸缩。在温差作用下,屋面基层会反复伸缩与龟裂,这就要求卷材有足够的

抗拉强度和极限延伸率。

④ 保持卷材防水层的整体性，还应注意卷材接缝的粘结，应使一层层的卷材粘结成整体防水层。

⑤ 使卷材与基层粘结牢固，防止卷材防水层起鼓或剥离。

6.2.2 卷材防水施工的基本要求

(1) 基层与找平层

基层和找平层应做好嵌缝(预制板)、找平及转角和基层处理等工作。结构层为装配式钢筋混凝土板时，应用强度等级不小于 C20 的细石混凝土将板缝灌填密实；当板缝宽度大于 40 mm 或上窄下宽时，应在缝中放置构造钢筋；板缝应进行密封处理。

找平层表面应压实平整，排水坡度应符合设计要求。采用水泥砂浆找平层时，水泥砂浆抹平收水后应二次压光，充分养护，不得有疏松、起砂、起皮及起壳现象；采用沥青砂浆找平层时不得有拌和不匀、蜂窝现象。否则，必须进行修补。

屋面基层与女儿墙、立墙、天窗壁、烟囱、变形缝等突出屋面结构的连接处，以及基层的转角处(各水落口、檐口、天沟、檐沟、屋脊等)，均应做成圆弧状。内部排水的水落口周围，找平层应做成略低的凹坑。铺设防水层(或隔汽层)前找平层必须干燥、洁净。基层处理剂应与卷材的材性相容。基层处理剂可采用喷涂、刷涂施工。喷、涂应均匀，待第一遍干燥后再进行第二遍喷、涂，待最后一遍干燥后，应及时铺设卷材。

(2) 铺贴方向及施工顺序

① 卷材铺贴方向

卷材铺贴方向应根据屋面坡度和周围是否有振动来确定。当屋面坡度小于 3%时，卷材宜平行于屋脊铺贴；屋面坡度为 3%～15%时，卷材可平行或垂直于屋脊铺贴；屋面坡度大于 15%或受振动时，沥青防水卷材应垂直于屋脊铺贴，高聚物改性沥青防水卷材和合成高分子防水卷材可平行或垂直于屋脊铺贴，但上下层卷材不得相互垂直铺贴。

② 卷材铺贴注意事项

卷材防水层上有重物覆盖或基层变形较大时，应优先采用空铺法、点粘法、条粘法或机械固定法，但距屋面周边 800 mm 内以及叠层铺粘的各层卷材之间应满粘。防水层采用满粘法施工时，找平层的分隔缝处宜空铺，空铺的宽度宜为 100 mm。卷材屋面的坡度不宜超过 25%，当坡度超过 25%时应采取防止卷材下滑的措施。

卷材铺贴应采取“先高后低、先远后近”的施工顺序，即高低跨屋面，先铺高跨，后铺低跨；等高的大面积屋面，先铺离上料地点较远的部位，后铺较近部位。这样可以避免已铺屋面因材料运输而遭人员踩踏和破坏。

卷材大面积铺贴前，应先做好节点密封、附加层和屋面排水较集中部位(屋面与水落口连接处、檐口、天沟等)与分格缝的空铺条处理等，然后由屋面最低标高处向上施工。施工段的划分宜设在屋脊、檐口、天沟、变形缝等处。

(3) 搭接方法、宽度和要求

卷材铺贴应采用搭接法，平行于屋脊的搭接缝应顺流水方向搭接；垂直于屋脊的搭接缝应顺年最大频率风向搭接。叠层铺设的各层卷材，在天沟与屋面的连接处应采用叉接法搭接，搭接缝应错开；接缝宜留在屋面或天沟侧面，不宜留在沟底。

同时，相邻两幅卷材的接头还应相互错开 300 mm 以上，以免接头处多层卷材重叠而粘结不实。叠层铺贴，上下层两幅卷材的搭接缝也应错开 1/3～1/2 幅宽，且两层卷材不得相互垂直铺贴。当用聚酯胎改性沥青防水卷材点粘或空铺时，两头部分必须全粘 500 mm 以上。

各种卷材的搭接宽度应符合表 6-3 的要求。

表 6-3　卷材搭接宽度　　（单位：mm）

<table>
<tr><th colspan="2" rowspan="2">铺贴方法 / 卷材种类</th><th colspan="2">短边搭接</th><th colspan="2">长边搭接</th></tr>
<tr><th>满粘法</th><th>空铺、点粘、条粘法</th><th>满粘法</th><th>空铺、点粘、条粘法</th></tr>
<tr><td colspan="2">沥青防水卷材</td><td>100</td><td>150</td><td>70</td><td>100</td></tr>
<tr><td colspan="2">高聚物改性沥青防水卷材</td><td>80</td><td>100</td><td>80</td><td>100</td></tr>
<tr><td rowspan="4">合成高分子防水卷材</td><td>胶粘剂</td><td>80</td><td>100</td><td>80</td><td>100</td></tr>
<tr><td>胶粘带</td><td>50</td><td>60</td><td>50</td><td>60</td></tr>
<tr><td>单缝焊</td><td colspan="4">60，有效焊接宽度不小于 25</td></tr>
<tr><td>双缝焊</td><td colspan="4">80，有效焊接宽度＋空腔宽</td></tr>
</table>

6.2.3　高分子卷材防水屋面的施工

高分子卷材防水屋面施工的主体材料，常用的有三元乙丙橡胶卷材、氯化聚乙烯-橡胶共混防水卷材、氯磺化聚乙烯防水卷材、氯化聚乙烯防水卷材以及聚氯乙烯防水卷材等。高分子卷材还配有基层处理剂、基层胶粘剂、接缝胶粘剂、表面着色剂等。其施工分为基层处理和防水卷材的铺贴。

（1）基层处理

基层表面为水泥浆找平层，找平层要求表面平整。当基层面有凹坑或不平时，可用 107 胶水水泥砂浆嵌平或抹成缓坡。基层在铺贴前应做到洁净、干燥。

（2）防水卷材的铺贴

和沥青油毡屋面施工不同的是，高分子防水卷材的铺贴为冷粘贴施工。其施工工序如下：

① 底胶

将高分子防水材料胶粘剂配制成的基层处理剂，均匀地涂刷在基层的表面，在干燥 4～12 h 后再进行后道工序。

② 卷材上胶

先把卷材在干净平整的面层上展开，用长滚刷蘸满搅拌均匀的胶粘剂，涂刷在卷材的表面，涂胶的厚度要均匀且无漏涂，但须在沿搭接部位留出 100 mm 宽的无胶带。静置 10～20 min，当胶膜干燥且手指触摸基本不粘手时，用纸筒芯重新卷好带胶的卷材。

③ 滚铺

卷材的铺贴应从流水口下坡开始，先弹出基准线，然后将已涂刷胶粘剂的卷材一端先粘贴固定在预定部位，再逐渐沿基线滚动展开卷材，将卷材粘贴在基层上。

卷材滚铺施工中应注意：铺设同一跨屋面的防水层时，应先铺排水口、天沟、檐口等排水比较集中的部位，按标高由低向高的顺序铺；在铺多跨或高低跨屋面防水卷材时，应按先高后低、先远后近的顺序进行；应将卷材顺长方向铺，并使卷材的长面与流水坡度垂直，卷材的搭接要顺流水方向，不应逆向。

④ 上胶

在铺贴完成的卷材表面再均匀地涂刷一层胶粘剂。

⑤ 复层卷材

根据设计要求可再重复上述施工方法，再铺贴一层或数层高分子防水卷材，达到屋面防水的效果。

⑥ 着色剂

在高分子防水卷材铺贴完成、质量验收合格后，可在卷材表面涂刷着色剂，起到保护卷材和美化环境的作用。

(3) 檐口、檐沟、天沟、水落口等细部的施工

① 卷材防水屋面檐口 800 mm 范围内的卷材应满粘，卷材收头应采用金属压条钉压，并应用密封材料封严。檐口下端应做鹰嘴和滴水槽。

② 檐沟和天沟的防水层下应增设附加层，附加层伸入屋面的宽度不应小于 250 mm；檐沟防水层和附加层应由沟底上翻至外侧顶部，卷材收头应用金属压条钉压，并应用密封材料封严，涂膜收头应用防水涂料多遍涂刷。女儿墙泛水处的防水层下应增设附加层，附加层在平面和立面的宽度均不应小于 250 mm。

③ 水落口杯应牢固地固定在承重结构上，水落口周围直径 500 mm 范围内坡度不应小于 5%，防水层下应增设涂膜附加层；防水层和附加层伸入水落口杯内不应小于 50 mm，并应粘结牢固。

6.2.4 涂膜防水屋面

涂膜防水屋面(图 6-5)是在屋面基层上涂刷防水涂料，经固化后形成一层有一定厚度和弹性的整体涂膜，从而达到防水目的的一种防水屋面形式。涂料按其稠度有厚质涂料和薄质涂科之分，施工时有加胎体增强材料和不加胎体增强材料之分。若有加胎体增强材料，涂膜防水层的胎体增强材料宜采用聚酯无纺布或化纤无纺布；胎体增强材料长边搭接宽度不应小于 50 mm，短边搭接宽度不应小于 70 mm；上下层胎体增强材料的长边搭接缝应错开，且不得小于幅宽的 1/3；上下层胎体增强材料不得相互垂直铺设。具体做法视屋面构造和涂料本身性能要求而定。

特别需要指出的是，涂膜防水层，是紧密地依附于基层(找平层)形成具有一定厚度和弹性的整体防水膜而起到防水作用的。与卷材防水屋面相比，找平层的平整度对涂膜防水层质量影响更大，平整度要求更严格，如果涂膜防水层的厚度得不到保证，必将造成涂膜防水层的防水可靠性、耐久性降低。涂膜防水层是满粘于找平层的，按剥离区理论，找平层开裂

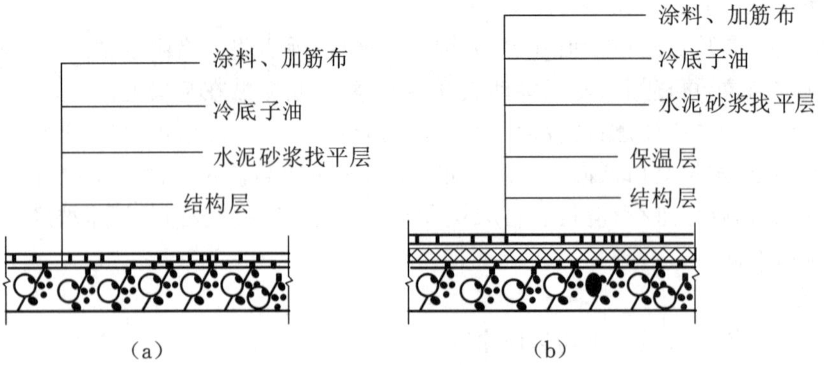

图 6-5　涂膜防水屋面

(a)无保温涂膜防水屋面;(b)有保温涂膜防水屋面

(强度不足)易引起防水层的开裂,因此涂膜防水层的找平层应有足够的强度,尽可能避免裂缝的发生,出现裂缝应做修补。通常涂膜防水层的找平层宜采用掺膨胀剂的细石混凝土,强度等级不低于 C15,厚度不小于 30 mm,常为 40 mm。

6.2.4.1　沥青基涂料施工

以沥青为基料配制成的水乳型或溶剂型防水涂料称为沥青基防水涂料。常见的有石灰乳化沥青涂料、膨润土乳化沥青涂料和石棉乳化沥青涂料。其施工过程如下:

(1) 涂布前的准备工作

① 涂料使用前应搅拌均匀,因为沥青基涂料大都属厚质涂料,含有较多填充料。如搅拌不匀,不仅涂刮困难,而且未拌匀的杂质颗粒残留在涂层中会成为隐患。

② 涂层厚度控制试验采用预先在刮板上固定铁丝或木条的办法,也可在屋面上作好标志来控制厚度。

③ 涂布间隔时间控制以涂层涂布后干燥并能上人操作为准,脚踩不粘脚、不下陷时即可进行后一涂层的施工。一般干燥时间不少于 12 h。

(2) 涂刷基层处理剂

基层处理剂一般采用冷底子油,涂刷时应做到均匀一致,覆盖完全。夏季可采用石灰乳化沥青稀释后作为冷底子油涂刷一道;春秋季宜采用汽油沥青冷底子油涂刷一道。膨润土、石棉乳化沥青防水涂料涂布前可不涂刷基层处理剂。

(3) 涂布

① 涂布时,一般先将涂料直接分散倒在屋面基层上,用胶皮刮板来回刮涂,使它厚薄均匀一致,不露底、不存在气泡,表面平整,然后待其干燥。

② 自流平性能差的涂料刮平,待表面收水尚未结膜时,用铁抹子进行压实抹光。抹压时间应适当,过早抹压,起不到作用;过晚抹压,会使涂料粘住抹子,出现月牙形抹痕。因此,为了便于抹压,加快施工进度,可以分条间隔施工,待阴影处涂层干燥后,再抹空白处。分条宽度一般为 0.8～1.0 m,并与胎体增强材料宽度相一致,以便抹压操作。

③ 涂膜应分层分遍涂布。待前一遍涂层干燥成膜后,检查表面是否有气泡、皱褶不平、凹坑、刮痕等弊病,合格后才能进行后一遍涂层的涂布,否则应进行修补。第二遍的涂刮方

向应与前一遍垂直。

④ 立面部位涂层应在平面涂刮前进行，涂布次数视涂料自流平性能好坏而定。自流平性好的涂料应涂抹多次涂料，每层应薄，否则会产生流坠现象，使上部涂层变薄，下部涂层变厚，影响防水性能。

(4) 胎体增强材料的铺设

胎体增强材料的铺设可采用湿铺法或干铺法进行，但宜用湿铺法。铺贴胎体增强材料时，铺贴应平整。湿铺法时在头遍涂层表面刮平后，不立即起皱，但也不能拉伸过紧。铺贴后用刮板或抹子轻轻压紧。

6.2.4.2 高聚物改性沥青涂料及合成高分子涂料的施工

以沥青为基料，用合成高分子聚合物进行改性，配制成的水乳型或溶剂型防水涂料称为高聚物改性沥青防水涂料。与沥青基涂料相比，高聚物改性沥青防水涂料在柔韧性、抗裂性、强度、耐高(低)温性能、使用寿命等方面都有了较大的改进，常用的品种有氯丁橡胶改性沥青涂料、SBS改性沥青涂料、APP改性沥青涂料等。

以合成橡胶或合成树脂为主要成膜物质，配制成的水乳型或溶剂型防水涂料称为合成高分子防水涂料。由于合成高分子材料本身的优异性能，以此为原料制成的合成高分子防水涂料具有较高的弹性、防水性、耐久性和优良的耐高(低)温性能。常用的合成高分子防水涂料有聚氨酯防水涂料、丙烯胶防水涂料、有机硅防水涂料等。

胎体增强材料(亦称加筋材料、加筋布、胎体)是指在涂膜防水层中增强用的化纤无纺布、玻璃纤维网格布等材料。

高聚物改性沥青防水涂料和合成高分子防水涂料在涂膜防水屋面使用时，其设计涂膜总厚度在3 mm以下时，称为薄质涂料。

(1) 涂刷前的准备工作

① 基层干燥程度要求

基层的检查、清理、修整应符合前述要求。基层的干燥程度应视涂料特性而定，对高聚物改性沥青涂料，为水乳型时，基层干燥程度可适当放宽；为溶剂型时，基层必须干燥。对合成高分子涂料，基层必须干燥。

② 配料和搅拌

采用双组分涂料时，每份涂料在配料前必须先搅匀。配料应根据材料的配合比现场配制，严禁任意改变配合比。配料时要求计量准确(过秤)，主剂和固化剂的混合偏差不得大于5%。

涂料混合时，应先将主剂放入搅拌容器或电动搅拌器内，然后放入固化剂，并立即开始搅拌，并搅拌均匀，搅拌时间一般为3～5 min。搅拌的混合料以颜色均匀一致为标准。如涂料稠度太大，涂布困难时，可掺加稀释剂，但切忌随意使用稀释剂稀释，否则会影响涂料性能。

双组分涂料每次配制数量应根据每次涂刷面积计算确定，混合后的材料存放时间不得超过规定的可使用时间。不应一次搅拌过多使涂料发生凝聚或固化而无法使用。夏天施工时尤需注意。

单组分涂料一般用铁桶或塑料桶密闭包装，打开桶盖后即可施工，但由于涂料桶装量大

(一般为 200 kg),易沉淀而产生不匀质现象,故使用前还应进行搅拌。

③ 涂层厚度控制试验

涂层厚度是影响涂膜防水质量的一个关键因素,但手工要准确控制涂层厚度是比较困难的。因为涂刷时每个涂层要涂刷几遍才能完成,而每遍涂膜不能太厚,如果涂膜过厚,会出现涂膜表面已干燥成膜,而内部涂料的水分或溶剂却不能蒸发或挥发的现象。但涂膜也不宜过薄,否则就要增加涂刷遍数,增加劳动力及拖延施工工期。因此,涂膜防水施工前,必须根据设计要求的每平方米涂料用量、涂膜厚度及涂料性能,事先试验确定每道涂料涂刷的厚度以及每个涂层需要涂刷的遍数。

④ 涂刷间隔时间试验

在进行涂刷厚度及用量试验的同时,可测定每遍涂层的间隔时间。

各种防水涂料都有不同的干燥时间(表干和实干),因此涂刷前必须根据气候条件经试验确定每遍涂刷的涂料用量和间隔时间。

薄质涂料施工时,每遍涂刷必须待前遍涂膜实干后才能进行。薄质涂料每遍涂层表干时实际上已基本达到了实干。因此,此时可用表干时间来控制涂刷间隔时间。涂膜的干燥快慢与气候有较大关系。气温高,干燥就快;空气干燥、湿度小,且有风时,干燥也快。

(2)涂刷基层处理剂

基层处理剂的种类有以下三种:

① 若使用水乳型防水涂料,可用掺 0.2%～0.5%乳化剂的水溶液或软化水将涂料稀释,其用量比例一般为:防水涂料∶乳化剂水溶液(或软水)=1∶(0.5～1.0)。如无软水可用冷开水代替,切忌加入一般水(天然水或自来水)。

② 若使用溶剂型防水涂料,由于其渗透能力比水乳型防水涂料强,可直接用涂料薄涂作基层处理,如溶剂型氯丁胶沥青防水涂料或溶剂型再生胶沥青防水涂料等。若涂料较稠,可用相应的溶剂稀释后使用。

③ 高聚物改性沥青防水涂料也可用沥青溶液(即冷底子油)作为基层处理剂,或在现场以煤油∶30 号石油沥青=60∶40 的比例配制而成的溶液作为基层处理剂。

基层处理剂涂刷时,应用刷子用力薄涂,使涂料尽量刷进基层表面的毛细孔中,并将基层可能留下来的少量灰尘等无机杂质,像填充料一样混入基层处理剂中,使之与基层牢固结合。这样即使屋面上灰尘不能完全清理干净,也不会影响涂层与基层的牢固粘结。

(3) 涂刷防水涂料

涂料涂刷可采用棕刷、长柄刷、胶皮板、圆滚刷等进行人工涂布,也可采用机械喷涂。

用刷子涂刷时一般采用蘸刷法,也可边倒涂料、边用刷子刷匀。涂布时应先涂立面,后涂平面,涂布立面最好采用蘸涂法,涂刷应均匀一致。倒料时要注意控制涂料的均匀倒洒,不可在一处倒得过多,否则涂料难以刷开,造成厚薄不匀现象。涂刷时不能将气泡裹进涂层中,如遇起泡应立即消除。涂刷遍数必须按事先试验确定的遍数进行。同时,前一遍涂层干燥后应将涂层上的灰尘、杂质清理干净后再进行后一遍涂层的涂刷。

涂料涂布应分条或按顺序进行,分条进行时,每条宽度应与胎体增强材料宽度一致,以避免操作人员踩踏刚涂好的涂层。每次涂布前,应严格检查前遍涂层是否有缺陷,如起泡、露底、漏刷以及胎体增强材料皱褶、翘边和杂物混入等,如发现上述问题,应先进行修补再涂后遍涂层。

应当注意，涂料涂布时，涂刷致密是保证质量的关键。刷基层处理剂时要用力薄涂，涂刷后续涂料时则应按规定的涂层厚度(控制材料用量)均匀、仔细地涂刷。各道涂层之间的涂刷方向相互垂直，以提高防水层的整体性和均匀性。涂层间的接槎，在每遍涂刷时应退槎50～100 mm，接槎时也应超过50～100 mm，避免在搭接处发生渗漏。

(4) 铺设胎体增强材料

在涂刷第二遍涂料时，或第三遍涂刷前，即可加铺胎体增强材料。

由于涂料与基层粘结力较强，涂层又较薄，胎体增强材料不容易滑移，因此，胎体增强材料应尽量顺屋脊方向铺贴，以方便施工、提高劳动效率。

胎体增强材料可采用湿铺法或干铺法铺贴。

湿铺法即边倒料、边涂刷、边铺贴。施工时，先在已干燥的涂层上，用刷子将涂料仔细刷匀，然后将成卷的胎体增强材料平放在屋面上，逐渐推滚铺贴于刚刷上涂料的屋面上，用滚刷液压一遍，务必使全部布眼浸满涂料，使上下两层涂料能良好结合，确保其防水效果。

由于胎体增强材料质地柔软、容易变形，铺贴时不易展开，经常出现皱褶、翘边或空鼓等情况，影响防水涂层的质量。为避免这种现象，有的施工单位在无大风情况下，常采用干铺法施工。

干铺法就是在上道涂层干燥后，一边干铺胎体增强材料，一边在已展平的表面上用橡皮刮板均匀满刮一道涂料。也可将胎体增强材料按要求在已干燥的涂层上展平后，先在边缘部位用涂料点粘固定，然后再在上面满刮一道涂料，使涂料浸入网眼并渗透到已固化的涂膜上。当渗透性较差的涂料与比较密实的胎体增强材料配套使用时不宜采用干铺法。

胎体增强材料铺设后，应严格检查表面是否有缺陷或搭接不足等现象。如发现上述情况，应及时修补完整，使其形成一个完整的防水层。然后才能在其上继续涂刷涂料。面层涂料应至少涂刷两遍以上，以增加涂膜的耐久性。如将面层作为粒料保护层，可在涂刷最后一遍涂料时，随时撒铺覆盖粒料。

(5) 收头处理

为防止收头部位出现翘边现象，所有收头均应用密封材料压边，压边宽度不得小于10 mm。收头处的胎体增强材料应裁剪整齐，如有凹槽时应压入凹槽内，不得出现翘边、皱褶、露白等现象，否则应先进行处理再涂刷密封材料。

6.2.4.3 聚合物水泥防水涂料

聚合物水泥防水涂料，又称JS复合防水涂料，是以聚丙烯酸酯乳液、乙烯-醋酸乙烯酯共聚乳液等聚合物乳液与各种添加剂组成的有机液料，和水泥、石英砂、轻(重)质碳酸钙等无机填料及各种添加剂所组成的无机粉料通过合理配比、复合制成的一种双组分、水性建筑防水涂料。其具有较高的抗拉强度，耐水性、耐候性好，可在潮湿基层上施工并粘结牢固。操作方便，基层含水率不受限制，可缩短工期。

(1) 涂布前的准备工作

处理基层表面使其平整、坚实、无尖锐角、浮尘和明水，并按设计要求做好防水节点，油污清除干净，低凹破损处修平。

配合时先将液料和水倒入搅拌桶中，在手提搅拌器不断搅拌下将粉料徐徐加入其中，至少搅拌 5 min，彻底搅拌均匀，不得混入已固化或结块的涂料。

(2) 涂布

要做好细部附加防水层，按设计要求在留设凹槽内填密封材料，在阴阳角、管根等细部应多遍(2～4 遍)涂刷 JSA-101，宜加铺一层胎体增强材料。

大面防水层施工，防水涂膜应多遍涂布，宜至少分四遍完成，每遍涂布时间一般间隔 8 h，冬季宜延长。每遍涂膜厚度以 0.4～0.5 mm 为宜，涂料用量约 0.8 kg/m^2，立面施工以不加水或少加水为宜，以免涂料流淌，致使立面厚度不易达到设计厚度，同时导致阴阳角堆积料过厚，产生裂纹。加铺胎体增强材料时，应先涂料，铺好后上面再刷一遍涂料。铺设过程中，胎体应铺平，无皱褶，搭接长度不少于 100 mm。

(3) 注意事项

① 聚合物水泥防水涂料施工时气温须高于 5 ℃，阴雨天气或基层有明水，五级风及其以上时不宜施工。

② 当采用浅色涂料做保护层时，应待涂膜干燥后进行；当采用水泥砂浆、块体材料或细石混凝土做保护层时，应符合相关规定。

③ 防水涂膜应完全干燥后方可进行表层装饰施工，完全干燥时间约为 2 d，潮湿环境应适当延长。

④ 厕浴间立面阴阳角不做成圆弧形的部位，在气温较低和空气干燥的地区，宜选用 I 型(低强度高延伸)聚合物水泥防水涂料。

6.2.5 保护层和隔离层施工

(1) 施工完的防水层应进行雨后观察、淋水或蓄水试验，并应在合格后再进行保护层和隔离层的施工。

(2) 块体材料、水泥砂浆、细石混凝土保护层表面的坡度应符合设计要求，不得有积水现象。块体材料保护层铺设应符合下列规定：

① 在砂结合层上铺设块体时，砂结合层应平整，块体间应预留 10 mm 的缝隙，缝内应填砂，并应用 1∶2 水泥砂浆勾缝；

② 在水泥砂浆结合层上铺设块体时，应先在防水层上做隔离层，块体间应预留 10 mm 的缝隙，缝内应用 1∶2 水泥砂浆勾缝；

③ 块体表面应洁净、色泽一致，应无裂纹、掉角和缺楞等缺陷。

(3) 水泥砂浆及细石混凝土保护层铺设应符合下列规定：

① 水泥砂浆及细石混凝土保护层铺设前，应在防水层上做隔离层；

② 细石混凝土铺设不宜留施工缝；当施工间隙超过规定时间时，应对接槎进行处理；

③ 水泥砂浆及细石混凝土表面应抹平压光，不得有裂纹、脱皮、麻面、起砂等缺陷。

习　　题

6-1　常见的防水方式有哪些？

6-2　地下室防水卷材的铺贴方法有哪些？

6-3 屋面防水有哪些种类？

6-4 柔性防水屋面的构造及各构造层的作用是什么？

6-5 简述柔性防水屋面各构造层的施工方法及技术要求。

6-6 常用的防水涂料有哪些？

6-7 试简述涂膜防水层的施工要点。

7 装饰装修工程

【本章要点】

本章主要内容包括抹灰工程、饰面板(砖)工程、幕墙工程、吊顶工程的施工等。本章的教学重点为抹灰工程、饰面板(砖)工程、幕墙工程的施工;教学难点为吊顶工程的施工。

【学习目标】

掌握:一般抹灰的施工工艺,板块面层施工,吊顶工程,幕墙工程。

熟悉:抹灰工程的材料要求,一般抹灰的分类、组成和要求。

了解:一般抹灰、装饰抹灰的质量要求。

装饰工程的主要作用有:保护建筑物,完善建筑物的使用功能,提高建筑物的耐久性;隔声、隔热、防潮;增加建筑物的美观性。

装饰工程主要包括抹灰工程、饰面板(砖)工程、涂饰工程、吊顶工程等。

7.1 抹灰工程

抹灰是将各种砂浆、装饰性灰浆等涂抹在墙面、地面、顶棚等建筑结构表面的一种装饰工程。其作用是保护主体结构,并可作为基本饰面或是作为各类装饰装修的施工基层。

按使用要求及装饰效果的不同,抹灰工程分为一般抹灰、装饰抹灰。一般抹灰所使用的材料有水泥砂浆、水泥混合砂浆、聚合物水泥砂浆、膨胀珍珠岩水泥砂浆、石灰砂浆、麻刀灰、纸筋灰等;装饰抹灰的底层和中层与一般抹灰做法基本相同,其面层所使用的材料主要有水刷石、干粘石、斩假石、假面砖等。

7.1.1 一般抹灰工程

抹灰一般分为三层,即底层、中层和面层。底层主要起与基层粘结的作用,要求砂浆有较好的保水性,其稠度较中层和面层大,砂浆的组成材料要根据基层的种类不同而选用不同的配合比;中层起找平作用,砂浆的种类基本与底层相同,只是稠度稍小;面层起装饰作用,要求涂抹光滑、洁净。各层砂浆强度要求应为:底层>中层>面层,并不得将水泥砂浆抹在石灰砂浆或混合砂浆上,也不得把罩面石膏灰抹在水泥砂浆基层上。

墙面抹灰层的平均总厚度,有关施工规范中规定不得大于以下值:

① 外墙:普通抹灰 20 mm,勒脚及突出墙面部分 25 mm。

② 内墙:普通抹灰 18 mm,中级抹灰 20 mm,高级抹灰 25 mm。

③ 石墙:墙面抹灰 35 mm。

7.1.1.1　质量要求

一般抹灰按质量要求分为普通抹灰、中级抹灰和高级抹灰三个等级。

普通抹灰一般由底层和面层组成，适用于一般的工业与民用建筑（如办公楼、住宅、教学楼等），以及高级装修建筑中的附属工程。

中级抹灰或高级抹灰还要在面层与底层之间加一层或多层中间层，适用于大型公共建筑、纪念性建筑物和有特殊要求的高级建筑物等。

7.1.1.2　施工准备

(1) 技术准备

① 审查图纸，制定施工方案，确定施工顺序和施工方法。

② 根据设计图纸和施工方案的要求编制材料、机械需用量计划。

③ 对进场材料进行检验和试验。

④ 安排样板间的施工，并组织相关人员鉴定确认。

⑤ 对操作人员进行技术、安全交底。

(2) 材料准备

① 水泥：宜为硅酸盐水泥、普通硅酸盐水泥，其强度等级不应小于32.5；应有出厂证明或复验合格试验单，当对水泥质量有怀疑或水泥出厂时间超过三个月时，应按试验结果使用。

② 砂：抹灰用砂宜选用中砂，平均粒径为0.3～0.6 mm，使用前应过5 mm孔径的筛子。不得含有杂质，且含泥量不超过5%。

③ 石灰膏：应用块状生石灰淋制，必须用孔径不大于3 mm×3 mm的筛过滤，并贮存在沉淀池中。熟化时间，常温下一般不少于15 d；用于罩面灰时，不应少于30 d。使用时，石灰膏内不得含有未熟化的颗粒和其他杂质。

④ 磨细生石灰粉：细度以通过0.125 mm的方孔筛的筛余量判断，合格品筛余量不大于总量的15%，一等品不大于10%，使用前应用水浸泡使其充分熟化，其熟化时间不小于3 d。

7.1.1.3　作业条件

① 主体结构必须经过相关单位（建筑单位、施工单位、质量监理单位、设计单位）检验合格。

② 抹灰前应检查门窗框安装位置是否正确，需埋设的管线等是否固定牢固。

③ 脚手眼和废弃的孔洞应堵严，外露钢筋头、铅丝头及木头等要剔除，窗台砖补齐，墙与楼板、梁底等交接处应用斜砖砌严补齐。

④ 埋件、螺栓等的位置和标高应准确牢固，且进行过防腐、防锈处理。

7.1.1.4　工艺流程

墙面抹灰和顶板抹灰的工艺流程如下：

① 墙面抹灰：基层处理→弹线、找规矩、套方→贴饼、冲筋→做护角→抹底灰→抹罩面灰→养护。

② 顶板抹灰：基层处理→弹线、找规矩→抹底灰→抹中层灰→抹罩面灰。

二者的操作要点基本相同，具体如下：

(1) 基层处理

① 砖墙面。将墙面、砖缝残留的灰浆、污垢、灰尘等杂物清理干净，用水浇墙使其湿润。

② 一般混凝土墙面。当基层面上有严重的油污时,先用10%火碱水清洗干净,然后再用清水冲净基层面上的碱液,晾干后涂抹水胶比为1∶4的干粉混凝土界面处理剂(做结合层)一道,也可用内掺建筑界面胶的1∶1水泥细砂浆涂抹一道进行“毛化”处理。

(2) 弹线、找规矩、套方

① 内墙。四角找方、横线找平、竖线吊直,弹出顶棚、墙裙及踢脚板线。当墙面另有造型时,应按图纸要求实测弹线或画线标出。

② 外墙。外墙抹灰找规矩需在四大角先挂好垂直通线,然后在大角两侧选点弹控制线、拉水平通线。

③ 顶棚。根据标高线,在四周墙上弹出靠近顶板的水平线,作为顶板抹灰的水平控制线。

(3) 贴饼、冲筋

进行面积较大的区域抹灰时,为了控制抹灰层厚度,应先在两角距顶棚约200 mm处以及两侧水平距离1.5 m左右的必要部位做灰饼标志块,大致呈50 mm方形平面。依照贴好的灰饼,可从水平或垂直方向向各灰饼之间用与抹灰层相同的砂浆冲筋,反复搓平,上下吊垂直。冲筋的根数应根据房间的宽度或高度确定,一般筋宽为50 mm。冲筋方式一般视抹灰习惯而定,可冲横筋,也可冲立筋,如图7-1所示。

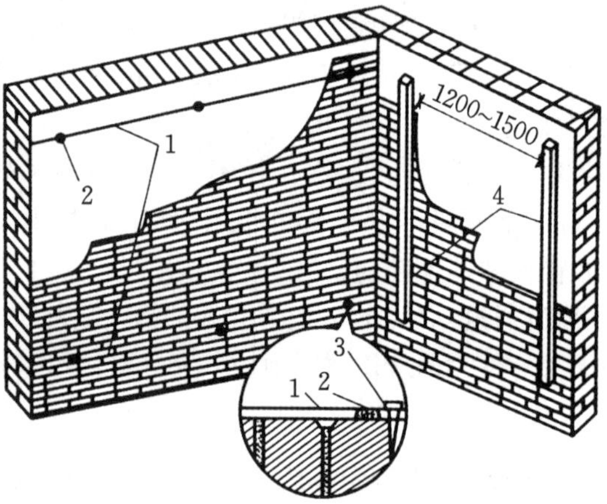

图7-1 挂线做标志块及冲筋

1—引线;2—标志块;3—钉子;4—冲筋

(4) 抹底层灰

一般情况下,冲筋完2 h左右就可以抹底层灰。一般应遵循“先室外后室内、先上面后下面”的原则。

砖墙面应提前一天浇水湿润。抹灰时按所冲的筋分层找平,再用大杠垂直、水平刮找一遍,木抹子(或塑料抹子)搓毛。

基层用界面剂处理或用“毛化”处理的混凝土墙面,待界面剂或扫甩的毛化砂浆凝结并牢固粘结在基层表面后,再分层找平底灰并与所冲的筋抹平,用大杠刮平、找正,用木抹子搓毛。

(5) 抹中层灰

待底层灰七八成干后即可抹中层灰(用手指按压有指印但不软),为保证中层灰与底灰粘结牢固，如底层吸水快，则应及时洒水。中层所用砂浆与底层相同，冲筋厚度以装满砂浆为准。先从板边开始，用抹子顺抹纹方向抹灰，刮尺紧贴冲筋将中层灰刮平，木抹子搓毛。

(6) 抹罩面灰

中层灰六七成干时即可抹罩面灰，抹灰厚度约 5 mm。先在中层灰表面上薄薄地刮一道聚合物水泥浆，紧接着抹罩面灰，用刮尺刮平，铁抹子抹平、压实、压光，并使其与底灰粘结牢固。

具体抹灰层的组成如图 7-2 所示。

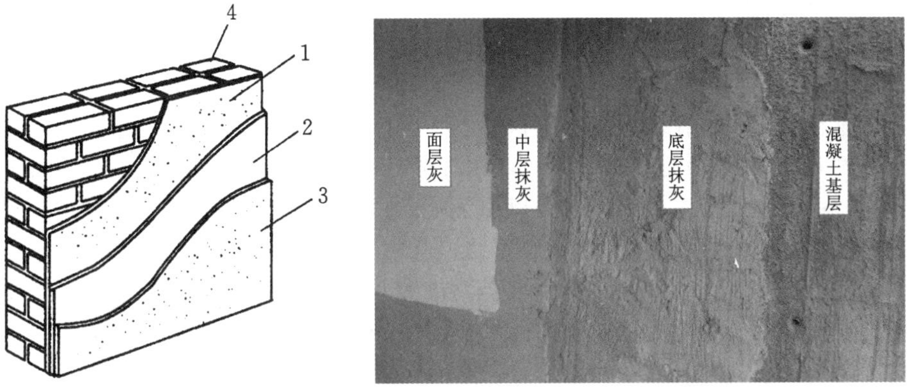

(a)　　　　(b)

图 7-2　抹灰层的组成

1—底层；2—中层；3—面层；4—基层

7.1.2　装饰抹灰工程

7.1.2.1　一般要求

(1) 材料

装饰抹灰所采用的材料必须符合设计要求并经验收和试验确定合格方可使用。同一墙面或设计要求为同一装饰组成范围的砂浆(色浆)，应使用同一产地、品种、批号的产品，并采用同一配合比、同搅拌设备及专人操作，保证色泽一致。

(2) 分格缝

装饰抹灰面层有分格要求时，分格条应宽窄、厚薄一致，粘贴在中层砂浆上时应做到横平竖直、交接严密，完工后应适时全部取出。

(3) 施工缝

装饰抹灰面层的施工缝，应留在分格缝、墙面阴角或是独立装饰组成部分的边缘处。

7.1.2.2　装饰抹灰施工

装饰抹灰的种类有水刷石、干粘石、斩假石、假面砖、喷涂饰面、弹涂饰面等，前三种装饰抹灰现已很少采用，本节仅介绍后三种装饰抹灰的施工。装饰抹灰时底层和中层的做法与一般抹灰基本相同，均为 1∶3 水泥浆打底，仅面层的材料和做法不同。

(1) 假面砖饰面施工

假面砖抹灰的面层采用水泥、石灰膏配合一定量的矿物颜料制成的彩色砂浆涂抹而成。

假面砖的施工过程是：面层砂浆涂抹前要浇水湿润中层，并弹出水平线；然后在中层上抹厚度为 3 mm 的 1∶1 水泥砂浆垫层，随即抹 3～4 mm 厚的面层砂浆；面层稍收水后，用铁梳子沿靠尺板由上向下竖向划纹，深度不超过 1 mm；再根据面砖的宽度，用铁钩子沿靠尺板横向划沟，深度以露出垫层砂浆为准；最后清扫墙面。

假面砖的质量要求是：表面应平整、沟纹清晰、留缝整齐、色泽一致，应无掉角、脱皮、起砂等缺陷。

(2) 喷涂饰面施工

喷涂饰面是用喷枪将聚合物水泥砂浆均匀喷涂在底层上形成面层装饰效果。通过调整砂浆的稠度和喷射压力的大小，可喷成砂浆饱满、波纹起伏的“波面”，或表面不出浆而布满细碎颗粒的“粒状”，也可在表面涂层上再喷以不同色调的砂浆点，形成“花点套色”。

喷涂饰面的施工过程是：首先用 1∶3 水泥砂浆打底 10～13 mm 厚；在喷涂前，先喷或刷一道胶水溶液(107 胶∶水＝1∶3)，以保证喷涂层粘结牢固；然后喷涂 3～4 mm 厚饰面层，波面喷涂必须连续操作，粒状喷涂应连续三遍成活；待饰面层收水后，按分格位置用铁皮刮子沿靠尺板刮出分格缝，缝内可涂刷聚合物水泥浆；面层干燥后，再喷罩一层有机硅憎水剂，以提高涂层的耐久性和减少对饰面的污染。喷涂饰面的质量要求是：表面应平整，颜色一致、花纹均匀，无接槎痕迹。

(3) 弹涂饰面施工

弹涂饰面是用电动弹涂机分几遍将聚合物水泥色浆弹到墙面上，形成直径为 1～3 mm 的扁圆状色点。由于色浆一般由 2～3 种颜色组成，不同色点在墙面上相互交错、相互衬托，犹如水刷石、干粘石的效果；也可做成单色光面、细麻面、小拉毛拍平等多种形式。

弹涂饰面施工可在墙面上抹底灰，再做弹涂饰面；也可直接弹涂在基层较平整的混凝土板、加气混凝土板、石膏板、水泥石棉板等板材上。其施工工艺为：基层找平修整或抹水泥砂浆底灰→喷刷底色浆一道(掺 107 胶)→弹涂第一道色点→弹涂第二道色点→局部补弹找均匀→喷涂树脂罩面防护层。

7.2 饰面板(砖)工程

饰面板(砖)工程是指把块料面层镶贴(或安装)于基层表面以形成装饰层。块料面层的种类很多，基本可分为饰面砖(釉面砖、外墙面砖、陶瓷锦砖等)，天然石饰面板(大理石、花岗石、青石板等)和金属饰面板三大类。饰面板(砖)工程施工应符合《建筑装饰装修工程质量验收标准》(GB 50210—2018)的要求。

饰面工程底层(或底层与中层)的施工与一般抹灰工程基本相同，下面介绍几种主要饰面板(砖)工程。

7.2.1 饰面砖工程

7.2.1.1 施工准备

(1) 材料要求

① 水泥：可采用强度等级为 32.5 的普通硅酸盐水泥或矿渣水泥，应有出厂合格证及复

验合格试验单，若出厂超过三个月，按试验结果使用；白水泥采用32.5以上等级，并符合设计和规范的要求。

② 砂子：应使用粗砂或中砂，用前应过筛。

③ 面砖：表面应光洁、方正、平整，质地坚固，其品种、规格、尺寸、色泽、图案必须符合设计和规范的要求，不得有缺棱、掉角和裂纹等表面缺陷或破损现象。

④ 石灰膏和生石灰粉：石灰膏应用块状生石灰淋制，用孔径不大于3 mm的筛子过滤后在沉淀池中贮存不少于15 d，磨细生石灰粉细度应通过4900孔/cm^2的筛子，用前用水浸泡不少于3 d。

⑤ 107胶和矿物颜料：施工时应按设计要求配比，且质量符合规范要求。

（2）常用机具

常用机具主要有：砂浆搅拌机、瓷砖切割机、角磨机、磅秤、手推车、铝合金靠尺、水平尺、墨斗、卷尺、线锤、托线板、钉子等。

7.2.1.2 作业条件

① 主体结构已进行中间验收并确认合格，全部饰面材料按计划数量分类存放备用。

② 找平层已做完，大面积的底层粗糙面完成，基层经自检、互检、交验合格，墙面平整度和垂直度合格。

③ 凸出墙面的钢筋头、钢筋混凝土垫块、梁头已剔平，脚手眼已封堵完毕。

④ 水暖管道经检查无漏水，试压合格，电管埋设完毕，壁上灯具支架做完。门窗框扇已安装完成，且门窗框与洞口缝隙已堵塞严实，并设置了成品保护措施。

7.2.1.3 工艺流程

饰面砖工程的工艺流程为：基层处理→抹找平层→选面砖→预排砖→分格弹线→浸砖→做标志块→镶贴→面砖勾缝与擦缝→养护及清理。

（1）基层处理

① 基体为混凝土墙面时，先将凸出墙面的混凝土剔平并将表面灰尘、污垢清理干净，然后浇水湿润；对于很光滑的混凝土表面可用1∶1水泥细砂砂浆内掺107胶均匀地甩到墙上，待其终凝后洒水养护，使水泥砂浆有较高的强度，与混凝土墙面粘结牢固。

② 基体为砌体墙面时，应先将残存在基层的砂浆粉渣、灰尘、油污等清理干净，并提前浇水湿透，再用12 mm厚的1∶3水泥砂浆打底，打底要分层涂抹，每层厚度宜为5～7 mm，随即抹平搓毛。

（2）抹找平层

用1∶3水泥砂浆在基层上涂抹，总厚度应控制在15 mm左右，找平层应分层施工，同时注意控制砂浆的稠度且基层不得干燥。找平层表面要求平整、垂直、方正。

（3）选面砖和预排砖

选面砖是保证饰面砖镶贴质量的关键工序。必须在镶贴前按面砖颜色的深浅、尺寸的大小不同进行分选。

为确保装饰效果和节省面砖用量，在同一墙面只能有一行与一列非整块饰面砖，并且应将非整块饰面砖排在紧靠地面或不显眼的阴角处。

(4) 分格弹线

分格弹线是指在找平层有六七成干时用墨线弹出饰面砖分格线。弹线时应根据镶贴墙面的长、宽尺寸(找平后的精确尺寸)和设计图纸要求进行分段分格排布并弹出水平线和竖向线。凡阳角部位应是整砖,同时也可以进行面层贴标准点的工作,以控制面层出墙尺寸及表面的垂直、平整。

(5) 浸砖(图 7-3)

镶贴前,应挑选颜色、规格一致的砖浸泡。浸泡砖时,应将砖面清扫干净,一般浸水时间不少于 2 h,取出后阴干到表面无水膜再进行镶贴,阴干时间通常为 6 h 左右,以手摸无水感为宜。

(6) 做标志块

用面砖按镶贴厚度,在墙面上下左右合适位置做标志,并以砖棱角作为基准线,上下靠尺吊垂直,横向用靠尺或细线拉平。

标志块的间距一般为 1500 mm。阳角处除正面做标志块外,侧面也相应有标志块,即双面挂直,如图 7-4 所示。

图 7-3 浸砖

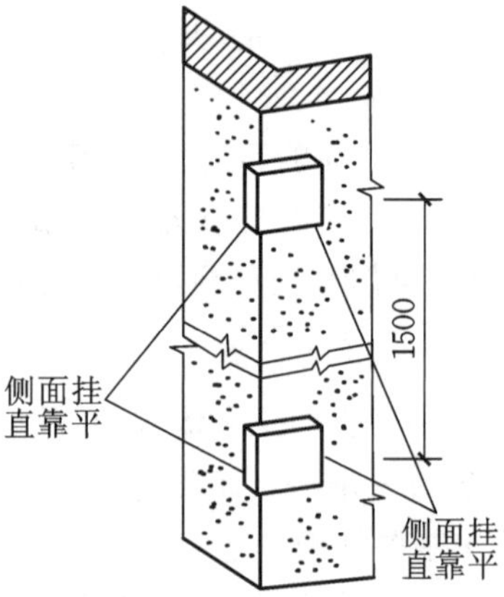

图 7-4 双面挂直示意图

(7) 镶贴

釉面砖的镶贴应自下而上进行,抹 6～10 mm 厚 1∶2 水泥砂浆或 1∶0.2∶2 水泥白灰混合砂浆结合层,刮平,边抹边自上而下粘贴面砖,要求砂浆饱满,亏灰时,取下重贴,并随时用靠尺检查平整度,同时保证缝隙宽度一致。粘贴后用小灰铲柄轻轻敲打,调整其平整度和垂直度。

外墙面砖的镶贴方法基本上与轴面砖相同。

(8) 面砖勾缝与擦缝

镶贴完成并检查无空鼓、无不平不直后,用棉丝擦干净,用 1∶1 水泥砂浆勾缝。应先勾水平缝再勾竖缝,勾缝要凹进面砖外表面 3 mm。再用勾缝胶、白水泥或快干白水泥擦缝,用布将缝的素浆擦匀,砖面擦净。

7.2.2 饰面板工程

饰面板一般适用于内墙饰面和高度不大于 24 m 的外墙饰面。常用的饰面板有石材饰面、瓷板饰面、金属饰面、木材饰面等。饰面砖一般适用于内墙饰面砖和高度不大于 100 m 的外墙工程。

7.2.2.1 饰面板安装

(1) 饰面石材安装

石材饰面包括人造石材或天然石材(大理石、花岗岩、青石板),常用于建筑物的内外墙面、柱面等高级装饰。饰面板工程的施工方法通常有湿贴法和干挂法,现分别介绍如下。

石材饰面板安装采取湿挂法,即用水泥砂浆、聚酯砂浆或树脂胶等粘结材料粘贴饰面板,如图 7-5 所示。湿挂法中石材饰面板的尺寸和厚度相对较小,为防止外墙饰面板掉落,粘贴高度有一定限制,饰面板与基体之间的粘结材料灌注时应饱满、密实。粘结材料必须做粘结强度试验。采用水泥砂浆湿挂天然石材时,由于水泥砂浆在水化作用时在石材表面产生泛碱现象,应事先在石材背面涂刷防碱剂。

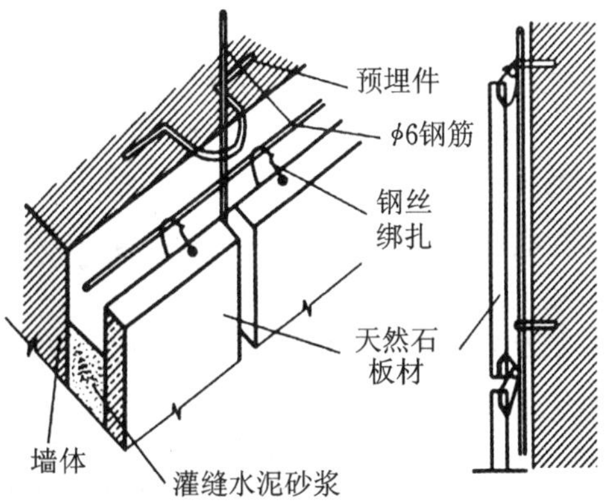

图 7-5 石材饰面板湿挂法

石材饰面板安装采取干挂法,采用钢或铝合金型材作横、竖支承骨架,目前采用型钢骨架的较多,如图 7-6 所示。横、竖骨架可以通过与结构的预埋件焊接或在结构上打入膨胀螺栓连接来固定,如图 7-7 所示。

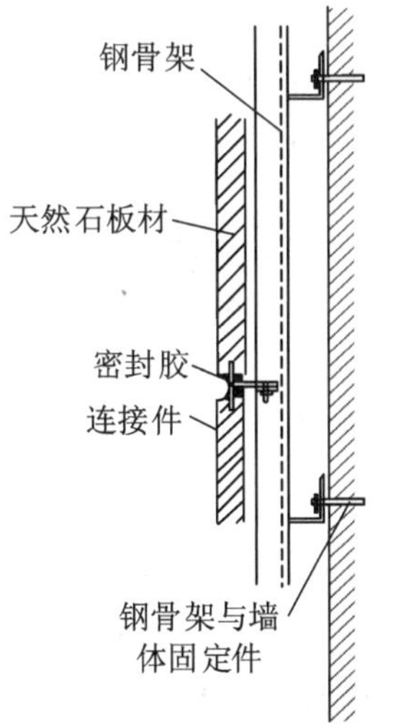

图 7-6 石材饰面板干挂法

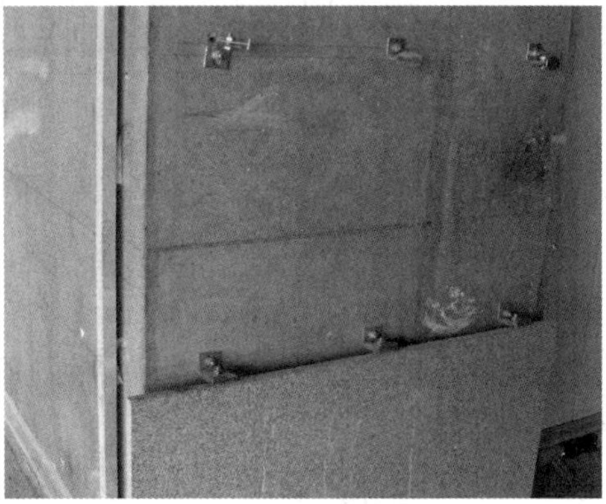

图 7-7 干挂法现场施工

(2) 金属饰面安装

在现代装饰工程中,金属饰面受到广泛的应用,如柱子外包不锈钢板或铜板,楼梯扶手采用不锈钢或铜管等。金属饰面质感好、简洁而挺拔,最为常见的是金属外墙板,它具有典雅庄重、坚固、质轻、耐久、易拆卸等优点。

铝合金板墙面施工质量要求高,技术难度也比较大。在施工前应认真查阅图纸,领会设计意图,并应进行详细的技术交底,使操作者能够主动地做好每一道工序。铝合金板固定办法较多,建筑物的立面也不尽相同。常用的铝合金板墙面安装施工程序为:放线→固定骨架的连接件→固定骨架→安装铝合金板→收口构造处理。

7.3 幕墙工程

建筑幕墙是由支撑结构体系与玻璃、金属、石材等面板组成的,可相对主体结构有一定的位移能力,但不分担主体结构荷载与作用的建筑外围护结构或装饰性结构。它装饰效果好、自重小、安装速度快,是建筑物外墙轻型化、装配化的较为理想的形式,因而在现代建筑中得到广泛应用。幕墙的组成如图 7-8 所示,由面板构成的幕墙构件连接在横梁上,横梁连接在立柱上,立柱悬挂在主体结构上。为使立柱在温度变化及主体结构变形时可自由伸缩,立柱上下由活动接头连接。

本节主要介绍玻璃幕墙的构造与施工。

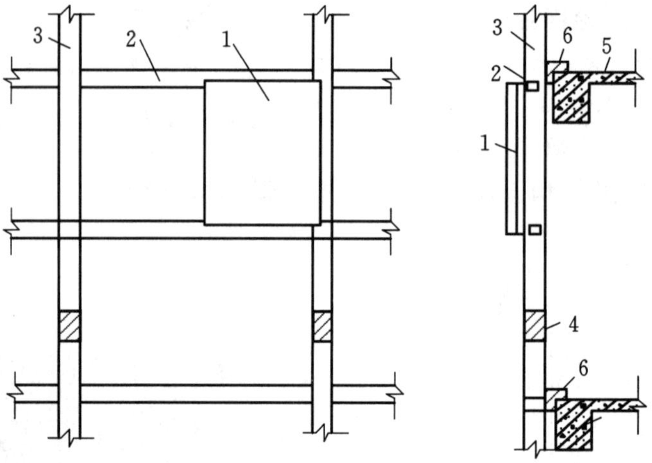

图 7-8 幕墙组成示意图

1—幕墙面板;2—横梁;3—立柱;4—立柱活动接头;5—主体结构;6—立柱悬挂点

(1) 玻璃幕墙分类

玻璃幕墙按结构及构造形式不同,分为明框玻璃幕墙、全隐框玻璃幕墙、半隐框玻璃幕墙和全玻璃幕墙等。

① 明框玻璃幕墙。此种幕墙若采用型钢作为幕墙的骨架,则玻璃板镶嵌在铝合金框内,再将铝合金框与骨架固定;若采用特殊断面的铝合金型材作为幕墙的骨架,则玻璃直接镶嵌在骨架的凹槽内。两种做法均形成铝框分隔明显的立面。明框玻璃幕墙是传统的形

式，其工作性能可靠，相对于隐框玻璃幕墙更容易满足施工技术水平的要求，应用广泛。

② 全隐框玻璃幕墙。此种幕墙是将玻璃面板用硅酮结构密封胶预先粘结在铝合金玻璃框上，铝合金玻璃框固定在骨架上，铝合金玻璃框及骨架体系全部隐蔽在玻璃后面，玻璃之间则用硅酮耐候密封胶密封，形成大面积的全玻璃镜面幕墙。此种幕墙的全部荷载均由玻璃通过结构胶传给铝合金玻璃框，因此，结构胶是保证隐框玻璃幕墙安全的关键因素。

③ 半隐框玻璃幕墙。此种幕墙是将玻璃的两对边粘贴在铝合金玻璃框上，而另外两对边镶嵌在铝框的凹槽中，铝框固定在骨架上形成的。其中，立柱外露、横梁隐蔽的称横向半隐框玻璃幕墙；横梁外露、立柱隐蔽的称竖向半隐框玻璃幕墙。

④ 全玻璃幕墙（也称无框玻璃幕墙）。此种幕墙的骨架除主框架采用金属之外，次骨架均采用玻璃肋，玻璃及次骨架用结构胶固定。玻璃本身既是饰面材料，又是承受荷载的结构构件。它常用于建筑物首层、顶层及旋转餐厅的外墙，有时采用大面积玻璃板，使幕墙更具有透明性。

（2）玻璃幕墙的主要材料

玻璃幕墙的常用材料包括骨架及配件材料、面板材料、粘结材料、密封嵌缝材料和其他材料等。幕墙作为建筑物外围护结构，经常受自然环境不利因素的影响，因此，要求幕墙材料有足够的耐候性和耐久性。

玻璃是玻璃幕墙的主要材料之一，它直接影响幕墙的各项性能，同时也是幕墙艺术风格的主要体现者。幕墙所采用的玻璃通常有钢化玻璃、夹层玻璃、双层中空玻璃、热反射玻璃、吸热玻璃、夹丝玻璃和防火玻璃等。幕墙玻璃应具有防风雨、防日晒、防撞击和保温隔热等功能。

玻璃幕墙所采用的密封胶有两种：一种是硅酮结构密封胶（也称结构胶），它用于玻璃板材与金属构架、板材与板材、板材与玻璃肋等结构之间的粘结，应具有较高的强度、延性和粘结性能；另一种是硅酮耐候密封胶（也称建筑密封胶），它用于各种幕墙面板之间的嵌缝，也用于幕墙面板与结构面、金属框架之间的密封，应具有较强的耐大气变化、耐紫外线、耐老化性能。所以两者不得相互代用。

（3）玻璃幕墙现场安装施工

玻璃幕墙现场安装施工有单元式和分件式两种方式。单元式是将立柱、横梁和玻璃板材在工厂拼装成一个安装单元（一般为一个楼层高度），然后到现场整体吊装就位；分件式是将立柱、横梁、玻璃板材等分别运到工地，在现场逐件进行安装。

分件式安装的施工顺序为：测量放线定位→检查预埋件→安装骨架→安装玻璃面板→密封处理→清洗维护。

玻璃幕墙工程的主要质量要求是：玻璃幕墙结构胶和密封胶的打注应饱满、密实、连续、均匀、无气泡，宽度和厚度应符合设计要求和技术标准的规定。幕墙表面应平整、洁净；整幅玻璃的色泽应均匀一致；不得有污染和镀膜损坏。明框玻璃幕墙的外露框或压条应横平竖直，颜色、规格应符合设计要求，压条安装应牢固。单元玻璃幕墙的单元拼缝或隐框玻璃幕墙的分格玻璃拼缝应横平竖直、均匀一致。幕墙的密封胶缝应横平竖直、深浅一致、宽窄均匀、光滑顺直。

7.4 吊顶工程

吊顶又称为悬吊式顶棚或天花板，它是指在建筑物结构层下部悬吊的由骨架及饰面板组成的装饰构造层。吊顶是围合成室内空间的除墙体、地面以外的另一主要部分。吊顶具有保温、隔热、隔声、吸声和装饰的作用，也是电气、暖卫、通风空调、通信和防火、报警管线设备等工程的隐蔽层。它的装饰效果优劣，直接影响整个建筑空间的装饰效果。图 7-9 所示为会议室吊顶。

图 7-9　会议室吊顶

吊顶(图 7-10)主要是由悬挂系统、龙骨架、饰面层三部分及其相配套的连接件和配件组成。吊顶按结构形式不同可分为活动式装配吊顶、隐蔽式装配吊顶、金属装饰板吊顶、开敞式吊顶和整体式吊顶。

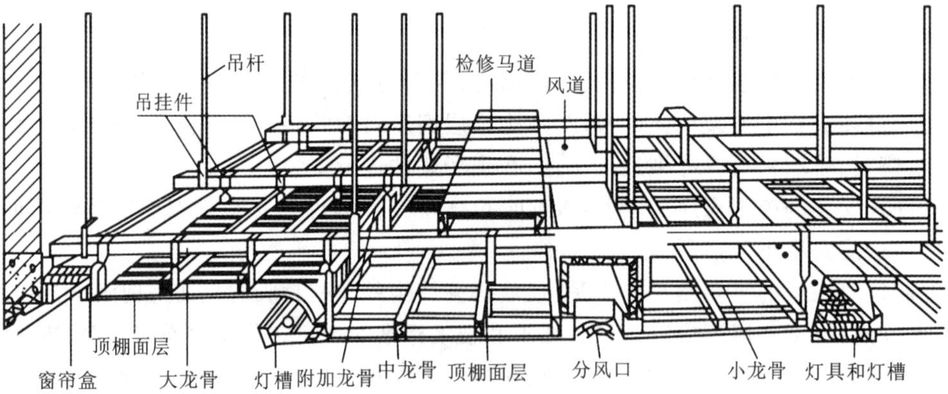

图 7-10　吊顶的组成

吊顶按材料不同可分为木龙骨吊顶、轻钢龙骨吊顶、铝合金龙骨吊顶、石膏板吊顶、金属装饰板吊顶、装饰板吊顶和采光板吊顶。

7.4.1　木龙骨吊顶

木龙骨吊顶是以木质龙骨为基本骨架，配以胶合板、纤维板或其他人造板作为罩面板材组合而成的吊顶体系，其加工方便，造型能力强，但不适用于大面积吊顶。

7.4.1.1　施工准备

(1) 材料准备

吊顶工程所用材料的品种、规格和质量应符合设计要求和国家现行标准的规定。严禁使用国家明令淘汰的材料。所有材料进场时应对其品种、规格、外观和尺寸进行验收。材料包装应完好，应有产品合格证书、中文说明书及相关性能的检测报告。

① 木料：木吊杆、木龙骨的含水率应小于12%，无扭曲、无劈裂、不易变形。应使用材质较轻的树种，以红松、白松为宜。

② 罩面板材：胶合板、纤维板、纸面石膏板等，按设计选用。

③ 固结材料：圆钉、射钉、膨胀螺栓、胶粘剂。

④ 吊挂连接材料：$\phi 6$ 或 $\phi 8$ 钢筋、角钢、钢板、8号镀锌铅丝。

⑤ 木材防腐剂、防火剂。

(2) 工具准备

常用的工具包括电锯、电锤、型材切割机、射钉枪、手电钻、手锯、手刨子、钳子、螺丝刀、扳手、方尺、钢尺、钢水平尺等。

7.4.1.2　作业条件

基体或基层的质量验收合格，管道、设备、电气等的安装及调试基本完成后，方具备作业条件。

7.4.1.3　工艺流程

木龙骨吊顶的工艺流程为：弹线→木龙骨处理→木龙骨拼装→安装吊点、吊杆→安装管线设施→固定沿墙龙骨→龙骨吊装固定→面板、压条安装。

(1) 弹线

弹线包括弹吊顶标高线、吊顶造型线、吊挂点定位线、大中型灯具吊点定位线。

① 弹吊顶标高线。用水准仪在房间内每个墙(柱)角上找出水平点(若墙体较长，中间也应适当找几个点)，弹出水准线(水准线距地面的距离一般为500 mm)。应注意一个房间的基准高度线只能有一个。

② 确定吊顶造型线。对于规则的建筑空间，应根据设计要求，先在一个墙面量出吊顶造型位置线，并按该距离画出平行于墙面的直线，再从另外三个墙面用同样的方法画出直线，便可得到造型位置边框线，再根据外框线逐步画出造型的各个局部位置。对于不规则的建筑空间，可根据施工图纸测出造型边缘距墙面的距离，运用同样的方法找出吊顶造型边框的有关基本点，将各点连线形成吊顶造型线。

③ 确定吊挂点定位线。应均匀地布置吊点，灯位处、承载部位和龙骨相接处应增加吊点。

(2) 木龙骨处理

① 防腐处理。建筑装饰工程中所用的木质龙骨材料，应按规定选材，并在构造上进行防潮处理，同时也应涂刷防虫药剂。

② 防火处理。一般是将防火涂料涂刷或喷于木材表面，也可把木材置于防火涂料槽内浸渍。

(3) 木龙骨拼装

大龙骨规格为 50 mm×70 mm 或 50 mm×100 mm；小龙骨规格为 50 mm×50 mm 或 40 mm×60 mm；吊顶前应在楼地面进行木龙骨拼装，拼装面积在 10 m^2 时，在龙骨上要开出凹槽，咬口拼装，并用钉子固定，如图 7-11 所示。

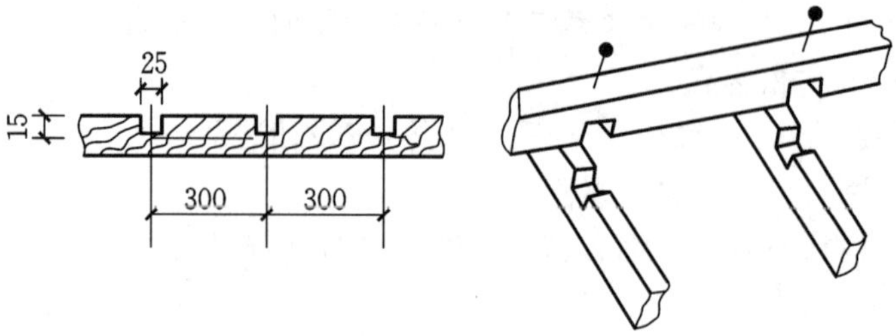

图 7-11　木龙骨利用槽口拼接示意图

(4) 安装吊点、吊杆

① 吊点设置。吊点通常采用膨胀螺栓、射钉、预埋件等按设计要求事先埋设，具体方法如图 7-12 所示。

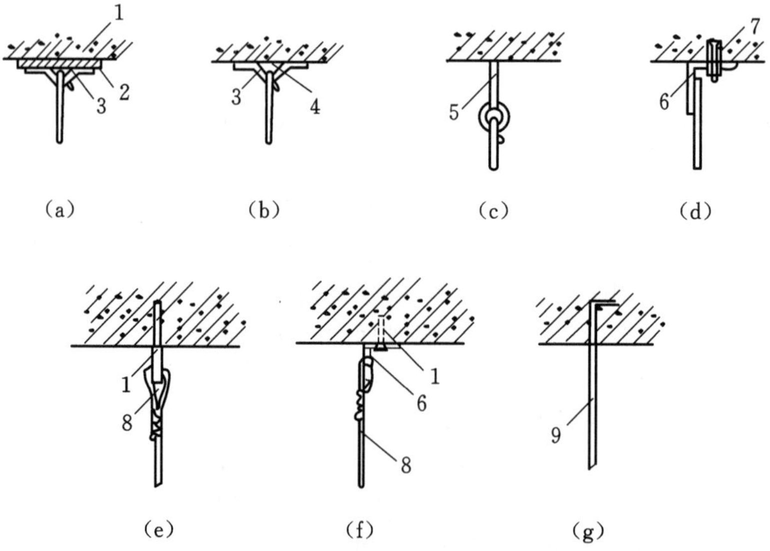

图 7-12　吊点嵌固示意图

(a)射钉固定；(b)预埋件固定；(c)预埋 ϕ6 钢筋吊环；(d)金属膨胀螺栓固定；
(e)射钉直接连接钢丝(或 8 号铁丝)；(f)射钉角铁连接法；(g)预埋 8 号镀锌铁丝
1—射钉；2—焊板；3—ϕ10 钢筋吊环；4—预埋钢板；5—ϕ6 钢筋；6—角钢；
7—金属膨胀螺栓；8—镀锌铁丝(8 号、12 号、14 号)；9—8 号镀锌铁丝

② 吊杆安装。常采用的吊杆有木吊杆、角钢吊杆和扁铁吊杆，无论采用哪种形式的吊杆均应通直，根据经验宜每 3～4 m^2 设一根。吊杆距主龙骨端部距离不得超过 300 mm，当大于 300 mm 时应增加吊杆。吊杆长度大于 1.5 m 时，应设置反支撑。吊杆工程与设备相遇时，应调整并增设吊杆。

(5) 安装管线设施

吊顶内的管线设施安装可根据设备工艺要求进行，但需注意设备管线的底标高与吊顶底标高的关系，同时还应满足管线设备检修的空间要求。

(6) 固定沿墙龙骨

沿墙龙骨一般应按设计要求在沿墙(柱)上的水平龙骨线以上 10 mm 处以间距 0.5～0.8 m固定木楔，并将沿墙龙骨钉在墙内的木楔上。如为混凝土墙(柱)，可用射钉固定，射钉间距应不大于吊顶次龙骨的间距。沿墙木龙骨固定后，其底边应与其他龙骨底边标高一致。

(7) 龙骨吊装固定

① 分片吊装。将拼接组合好的木龙骨架托起至吊顶标高位置，先做临时固定，再根据吊顶标高线拉出纵横水平基准线，进行整片龙骨架的调平，然后将其靠墙部分与沿墙边龙骨钉接。

② 龙骨架与吊点固定。木龙骨与吊点的固定方法应根据选用的吊杆材质和构造而定，通常采用绑扎、钩挂、木螺钉固定等。

③ 龙骨架调平和起拱。木龙骨安装后应及时校正其位置标高，检查并调整吊顶平整度，使误差在规定范围内。当吊顶面积较大时应采用起拱的方法平衡吊顶。起拱高度应符合设计要求，当设计无要求时，跨度为 7～10 m 时则起拱量为跨度的 3/1000，跨度为 10～15 m 时则起拱量为跨度的 5/1000。

(8) 面板、压条安装

面板按材质不同可分为石膏板、装饰吸声饰面板、金属饰面板等。在选用饰面板时，不仅要考虑装饰效果和吊顶的耐久性，还应该考虑防火、隔热、保温等性能。

① 接缝处理。常用接缝形式有对缝(密缝)、凹缝(离缝)及盖缝(离缝)三种，如图 7-13 所示。

② 饰面板固定。基层板与龙骨的固定一般有钉接和粘接两种方法。

钉接法是用铁钉将基层板固定在木龙骨上，钉距为 80～150 mm，钉长为 25～35 mm，钉帽应钉入板面 0.5～1 mm。

粘接法用各种胶粘剂将基层板粘接于龙骨上，如矿棉吸声板可用 1∶1 水泥膏粉加入适量 108 胶进行粘接。

③ 压条安装。若设计采用压条做法时，按所弹的压条线位置进行压条安装，压条固定方法与饰面板的固定方法相同。

7.4.2　轻钢龙骨吊顶

轻钢龙骨吊顶是以轻钢龙骨为吊顶的基本骨架，配以轻型装饰罩面板材组合而成的新型顶棚体系。轻钢龙骨吊顶设置灵活，装拆方便，具有质量轻、强度高、防火性能好等多种优点，广泛用于公共建筑及商业建筑的吊顶。

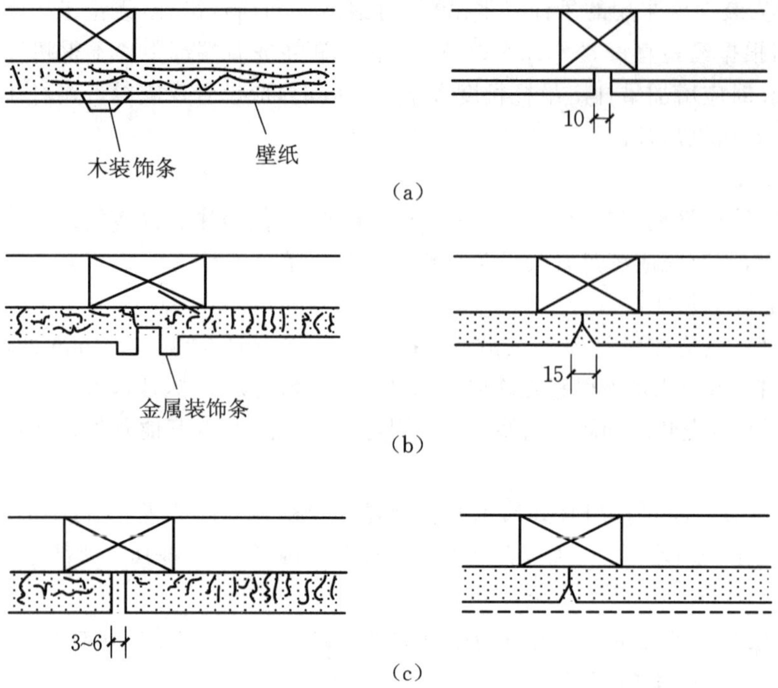

图 7-13　吊顶面层接缝处理

(a)对缝;(b)凹缝;(c)盖缝

7.4.2.1　材料准备

(1) 轻钢龙骨

按截面形状不同,轻钢龙骨可分为 U 形骨架和 T 形骨架两种形式,其主要规格有四种,即 D60 系列、D50 系列、D38 系列和 D25 系列。

(2) 零配件

零配件主要有吊杆(轻型用 $\phi6$ 或 $\phi8$ 吊杆,重型用 $\phi10$ 吊杆),吊挂件,连接件,挂插件,花篮螺丝,射钉,自攻螺钉等。

(3) 罩面板

罩面板主要有纸面石膏板、石棉水泥板、矿棉吸声板、浮雕板、钙塑凹凸板及铝压缝条或塑料压缝条等。

7.4.2.2　工具准备

常用工具有电动冲击钻、无齿锯、射钉枪、手锯、手刨、螺丝刀、扳手、方尺钢尺、钢水平尺等。

7.4.2.3　工艺流程

轻钢龙骨吊顶的工艺流程为:弹线→确定吊点位置并安装吊杆→安装主龙骨→安装次龙骨、横撑龙骨→安装罩面板。

(1) 弹线

在结构基层上,依照设计要求用水准仪按吊顶设计标高在四周墙或柱上弹线,用以确定吊点和主、次龙骨的平面位置，要求弹线准确、清晰。

(2) 确定吊点位置并安装吊杆

① 确定吊点位置：单层骨架吊顶吊点间距为 800～1500 mm(视罩面板材料密度、厚度、强度、刚度等性能而定)，双层轻钢 U 形、T 形龙骨骨架吊点间距小于或等于 1200 mm。对于平顶吊顶，吊点在顶棚上均匀排布；对于有叠层造型的吊顶，应注意在分层交界处的吊点布置；较大的灯具及检修口位置也应该安排吊点来吊挂。

② 安装吊杆：吊杆紧固件或吊杆与楼面板或屋面板结构的连接固定有以下四种方式：

a.用 M8 或 M10 膨胀螺栓将 L25×3 或 L30×3 角钢固定在楼板底面上，注意钻孔深度应大于或等于 60 mm，打孔直径略大于螺栓直径 3 mm。

b.用 ϕ5 以上的射钉将角钢或钢板等固定在楼板底面上。

c.浇捣混凝土楼板时，在楼板底面(吊点位置)预埋铁件，可采用 150 mm×150 mm×6 mm钢板焊接 4ϕ8 锚爪，锚爪在板内锚固长度不小于 200 mm。

d.采用短筋法在现浇板浇筑时或预制板灌缝时预埋 ϕ6、ϕ8 或 ϕ10 短钢筋，要求外露部分(露板底)不小于 150 mm。

(3) 安装主龙骨

主龙骨应吊挂在吊杆上，间距通常为 900～1000 mm。主龙骨分为轻钢龙骨和 T 形龙骨。轻钢龙骨可选用 UC50 中龙骨和 UC38 小龙骨。

主龙骨应平行于房间长向安装，同时应起拱，起拱高度为房间跨度的 1/300～1/200。主龙骨的悬臂段长度不应大于 300 mm，否则应增加吊杆。

相邻龙骨接长应采取对接且对接接头要相互错开，跨度大于 15 m 以上的吊顶，应在主龙骨上每隔 15 m 加一道大龙骨，并垂直于主龙骨焊接牢固。

(4) 安装次龙骨、横撑龙骨

① 安装次龙骨。在覆面次龙骨与承载主龙骨的交叉布置点，使用其配套的龙骨挂件(或称吊挂件)将二者上下连接固定，龙骨挂件的下部勾挂住覆面龙骨，上端搭在承载龙骨上，将其 U 形或 W 形腿用钳子嵌入承载龙骨内，如图 7-14 所示。双层轻钢 U 形、T 形龙骨骨架中龙骨间距为 500～1500 mm，如果间距大于 800 mm，应在中龙骨之间增加小龙骨，小龙骨与中龙骨平行，与大龙骨垂直，并用小吊挂件固定。

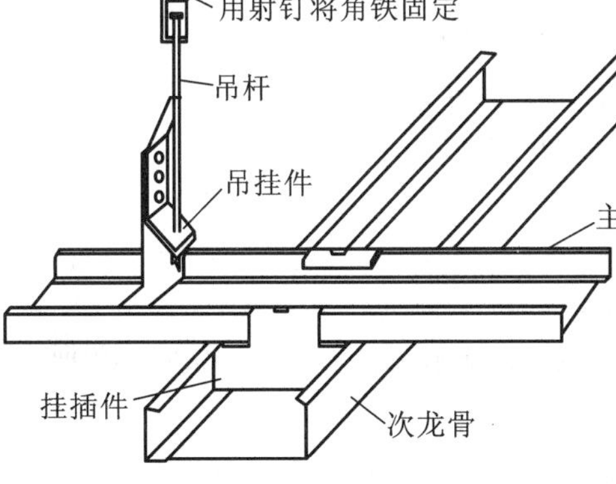

图 7-14 主、次龙骨的连接

② 安装横撑龙骨。横撑龙骨用中、小龙骨截取，其方向与中、小龙骨垂直，装在罩面板的拼接处，底面与中、小龙骨平齐。如将横撑龙骨装在罩面板内部或者作为边龙骨时，宜用小龙骨截取。横撑龙骨与中、小龙骨的连接，采用配套挂插件（或称龙骨支托）或者将横撑龙骨的端部凸头插入覆面次龙骨上的插孔进行连接。

（5）安装罩面板

① 罩面板材安装方法主要有明装、暗装、半隐装三种。明装是纵横T形龙骨骨架均外露，饰面板只要搁置在T形两翼上即可的一种方法。暗装是饰面板边部有企口，嵌装后骨架不暴露的一种方法。半隐装是饰面板安装后外露部分骨架的一种方法。

② 罩面板与轻钢骨架固定的方式主要有自攻螺钉钉固法、胶结粘固法和托卡固定法。

自攻螺钉钉固法的施工要点是先从顶棚中间顺通长次龙骨方向装一行罩面板作为基准，然后向两侧伸延并分行安装，固定罩面板的自攻螺钉间距为150～170 mm。钉帽应凹进罩面板表面以内1 mm。

胶结粘固法的施工要点是按主粘材料性质选用适宜的胶结材料，如401胶等，使用前必须做粘结试验，掌握好压合时间，罩面板应经选配修整，使厚度、尺寸、边棱一致。每块罩面板粘结时应预装，然后在预装部位的龙骨框底面刷胶，同时在罩面板四周边宽10～15 mm的范围刷胶，过2～3 min后，将罩面板压粘在预装部位，每间顶棚先由中间行开始，然后向两侧分行粘结。

托卡固定法多用于轻钢龙骨为T形时的罩面板安装。T形轻钢骨架通长次龙骨安装完毕，经检查标高、间距、平直度符合要求后，垂直于通长次龙骨弹分块及卡档龙骨线。罩面板安装由顶棚的中间行次龙骨的一端开始，先装一根边卡档次龙骨，再将罩面板侧槽卡入T形次龙骨翼缘（暗装）或将无侧槽的罩面板装在T形翼缘上面（明装），然后安装另一侧卡档次龙骨。按上述程序分行安装。若为明装，最后分行拉线调整T形明龙骨的平直度。

7.4.3 吊顶工程施工质量验收

（1）主控项目

① 吊顶标高、尺寸、起拱和造型应符合设计要求。

② 饰面材料的材质、品种、规格、图案和颜色应符合设计要求。

③ 吊杆、龙骨的材质、规格、安装间距及连接方式应符合设计要求，安装必须牢固。金属吊杆龙骨应经过表面防腐处理；木吊杆、木龙骨应进行防腐、防火处理。

（2）一般项目

① 饰面材料表面应洁净、色泽一致，不得有翘曲、裂缝及缺损。饰面板与明龙骨的搭接应平整、吻合，压条应平直、宽窄一致。

② 饰面板上的灯具、烟感器、喷淋头、风口箅子等设备的位置应合理、美观，与饰面板的交接应吻合、严密。

③ 吊顶内填充吸声材料的品种和铺设厚度应符合设计要求，并应有防散落措施。

习 题

7-1 装饰工程施工有什么特点?

7-2 抹灰工程在施工前应做哪些准备工作?有什么技术要求?

7-3 各抹灰层的作用和施工要求是什么?

7-4 面层抹灰的技术关键是什么?

7-5 铺釉面砖的主要施工过程和技术要求是什么?

7-6 简述饰面板安装的工艺流程和技术要求。

7-7 吊顶由哪些构件组成?

7-8 简述木龙骨吊顶的安装要点。

7-9 吊顶工程施工质量如何验收?

8 装配式混凝土工程

【本章要点】

本章主要内容包括装配式混凝土结构施工技术概述、预制构件现场堆放、构件安装技术、构件连接技术等。本章的教学重点为预制构件现场堆放、构件安装施工和连接施工；教学难点为构件安装施工和连接施工。

【学习目标】

掌握：构件安装施工工艺和连接施工工艺。

熟悉：装配式建筑结构分类。

了解：预制构件现场堆放。

8.1 装配式混凝土结构施工技术概述

装配式混凝土结构是指由预制混凝土构件通过可靠的连接方式装配而成的一种结构形式。在建筑工程中，装配式混凝土结构常简称为装配式建筑；在结构工程中，装配式混凝土结构常简称为装配式结构。

8.1.1 装配式建筑结构分类

装配式混凝土结构体系可归纳为通用结构体系和专用结构体系两大类，其中专用结构体系一般是在通用结构体系的基础上结合具体建筑物功能和性能要求发展完善而成。

装配式混凝土结构体系一般可概括为框架结构、剪力墙结构、框架-剪力墙结构以及框架-核心筒结构等类型，通常可根据具体工程的高度、平面布置、体型、抗震等级、抗震设防烈度及功能特点来选择结构体系。

(1) 框架结构

框架结构是由梁和柱连接而成的。梁柱交接处的框架节点通常为刚接，有时也将部分节点做成铰接或半铰接。柱底一般为固定支座，必要时也可设计成铰支座。为利于结构受力，框架梁宜拉通、对直，框架柱宜纵横对齐、上下对中，梁柱轴线宜在同一竖向平面内。有时由于使用功能或建筑造型上的要求，框架结构也可以做成缺梁、内收或梁斜向布置等。

(2) 剪力墙结构

采用钢筋混凝土剪力墙（用于抗震结构时也称为抗震墙）承受竖向荷载和抵抗侧向力的结构称为剪力墙结构，也称为抗震墙结构。剪力墙结构整体性好，承载力及侧向刚度大。合理设计的剪力墙结构具有良好的抗震性能。在历次地震中，剪力墙的震害一般比较轻。受楼板跨度的限制，剪力墙结构的开间一般为 3～8 m，适用于住宅、旅馆等建筑。剪力墙结构的适用高度范围大，多层及 30～40 层的都可应用。

(3) 框架-剪力墙结构

框架-剪力墙结构既包含框架柱，也包含剪力墙，两者结合设置，计算中采用了楼板平面刚度无限大的假定，即认为楼板在自身平面内是不变形的。水平力通过楼板按抗侧力刚度分配到剪力墙和框架。剪力墙的刚度大，承受大部分水平力，因而在地震作用下，剪力墙是第一道防线，框架柱是第二道防线。

8.1.2 装配式建筑结构的常用构件

装配式混凝土结构中常用预制构件主要有预制混凝土柱、预制混凝土梁、预制混凝土楼板、预制混凝土墙板、预制混凝土楼梯、预制混凝土阳台、预制混凝土空调板等。

(1) 预制混凝土柱

预制混凝土柱一般在工厂预制完成，为了连接的需要，在端部需要留置锚筋。

(2) 预制混凝土梁

预制混凝土梁一般在工厂预制完成，有预制实心梁和预制叠合梁。为了连接的需要，需要在预制混凝土梁端部留置锚筋，叠合梁在上部也需要露出钢筋，用来连接叠合板。

(3) 预制混凝土楼板

预制混凝土楼板一般在工厂预制完成，预制混凝土楼板包括预制实心混凝土板、预制混凝土叠合板。常用的预制混凝土楼板主要有两种：一种是桁架钢筋混凝土叠合板；另一种是预制带肋底板混凝土叠合楼板，简称预应力板。

(4) 预制混凝土墙板

预制混凝土墙板一般在工厂预制完成，种类有预制混凝土剪力墙内墙板、预制混凝土剪力墙外墙板、预制混凝土夹心保温墙板、预制混凝土剪力墙夹心外墙板等。

(5) 预制混凝土楼梯

预制混凝土楼梯一般在工厂预制完成。预制混凝土楼梯具有以下优点：

① 预制混凝土楼梯安装后可作为施工通道。

② 预制混凝土楼梯受力明确，地震时支座不会受弯破坏，保证了逃生通道，同时楼梯不会对梁柱造成伤害。

(6) 预制混凝土阳台

预制混凝土阳台通常包括全预制阳台和预制叠合阳台。预制阳台板能够克服现浇阳台的缺点，解决了阳台支模复杂、现场高空作业费时费力的问题，还能避免在施工过程中，由于工人踩踏使阳台楼板上部的受力筋被踩到下面，从而导致阳台拆模后下垂的质量通病。

(7) 其他构件

根据结构设计不同，实际应用中还会有其他构件，如飘窗板、空调板、女儿墙、外挂板、凸窗等。

8.1.3 装配式混凝土结构施工

8.1.3.1 施工流程

装配式混凝土结构由水平受力构件和竖向受力构件组成，构件采用工厂化生产(或现浇剪力墙),运至施工现场后,通过后浇混凝土连接,水平向钢筋通过机械连接或其他方式连接,竖向钢筋通过钢筋灌浆套筒或其他方式连接,经过装配及后浇叠合形成整体结构。

8.1.3.2 安装前的准备

装配式剪力墙结构的施工特点之一就是有大量的现场吊装工作,其施工精度要求高,吊装过程安全隐患较大。因此,在预制构件正式安装前必须做好完善的准备工作,如制定构件安装流程,确保预制构件、材料、预埋件、临时支撑等满足国家现行有关标准及设计要求,并按施工方案、工艺和操作规程的要求做好人、机、料的各项准备,方能确保优质、高效、安全地完成施工任务。

(1) 技术准备

① 预制构件安装施工前,应编制专项施工方案,并按设计要求对各工况进行施工验算和施工技术交底。

② 安装施工前对施工作业工人进行安全作业培训和安全技术交底。

③ 吊装前应合理规划吊装顺序,除满足墙体、楼梯、叠合板等预制构件的要求外,还应结合施工现场情况,满足"先外后内、先低后高"的原则。事先绘制吊装作业流程图,方便吊装机械行走,提高经济效益。

(2) 人员安排

构件安装是装配式结构施工的重要施工工艺,将影响到整个建筑质量安全。因此,施工现场的安装应由专业的产业化工人操作,包含起重司机、吊装工、信号工等职业工人。

① 装配式剪力墙结构施工前,施工单位应对管理人员及安装人员进行专项培训和相关交底。

② 施工现场必须选派具有丰富吊装经验的信号指挥人员、挂钩人员、作业人员。施工前必须检查这些工人的身体,对患有不宜高空作业疾病的人员不得安排高空作业。特种作业人员必须经过专门的安全培训,经考核合格,持特种作业操作资格证书上岗。特种作业人员应按规定进行体检和复审。

③ 起重吊装作业前,应根据施工组织设计要求划定危险作业区域,在主要施工部位、作业点、危险区,都必须设置醒目的警示标志,设专人加强安全警戒,防止无关人员进入。还应视现场作业环境专门设置监护人员,防止高处作业或交叉作业时造成的落物伤人事故。

(3) 现场条件准备

① 检查构件套筒或浆锚孔是否堵塞。当套筒、预留孔内有杂物时,应及时清理干净。用手电筒补光检查,发现异物用气体或钢筋将异物清除掉。

② 将连接部位浮灰清扫干净。

③ 对于柱子、剪力墙板等竖直构件,安好调整标高的支垫(在预埋螺母中旋入螺栓或在设计位置安放金属垫块),准备好斜支撑部件,检查斜支撑地销。

④ 对于叠合楼板梁、阳台板、挑檐板等水平构件,应架立好竖向支撑。

⑤ 伸出钢筋采用机械套筒连接时,吊装前须在伸出钢筋端部套上套筒。

⑥ 进行外挂墙板安装节点连接部件的准备,如果需要水平牵引,须进行牵引葫芦吊点设置和工具准备等。

⑦ 检验预制构件质量和性能是否符合现行国家规范要求,未经检验或不合格的产品不得使用。

⑧ 所有构件吊装前应作好截面控制线，方便吊装过程中调整和检验，有利于质量控制。

⑨ 安装前，复核测量放线及安装定位标识。

（4）机具及材料准备

① 阅读起重机械吊装参数及相关说明（吊装名称、数量、单件质量、安装高度等参数）并检查起重机械性能，以免吊装过程中出现无法吊装或机械损坏停止吊装等现象，杜绝重大安全隐患。

② 安装前应对起重机械设备进行试车检验并调试合格，宜选择具有代表性的构件或单元试安装，并应根据试安装结构及时调整施工方案和施工工艺。

③ 应根据预制构件形状、尺寸及质量要求选择适宜的吊具，在吊装过程中，吊索水平夹角不宜小于60°，也不应小于45°；尺寸较大或形状复杂的预制构件应选择设置分配梁或分配桁架的吊具，并应保证吊车主钩位置、吊具及构件重心在竖直方向重合。

④ 准备牵引绳等辅助工具、材料，并确保其完好性。

⑤ 准备好灌浆料、灌浆设备、工具，调试灌浆泵。

8.2 预制构件的现场堆放

装配式建筑施工中，预制构件品类多、数量大，无论是在生产厂还是在施工现场均占用较大场地面积，合理有序地对构件进行分类堆放，对于减小构件堆场使用面积，加强成品保护，加快施工进度，构建文明施工环境均具有重要意义。预制构件的堆放应按规范要求进行，确保预制构件在使用之前不受破坏，运输及吊装时能方便、快速地找到对应的构件。

8.2.1 场地要求

（1）预制构件的存放场地宜为混凝土硬化地面或经人工处理的自然地坪，应满足平整度和地基承载力要求，并应有排水措施。

（2）堆放预制构件时应使构件与地面之间留有一定空隙，避免预制构件与地面直接接触。堆放构件的支垫应坚实牢靠，且表面有防止构件被污染的措施。

（3）预制构件的堆放场地选择应满足吊装设备的有效起重范围要求，尽量避免出现二次吊运，以免造成工期延误及费用增加。场地大小选择应根据构件数量、尺寸及安装计划综合确定。

（4）预制构件应按规格型号、出厂日期、使用部位、吊装顺序分类存放，编号清晰。不同类型构件之间应留有不少于0.7 m的人行通道。

（5）预制构件存放区域2 m范围内不应进行电焊、气焊作业，以免污染产品。露天堆放时，预制构件的预埋铁件应有防止锈蚀的措施，易积水的预留、预埋孔洞等应采取封堵措施。

（6）预制构件应采用合理的防潮、防雨、防边角损伤措施，堆放边角处应设置明显的警示隔离标识，防止车辆或机械设备碰撞。

8.2.2 构件堆放方式

构件堆放方式主要有平放和立（竖）放两种，具体选择时应根据构件的刚度及受力情况区分。通常情况下，梁、柱等细长构件宜水平堆放，且采用不少于两条垫木支撑；墙板宜采用托架立放，上部两点支撑；楼板、楼梯、阳台板等构件宜水平叠放，叠放层数应根据构件与垫木或垫块的承载力及堆垛的稳定性确定，必要时应设置防止构件倾覆的支架，一般情况下，叠放层数不宜超过 5 层。

(1) 平放时的注意事项

① 对于宽度不大于 500 mm 的构件，宜采用通长垫木，宽度大于 500 mm 的构件，可采用不通长垫木，放上构件后可在上面放置同样的垫木，叠放层数一般不宜超过 5 层，如受场地条件限制增加堆放层数的，须经承载力验算。

② 垫木上下位置之间如果存在错位，构件除了要承受垂直荷载外，还要承受弯曲应力和剪切力，所以垫木必须放置在同一条线上。

③ 构件平放时应使吊环向上、标识向外，便于查找及吊运。

(2) 立放时的注意事项

① 立放可分为插放和靠放两种方式。插放时场地必须清理干净，插放架必须牢固，挂钩吊装过程中应保证构件稳定，垂直落地；靠放时应有牢固的靠放架，必须对称靠放和吊运，其倾斜度应保持大于 80°，构件上部用垫块隔开。

② 构件的断面高宽比大于 2.5 时，堆放时下部应加支撑或有坚固的堆放架，上部应拉牢固定，避免倾倒。

③ 要将地面压实并铺上混凝土等，铺设路面要整修为粗糙面，防止脚手架滑动。

④ 柱和梁等立体构件要根据各自的形状和配筋选择合适的储存方法。

8.2.3 构件堆放示例

(1) 预制剪力墙堆放

墙板垂直立放时，宜采用专用 A 字架形式插放或对称靠放，长期靠放时必须加安全塑料带捆绑或钢索固定，支架应有足够的刚度，并支垫稳固。墙板直立存放时必须考虑上下左右不得摇晃，且须考虑地震时是否稳固。预制外挂墙板外饰面朝外，墙板搁置时应以枕木或者软性垫片加以隔开，避免墙板与刚性支架直接接触而碰坏。

(2) 预制梁、柱堆放

预制梁、柱等细长构件宜水平堆放，预埋吊装孔表面朝上，高度不宜超过 2 层，且不宜超过 2.0 m。实心梁、柱须于两端间垫上枕木，枕木的设置位置在 $(0.2 \sim 0.25)L$ 处，底部支撑高度不小于 100 mm。若为叠合梁，则须将枕木垫于实心处，不可让薄壁部位受力。

(3) 预制板类构件堆放

预制板类构件可采用叠放方式存放，其叠放高度应按构件强度、地面耐压力、垫木强度以及垛堆的稳定性来确定，构件层与层之间应垫平、垫实，各层支垫应上下对齐，最下面一层支垫应通长设置。一般情况下，叠放层数不宜大于 5 层，吊环向上、标识向外。混凝土养护期未满的应继续洒水养护。

(4) 预制楼梯或阳台堆放

楼梯或异形构件若需堆置两层，必须考虑支撑稳固性，且高度不宜过高，必要时应设置堆置架以确保堆置安全。

8.3 构件安装技术

8.3.1 安装前准备

安装前准备包括技术准备、人员安排、现场条件准备、机具及材料准备。

8.3.2 预制墙板安装

(1) 安装流程

基础清理及定位放线→封浆条及垫片安装→预制墙板吊运→预留钢筋插入就位→墙板调整矫正→墙板临时固定→砂浆塞缝→PCF 板吊装固定→连接节点钢筋绑扎→套筒灌浆→连接节点封模→连接节点混凝土浇筑→接缝防水施工。

(2) 主要施工工艺

① 定位放线

在楼板上根据图纸及定位轴线放出预制墙体定位边线及 200 mm 控制线,同时在预制墙体吊装前,在预制墙体上放出墙体 500 mm 水平控制线,便于预制墙体安装过程中精确定位。

② 调整偏位钢筋

预制墙体吊装前,为了便于预制构件快速安装,使用定位框检查竖向连接钢筋是否偏位,针对偏位钢筋用钢筋套管进行矫正,便于后续预制墙体精确安装。

③ 预制墙体吊装就位

预制墙体吊装(图 8-1)时,为了保证墙体构件整体受力均匀,采用专用吊梁(模数化通用吊梁),专用吊梁由 H 型钢焊接而成,根据各预制构件吊装时不同尺寸、不同的起吊点位置,设置模数化吊点,确保预制构件在吊装时吊装钢丝绳保持竖直。专用吊梁下方设置专用吊钩,用于悬挂吊索,进行不同类型预制墙体的吊装。

图 8-1 预制墙体吊装

预制墙体吊装过程中，距楼板面 1000 mm 处时减缓下落速度，由操作人员引导墙体降落，操作人员利用镜子观察连接钢筋是否对孔，直至钢筋与套筒全部连接(预制墙体安装时，按顺时针依次安装，先吊装外墙板，后吊装内墙板)。

④ 安装斜向支撑及七字码

预制墙体吊装就位后，先安装斜向支撑，斜向支撑用于固定调节预制墙体，确保预制墙体安装垂直度；再安装七字码，七字码设置于预制墙体的底部，用于加固墙体与主体结构的连接，确保后续灌浆与暗柱混凝土浇筑时不产生位移。墙体通过靠尺校核其垂直度，如有偏位，则调节斜向支撑，确保构件的水平位置及垂直度均达到允许误差在 5 mm 之内。相邻墙板构件平整度允许误差为±5 mm，此施工过程中要同时检查外墙面上下层的平齐情况，允许误差以不超过 3 mm 为准，如果超过允许误差，要以外墙面上下层错开 3 mm 为准重新进行墙板的水平位置及垂直度调整，最后固定斜向支撑及七字码。

(3) 预制墙板的安装要求

① 预制墙板安装(图 8-2)应设置临时斜撑，每件预制墙板安装过程的临时斜撑应不少于 2 道，临时斜撑宜设置调节装置，支撑点位置距底板的距离不宜大于板高的 2/3，且不应小于板高的 1/2，斜支撑的预埋件安装、定位应准确。

(a) (b)

图 8-2 预制墙板安装

② 预制墙板安装时应设置底部限位装置，每件预制墙板底部限位装置不少于 2 个，间距不宜大于 4 m。

③ 临时固定措施的拆除应在预制构件与结构可靠连接，且装配式混凝土结构能达到后续施工要求后进行。

④ 预制墙板安装过程应符合下列规定：

a.构件底部应设置可调整接缝间隙和底部标高的垫块。

b.钢筋套筒灌浆连接、钢筋锚固搭接连接灌浆前应对接缝周围进行封堵。

c.墙板底部采用坐浆时，其厚度不宜大于 20 mm。

d.墙板底部应分区灌浆,分区长度为1～1.5 m。

⑤ 预制墙板校核与调整应符合下列规定:

a.预制墙板安装垂直度应以确保外墙板面垂直为主。

b.预制墙板拼缝校核与调整应以竖缝为主,以横缝为辅。

c.预制墙板阳角位置相邻的平整度校核与调整,应以阳角垂直度为基准。

8.3.3 预制柱安装

(1) 安装流程

标高找平→竖向预留钢筋矫正→预制柱吊装→柱安装及矫正→灌浆施工。

(2) 主要施工工艺

① 标高找平

预制柱安装施工前,通过激光扫平仪和钢尺检查楼板面平整度,用铁制垫片使楼层平整度控制在允许偏差范围内。

② 竖向预留钢筋矫正

根据所弹柱线,采用钢筋限位框,对预留插筋进行位置复核,对中心位置偏差超过10 mm的插筋根据图纸采用冷弯矫正,对个别偏差较大的插筋,应将插筋根部混凝土剔凿至有效高度后再进行冷弯矫正,以确保预制柱连接的质量。

③ 预制柱吊装

预制柱吊装(图8-3)采用慢起、快升、缓放的操作方式。塔吊缓缓将预制柱吊离存放架,然后快速运至预制柱安装施工层。在预制柱就位前,应清理柱安装部位基层,然后将预制柱缓缓吊运至安装部位的正上方。

图8-3 预制柱吊装

④ 预制柱的安装及矫正

预制柱的安装(图8-4),塔吊将预制柱下落至设计安装位置,下一层预制柱的竖向预留钢筋与预制柱底部的套筒全部连接,吊装就位后,立即加设不少于2根的斜支撑对预制柱临时固定,斜支撑与楼面的水平夹角不应小于60°。

图 8-4　预制柱安装

根据已弹好的预制柱的安装控制线和标高线，用 2 m 长靠尺、吊线锤检查预制柱的垂直度，并通过可调斜支撑微调预制柱的垂直度，预制柱安装施工时应边安装边矫正。

⑤ 灌浆施工

灌浆前应制定灌浆操作的专项施工方案，灌浆作业应由灌浆工完成，持证上岗，灌浆操作过程应有相应的施工记录，套筒及灌浆料需配套使用。

灌浆作业应按产品要求计量灌浆料和水的用量并搅拌均匀，搅拌时间从开始加水到搅拌结束应不少于 5 min，然后静置 2～3 min；每次拌制的灌浆料拌合物应进行流动度的检测，且其流动度应符合设计要求。搅拌后的灌浆料应在 30 min 内使用完毕。

干硬性水泥砂浆塞缝完成 24 h 后，开始进行套筒灌浆施工。首先用软木塞(橡胶塞)封闭下排灌浆口，采用机械压力注浆法从下口灌注，灌浆应连续、缓慢、均匀地进行，直至上部排气孔排出柱状浆液后，立即封堵排气孔，持压 30 s 以上，再将灌浆孔封闭，保证灌浆料能充分填充密实。灌浆结束后应及时将灌浆孔及构件表面的浆液清理干净，并将灌浆孔表面抹压平整。

灌浆作业应及时做好施工质量检查记录，留存影像资料，并按要求每工作班组制作一组且每层不应少于 3 组 40 mm×40 mm×160 mm 的长方体试件；标准养护 28 d 后进行抗压强度试验，抗压强度应满足设计要求。

灌浆后 12 h 内不得使构件和灌浆层受到振动、碰撞；冬季施工时环境温度宜在 5 ℃以上；散落的灌料拌合物不得二次使用，剩余的拌合物不得再次添加灌浆料和水后混合。

当灌浆施工出现无法出浆的情况时，应及时查明原因并采取处理措施；对未密实饱满的灌浆应采取可靠措施处理。

(3) 预制柱的安装要求

① 预制柱安装前应校核轴线、标高以及连接钢筋的数量、规格、位置。

② 预制柱安装就位后在两个方向应采用可调斜撑作临时固定，并进行垂直度调整以及

在柱子四角缝隙处加塞垫片。

③ 预制柱的临时支撑，应在套筒连接器内的灌浆料强度达到设计要求后拆除，当设计无具体要求时，混凝土或灌浆料应达到设计强度的75%以上方可拆除。

8.3.4 预制梁安装

(1) 安装流程

预制梁进场、验收→按图放线→设置梁底支撑→预制梁起吊→预制梁就位微调→接头连接。

(2) 主要施工工艺

① 定位放线

用水平仪测出剪力墙顶与梁底标高差，然后在柱上弹出梁边控制线。

预制梁安装前应复核剪力墙钢筋与梁钢筋的位置和尺寸，对梁钢筋与柱钢筋安装有冲突的，应按经设计部门确认的技术方案调整。梁柱核心区箍筋安装应按设计文件要求进行。

② 支撑架搭设

梁底支撑采用钢立杆支撑＋可调顶托，可调顶托上铺设长×宽为100 mm×100 mm的木方。预制梁的标高通过支撑体系的顶丝来调节。

临时支撑位置应符合设计要求；设计无要求时，长度≤4 m时应设置不少于2道垂直支撑，长度>4 m时应设置不少于3道垂直支撑。

梁底支撑标高宜调整至高出梁底结构标高2 mm，应保证支撑充分受力并撑紧支撑架后方可松开吊钩。

叠合梁应根据构件类型、跨度来确定后浇混凝土支撑件的拆除时间，强度达到设计要求后方可承受全部设计荷载。

③ 预制梁吊装

预制梁吊装(图8-5)顺序应遵循先主梁后次梁、先低后高的原则。

图8-5 预制梁吊装

预制梁一般用两点吊，预制梁两个吊点分别位于距离梁两端 $0.2L$（L 为梁长）处，由生产构件厂家预留。

现场吊装工具采用双腿锁具或专用吊梁吊住预制梁两个吊点，逐步移向拟定位置，再通过手动操纵预制梁顶的绳索辅助梁就位。

④ 预制梁微调定位

当预制梁初步就位后，两侧借助剪力墙头上的梁定位线将梁精确矫正。梁的标高通过支撑体系的顶丝来调节，调平同时需将下部可调支撑上紧，这时方可松去吊钩。

⑤ 接头连接

混凝土浇筑前应将预制梁两端键槽内的杂物清理干净，并提前 24 h 浇水湿润。

预制梁两端键槽钢筋绑扎时，应确保钢筋位置的准确。

预制梁水平钢筋连接可采用机械连接、钢套筒灌浆连接或焊接连接。

（3）预制梁的安装要求

① 梁吊装顺序应遵循先主梁后次梁、先低后高的原则。

② 预制梁安装前应测量并修正柱顶标高，确保柱顶标高与梁底标高一致，柱上弹出梁边控制线。

③ 预制梁安装前应复核柱钢筋与梁钢筋的位置和尺寸，对梁钢筋与柱钢筋安装有冲突的，应按经设计部门确认的技术方案调整。梁柱核心区箍筋安装应按设计文件要求进行。

④ 预制梁安装过程应设置临时支撑。

⑤ 预制梁安装就位后应对水平度、安装位置、标高进行检查。根据控制线对梁端和两侧进行精密调整，误差控制在 2 mm 以内。

⑥ 预制梁安装时，主梁和次梁伸入支座的长度与搁置长应符合设计要求。

⑦ 预制次梁与预制主梁之间的凹槽应在预制楼板安装完成后，采用不低于预制梁混凝土强度等级的材料填实。

⑧ 梁吊装前柱核心区内先安装一道柱箍筋，梁就位后再安装两道柱箍筋，之后才可进行梁、墙吊装；否则，柱核心区质量无法保证。

⑨ 梁吊装前应将所有梁底标高进行统计，有交叉部分梁吊装方案根据先低后高的原则来安排施工。

⑩ 凸窗、阳台、楼梯、部分梁构件等同一构件上吊点高低有不同的，低处吊点采用葫芦进行拉接，起吊后调平，落位时采用葫芦紧密调整标高。

8.3.5 预制楼板安装

（1）安装流程

预制楼板进场、验收→放线→搭设板底独立支撑→预制楼板吊装→预制楼板就位→预制楼板矫正定位。

(2) 主要施工工艺

① 定位放线

预制墙体安装完成后，由测量人员根据预制叠合板板宽放出独立支撑定位线，并安装独立支撑，同时根据叠合板分布图及轴网，利用经纬仪在预制墙体上放出板缝位置定位线，板缝定位线允许误差为±10 mm。

② 板底支撑架搭设

支撑架体应具有足够的承载能力、刚度和稳定性，应能可靠地承受混凝土构件的自重和施工过程中所产生的荷载及风荷载，支撑立杆下方应铺 50 mm 厚木板。

确保支撑系统的间距及距离墙、柱、梁边的净距符合系统验算要求，上下层支撑应在同一直线上。

在可调节顶撑上架设木方，调节木方顶面至板底设计标高，开始吊装预制楼板。

③ 预制楼板吊装就位(图 8-6)

预制楼板宜采用专用吊架吊装，避免预制楼板吊装时因受集中应力而造成叠合板开裂。预制叠合板吊装过程中，在作业层上空 500 mm 处缓缓降落，由操作人员根据板缝定位线，引导楼板降落至独立支撑上。及时检查板底与预制叠合梁或剪力墙的接缝是否到位，预制楼板钢筋伸入墙长度是否符合要求，直至吊装完成。

图 8-6 预制楼板吊装

④ 预制楼板调整定位

根据预制墙体上水平控制线及竖向板缝定位线，校核叠合板水平位置及竖向标高情况；通过调节竖向独立支撑，确保叠合板满足设计标高要求；通过撬棍(撬棍配合垫木使用，避免损坏板边角)调节叠合板水平位移，确保叠合板满足设计要求。

(3) 预制楼板的安装要求

预制楼板安装如图 8-7 所示。

(a)　　(b)

图 8-7　预制楼板安装

① 构件安装前应编制支撑方案，支撑架体宜采用可调工具式支撑系统，首层支撑架体的地基必须坚实，架体必须有足够的强度、刚度和稳定性。

② 板底支撑间距不应大于 2 m，每根支撑之间高差不应大于 2 mm，标高偏差不应大于 3 mm，悬挑板外端支撑宜比内端支撑高 2 mm。

③ 预制楼板安装前，应复核预制板构件端部和侧边的控制线以及支撑搭设情况是否满足要求。

④ 预制楼板安装应通过微调垂直支撑来控制水平标高。

⑤ 预制楼板安装时，应保证水电预埋管(孔)位置准确。

⑥ 预制楼板吊至梁、墙上方 30～50 cm 后，应调整板位置，使板锚固筋与梁箍筋错开。再根据梁、墙上已放出的板边和板端控制线，使预制楼板准确就位，偏差不得大于 2 mm，累计误差不得大于 5mm。板就位后调节支撑立杆，确保所有立杆全部受力。

⑦ 预制叠合楼板吊装应按顺序依次铺开，不宜间隔吊装。在混凝土浇筑前，应矫正预制构件的外露钢筋，外伸预留钢筋伸入支座时，预留筋不得弯折。

⑧ 相邻叠合楼板间拼缝及预制楼板与预制墙板位置拼缝应符合设计要求并有防止裂缝的措施。施工集中荷载或受力较大部位应避开拼接位置。

8.3.6　预制外挂板安装

(1) 施工流程

结构标高复核→预埋连接件复检→预制外挂板起吊及安装→安装临时承重铁件及斜撑→调整预制外挂板位置、标高、垂直度→安装永久连接件→吊钩解钩。

(2) 主要施工工艺

① 临时承重件

预制外挂板吊装就位后，在调整好位置和垂直度前，需要通过临时承重铁件进行临时支撑，铁件同时还起到控制吊装标高的作用。

② 预制外挂板永久连接

预制外挂板通过预埋铁件与下层结构连接起来，连接形式为焊接及螺栓连接。

③ 预制外挂板的安装要求

a.起吊：构件起吊时要严格执行“333 制”，即先将预制外挂板吊起至距离地面 300 mm 的位置后停稳 30 s，相关人员要确认构件是否水平，如果发现构件倾斜，要停止吊装，放回原来位置重新调整，以确保构件能够水平起吊。另外，还要确认吊具连接是否牢靠，钢丝绳有无交错等。确认无误后，可以起吊，所有人员远离构件 3 m 远。

b.下降：构件吊至预定位置附近后，缓缓下放，在距离作业层上方 500 mm 处停止。吊装人员用手扶预制外挂板，配合起吊设备将构件水平移动至构件吊装位置。就位后缓慢下放，吊装人员通过地面上的控制线，尽量将构件控制在边线上。若偏差较大，需重新吊起距地面 50 mm 处，重新调整后再次下放，直到基本达到吊装位置。

c.调整：构件就位后，需要进行测量确认，测量指标主要有高度、位置、倾斜度。若需调整，建议按“先高度再位置后倾斜度”的顺序进行调整。

8.3.7 内隔墙板安装

内隔墙板安装工艺流程与外墙板大致相同，但需要注意以下几点：

(1) 内隔墙板也采用硬塑垫块进行找平，并在 PC 构件安装之前进行聚合物砂浆坐浆处理，坐浆密实均匀，一旦墙板就位，聚合物砂浆就能把墙板和基层之间的缝有效密实。

(2) 安装时应注意墙板上预留管线以及预留洞口有无偏差，如发现有偏差而吊装完后又不好处理的，应先处理，后安装就位。

(3) 墙板落位时注意编号位置以及正反面(箭头方向为正面)。根据楼面上所标示的垫块厚度与位置选择合适的垫块将墙板垫平，就位后将墙板底部缝隙用砂浆填塞满。

(4) 墙板就位时应注意墙板上管线预留孔洞与楼面现浇部分预留管线的对接位置是否准确，如有偏差，先不要将墙板落位，而应通知水电安装人员及时处理。

(5) 墙板处两端有柱或暗柱时，如墙板先于柱或暗柱钢筋施工，应将柱或暗柱箍筋先套入柱主筋内，否则将会增加钢筋施工难度；如柱钢筋先于梁施工，柱箍筋应只绑扎到梁底位置，否则墙板无法就位。墙板暗梁底部纵向钢筋必须放置在柱或剪力墙纵向钢筋内侧。

(6) 模板安装完后，应全面检查墙板的垂直度以及位移偏差，以免安装模板时将墙板移动。

8.3.8 预制楼梯安装

(1) 施工流程

预制楼梯进场、验收→放线→垫片及坐浆料施工→预制楼梯吊装→预制楼梯矫正→预制楼梯固定。

(2) 主要施工工艺

① 放线定位

楼梯间周边梁板叠合层混凝土浇筑完工后，测量并弹出相应楼梯构件端部和侧边的控制线。

② 预制楼梯吊装

预制楼梯吊装(图 8-8)一般采用四点吊,配合倒链下落就位调整索具铁链长度,使楼梯段休息平台处于水平位置,试吊预制楼梯板,检查吊点位置是否准确、吊索受力是否均匀等,试吊高度不应超过 1 m。

预制楼梯吊至梁上方 300~500 mm 后,调整预制楼梯位置,使上下平台锚固筋与梁箍筋错开,板边线基本与控制线吻合。

根据已放出的楼梯控制线,将构件根据控制线精确就位,先保证楼梯两侧准确就位,再使用水平尺和倒链调节,使楼梯水平。

图 8-8 预制楼梯吊装

(3) 预制楼梯的安装要求

① 预制楼梯安装前应复核楼梯的控制线及标高,并做好标记。

② 预制楼梯支撑应有足够的强度、刚度及稳定性,楼梯就位后调节支撑立杆,确保所有立杆都受力。

③ 预制楼梯吊装应保证上下高差相符,顶面和底面平行,便于安装。

④ 预制楼梯安装位置准确,当采用预留锚固钢筋方式安装时,应先放置预制楼梯,再将其与现浇梁或板浇筑连接成整体,并保证预埋钢筋锚固长度和定位符合设计要求。当预制楼梯与现浇梁或板之间采用预埋件焊接或螺栓杆连接时,应先施工现浇梁或板,再搁置预制楼梯,然后进行焊接或螺栓孔灌浆连接。

8.3.9 其他预制构件安装

(1) 预制阳台板的安装要求

① 预制阳台板安装前,测量人员根据阳台板宽度,放出竖向独立支撑定位线,并安装独立支撑,同时在预制叠合板上放出阳台板控制线。

② 当预制阳台板吊装至作业面上空 500 mm 时,缓缓降落,由专业操作工人稳住预制

阳台板,根据叠合板上控制线,引导预制阳台板降落至独立支撑上;根据预制墙体上水平控制线及预制叠合板上控制线,校核预制阳台板水平位置及竖向标高情况;通过调节竖向独立支撑,确保预制阳台板满足设计标高要求;通过撬棍(撬棍配合垫木使用,避免损坏板边角)调节预制阳台板水平位移,确保预制阳台板满足设计要求。

③ 预制阳台板定位完成后,将阳台板钢筋与叠合板钢筋焊接固定,预制构件固定完成后,方可摘除吊钩。

(2) 预制空调板的安装要求

① 预制空调板吊装时,板底应采用临时支撑措施。

② 预制空调板与现浇结构连接时,预留锚固钢筋应伸入现浇结构部分,并应与现浇结构连成整体。

③ 预制空调板采用插入式吊装时,连接位置应设预埋连接件,并应与预制外挂板的预埋连接件连接,空调板与外挂板交接的四周防水槽口应嵌填防水密封胶。

8.4 构件连接技术

预制构件节点的钢筋连接应满足现行行业标准《钢筋机械连接技术规程》(JGJ 107—2016)中Ⅰ级接头的性能要求,并应符合现行国家相关标准的规定。

应对连接件、焊缝螺栓或铆钉等紧固件在不同设计状况下的承载力进行验算,并应符合现行国家标准《钢结构设计标准》(GB 50017—2017)和《钢结构焊接规范》(GB 50661—2011)等的规定。

预制楼梯与支撑构件之间宜采用简支连接。采用简支连接时,应符合下列规定:

(1) 预制楼梯宜一端设置固定铰,另一端设置滑动铰,其转动及滑动变形能力应满足结构层间位移的要求。

(2) 预制楼梯设置滑动铰的端部应采取防止滑落的构造措施。

预制构件的连接种类主要有套筒灌浆连接、直螺纹套筒连接、浆锚连接、牛担板连接以及螺栓连接。

8.4.1 套筒灌浆连接

套筒灌浆连接技术是通过灌浆料的传力作用将钢筋与套筒连接形成整体,套筒灌浆连接分为全灌浆套筒连接和半灌浆套筒连接,套筒设计应符合《钢筋连接用灌浆套筒》(JG/T 398—2019)的要求,接头性能应达到《钢筋机械连接技术规程》(JGJ 107—2016)规定的最高级——Ⅰ级。

(1) 半灌浆套筒连接技术

半灌浆套筒接头一端采用灌浆方式、另一端采用非灌浆方式(通常采用螺纹连接)连接钢筋的灌浆套筒。

半灌浆套筒连接可连接 HRB335 和 HRB400 带肋钢筋,连接钢筋直径范围为 12～40 mm,机械连接段的钢筋丝头加工、连接安装、质量检查应符合现行行业标准《钢筋机械连接技术规程》(JGJ 107—2016)的有关规定。

半灌浆套筒连接的优点如下：

① 外径小，对剪力墙、柱都适用。

② 与全灌浆套筒相比，半灌浆套筒长度能显著缩短（约 1/3），现场灌浆工作量减半，灌浆高度降低，能降低对构件接缝处密封的难度。

③ 工厂预制时钢套筒与钢筋的安装固定也比全灌浆套筒容易。半灌浆套筒和外露钢筋的允许偏差见表 8-1。

表 8-1 半灌浆套筒和外露钢筋的允许偏差

项目		允许偏差/mm	检查方法
灌浆套筒中心位置		2.0	尺量
外露钢筋	中心位置	2.0	
	外露长度	10.0	

(2) 全灌浆套筒连接技术

全灌浆套筒连接是两端均采用灌浆方式连接钢筋的灌浆套筒。全灌浆连接接头性能应达到《钢筋机械连接技术规程》(JGJ 107—2016)规定的最高级——Ⅰ级。目前可连接 HRB335 和 HRB400 带肋钢筋，连接钢筋直径范围为 12～40 mm。

全灌浆套筒在构件厂内与钢筋连接时，钢筋应与套筒逐根插入，插入深度应满足设计及规范要求。钢筋与全灌浆套筒通过橡胶塞进行临时固定，避免混凝土浇筑、振捣时套筒和连接钢筋移位，同时防止混凝土向灌浆套筒内漏浆。

全灌浆套筒和外露钢筋的允许偏差同半灌浆套筒。

(3) 套筒灌浆施工

预制竖向承重构件采用套筒灌浆连接，所采取的灌浆工艺可为分仓灌浆法和坐浆灌浆法。套筒灌浆施工流程为：构件接触面凿毛→分仓/坐浆→安装钢垫片→吊装预制构件→灌浆作业。

① 预制构件接触面现浇层应进行凿毛或拉毛处理，其粗糙面不应小于 4 mm，预制构件自身接触粗糙面应控制在 6 mm 左右。

② 灌浆方法。a.分仓法：竖向预制构件安装前宜采用分仓法灌浆，分仓应采用坐浆料或封浆海绵条进行分仓，分仓长度不应大于 1.5 m，分仓时应确保密闭空腔，不应漏浆。b.坐浆法：竖向预制构件安装前可采用坐浆法灌浆，坐浆法是采用坐浆料将构件与楼板之间的缝隙填充密实，然后对预制竖向构件进行逐一灌浆，坐浆料强度应大于预制墙体混凝土强度。

③ 安装钢垫片。预制竖向构件与楼板之间通过钢垫片来调节预制构件竖向标高，钢垫片一般选择长×宽为 50 mm×50 mm，厚度为 1 mm、2 mm、3 mm、5 mm、10 mm，用于调节构件标高。

④ 预制构件吊装。

⑤ 灌浆作业。套筒灌浆连接应采用由接头形式检验确定相匹配的灌浆套筒、灌浆料。套筒灌浆前应确保底部坐浆料达到设计强度（一般需 24 h），避免套筒压力注浆时出现漏浆现象，灌浆料初始流动性需大于或等于 300 mm，30 min 流动性需大于或等于

260 mm，同时每个班组施工时留置1组试件，每组试件3个试块，分别用于1 d、3 d、28 d抗压强度试验，试块规格为40 mm×40 mm×160 mm，灌浆料3 h竖向膨胀率需大于或等于0.02%，灌浆料检测完成后，开始灌浆施工。

套筒灌浆时，灌浆料使用温度不宜低于5 ℃，灌浆压力为1.2 MPa，灌浆料从下排孔开始灌浆，待灌浆料从上排孔流出时，封堵上排流浆孔，直至封堵最后一个灌浆孔后，持压30 s，确保灌浆质量，套筒及灌浆料需配套使用。

8.4.2 直螺纹套筒连接

8.4.2.1 基本原理

直螺纹套筒连接接头施工工艺原理是将钢筋待连接部分剥肋后滚压成螺纹，利用连接套筒进行连接，使钢筋丝头与连接套筒连接为一体，从而实现了等强度钢筋连接。直螺纹套筒连接的种类主要有冷镦粗直螺纹、热镦粗直螺纹、直接滚压直螺纹、挤(碾)压肋滚压直螺纹。

8.4.2.2 材料与机械设备

(1) 材料准备

① 钢套筒应具有出厂合格证。套筒的力学性能必须符合规定，表面不得有裂纹、折叠等缺陷。套筒在运输、储存过程中，应按不同规格分别堆放，不得露天堆放，防止锈蚀和沾污。

② 钢筋必须符合国家标准的要求，还应有产品合格证、出厂检验报告和进场复验报告。

(2) 施工机具

其施工机具主要有：钢筋直螺纹剥肋滚丝机、力矩扳手、牙型规、卡规、直螺纹塞规。

8.4.2.3 注意事项

(1) 钢筋先调直再下料，切口端面与钢筋轴线垂直，不得呈马蹄形或挠曲，不得采用气割。

(2) 钢筋下料及螺纹加工时需符合下列规定：

① 设置在同一个构件内的同一截面受力钢筋的位置应相互错开。同一截面的接头百分率不应超过50%。

② 钢筋接头端部离钢筋受弯点的距离不得小于钢筋直径的10倍。

③ 钢筋连接套筒的混凝土保护层厚度应满足现行国家标准《混凝土结构设计规范》(GB 50010—2010)中的相应规定，且不得小于15 mm，连接套筒之间的横向净距不宜小于25 mm。

④ 钢筋端部平头使用钢筋切割机进行切割，不得采用气割。切口断面应与钢筋轴线垂直。

⑤ 按照钢筋规格所需要的调试棒调整好滚丝头内孔最小尺寸。

⑥ 按照钢筋规格更换涨刀环，并按规定的丝头加工尺寸调整好剥肋加工尺寸。

⑦ 调整剥肋挡块及滚轧行程开关位置，保证剥肋及滚轧螺纹长度符合丝头加工尺寸的规定。

⑧ 丝头加工时应用水性润滑液，不得使用油性润滑液。当气温低于0 ℃时，应掺入15%～20%亚硝酸钠。严禁使用机油作切割液或不加切割液加工丝头。

⑨ 钢筋丝头加工完毕经检验合格后，应立即戴上丝头保护帽或拧上连接套筒，防止装卸钢筋时损坏丝头。

(3)钢筋连接时需符合以下规定：

① 连接钢筋时，钢筋规格和连接套筒规格应一致，并确保钢筋和连接套筒的丝扣干净、完好无损。

② 连接钢筋时应对准轴线将钢筋拧入连接套筒中。

③ 必须用力矩扳手拧紧接头。力矩扳手的精度为±5%，要求每半年用扭力仪检定一次。力矩扳手不使用时，将其力矩值调整为零，以保证其精度。

④ 连接钢筋时应对正轴线将钢筋拧入连接套筒中，然后用力矩扳手拧紧。拧紧后的接头应做上标记，防止钢筋接头漏拧。

⑤ 钢筋连接前要根据所连接钢筋直径将力矩扳手上的游动标尺刻度调定在相应的位置上，即按规定的力矩值，使力矩扳手沿钢筋轴线均匀加力。当听到力矩扳手发出"咔嚓"声响时即停止加力(否则会损坏扳手)。

⑥ 连接水平钢筋时必须从一头往另一头连接，不得从两边往中间连接，连接时两人面对面站立，一人用扳手卡住已连接好的钢筋，另一人用力矩扳手拧紧待连接钢筋并按规定的力矩值进行连接，这样可避免弄坏已连接好的钢筋接头。

⑦ 使用扳手拧紧钢筋接头时，只要达到力矩扳手调定的力矩值即可，拧紧后按表 8-2 检查。

表 8-2 直螺纹钢筋接头拧紧力矩值

序号	钢筋直径/mm	拧紧力矩值/(N·m)
1	≤16	100
2	16～20	200
3	22～25	260
4	28～32	320

⑧ 接头拼接完成后，应使两个丝头在套筒中央位置相互顶紧，套筒的两端不得有一扣以上的完整丝扣外露，加长型接头的外露扣数不受限制，但应有明显标记，以检查进入套筒的丝头长度是否满足要求。

8.4.3 浆锚连接

(1) 基本原理

浆锚连接是一种安全可靠、施工方便、成本相对较低的可保证钢筋之间力的传递的有效连接方式。在预制柱、预制剪力墙内插入预埋专用螺旋棒，在混凝土初凝之后旋转取出，形成预留孔道；在孔道外侧钢筋连接范围内设置附加螺旋箍筋，将钢筋插入预留孔道，然后在孔道内注入微膨胀高强灌浆料形成的连接方式即为浆锚连接。

纵向钢筋采用浆锚搭接连接时，对预留孔成孔工艺、孔道形状和长度、构造要求、灌浆料和被连接的钢筋，应进行力学性能以及适用性的试验验证。直径大于 20 mm 的钢筋不宜采用浆锚搭接连接，直接承受动力荷载构件的纵向钢筋不应采用浆锚搭接连接。

（2）钢筋浆锚连接的性能要求

钢筋浆锚连接用灌浆料性能可参照现行行业标准《装配式混凝土结构技术规程》（JGJ 1—2014）的要求执行，具体性能要求见表8-3。

表8-3 钢筋浆锚连接用灌浆料性能要求

项目		性能指标
泌水率/%		0
流动度/mm	初始值	≥200
	30 min保留值	≥150
竖向膨胀率/%	3 h	≥0.02
	24 h与3 h的膨胀率之差	0.02～0.5
抗压强度/MPa	1 d	≥35
	3 d	≥55
	28 d	≥80
氯离子含量/%		≤0.06

（3）浆锚灌浆连接施工要点

① 因设计时对抗震等级和高度有一定的限制，因此，浆锚灌浆连接在预制剪力墙的连接时使用较多。预制框架体系中的预制立柱的连接一般不宜采用浆锚灌浆连接。约束浆锚搭接连接的主要缺点是预埋螺旋棒必须在混凝土初凝后取出来，须对取出时间、操作规程掌握得非常好，预埋螺旋棒取早了易塌孔，晚了预埋螺旋棒取不出来。因此，成孔质量很难保证，如果孔壁出现局部混凝土损伤（微裂缝），对连接质量有影响。比较理想的做法是给预埋棒刷缓凝剂，成型后冲洗预留孔，但应注意孔壁冲洗后是否满足约束浆锚连接的相关要求。

② 注浆时可在一个预留孔上插入连通管，防止由于孔壁吸水导致灌浆料的体积收缩，连通管内灌浆料回灌，保持注浆部位充满。

8.4.4 牛担板连接

（1）基本原理

牛担板的连接方式是采用整片钢板为主要连接件，通过栓钉与混凝土的连接构造来传递剪力，主要应用于主次梁的连接。牛担板示意图如图8-9所示。

（2）设计要点

牛担板宜选用Q235B钢；次梁端部应伸出牛担板且伸出长度不小于30 mm；牛担板在次梁内的埋置长度不小于100 mm，在次梁内的埋置部分两侧应对称布置抗剪栓钉，栓钉直径及数量应根据计算确定；牛担板厚度不应小于栓钉直径的60%；次梁端部1.5倍梁高范围内，箍筋间距不应大于100 mm。预制主梁与牛担板连接处应采用企口，企口下方应设置预埋件。安装完成后，企口内应采用灌浆料填实。

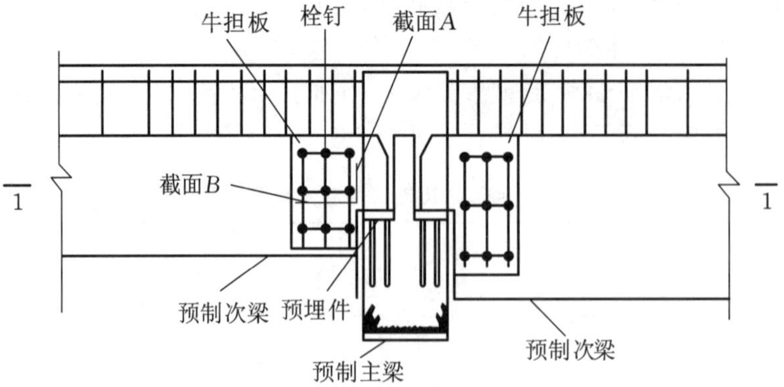

(a)

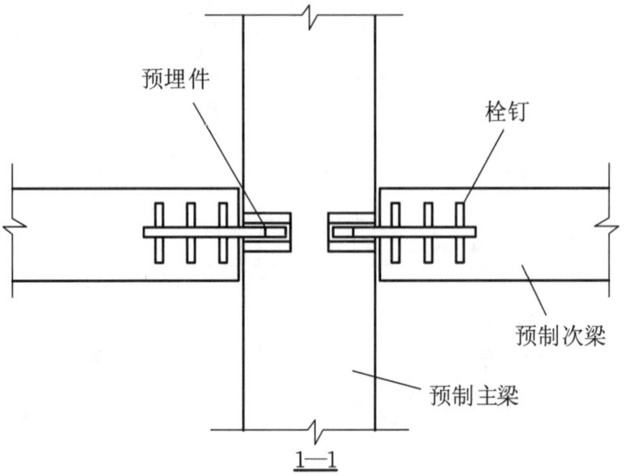

(b)

图 8-9　牛担板示意图

牛担板企口接头的承载力验算应符合下列规定：

① 牛担板企口接头应能够承受施工及使用阶段的荷载。

② 应验算牛担板截面 A 处[图 8-9(a)]在施工及使用阶段的抗弯、抗剪强度。

③ 应验算牛担板截面 B 处[图 8-9(a)]在施工及使用阶段的抗弯强度。

④ 应验算凹槽内部灌浆料未达到设计强度前，牛担板外挑部分的稳定承载力。

⑤ 各栓钉承受的剪力可参照高强度螺栓群剪力计算公式计算，栓钉规格应根据计算剪力确定。

⑥ 应验算牛担板搁置处的局部受压承载力。

8.4.5　螺栓连接

螺栓连接是用螺栓和预埋件将预制构件与预制构件或预制构件与主体结构进行连接。前面介绍的套筒灌浆连接、浆锚搭接连接等都属于湿连接，螺栓连接属于干连接。

(1) 螺栓连接在装配整体式混凝土结构中的应用

装配整体式混凝土结构中，螺栓连接仅用于外挂板和楼梯等非主体结构构件的连接。

外挂板的安装节点是螺栓连接，如图 8-10 所示。

螺栓连接是楼梯与主体结构的连接方式之一，如图 8-11 所示。

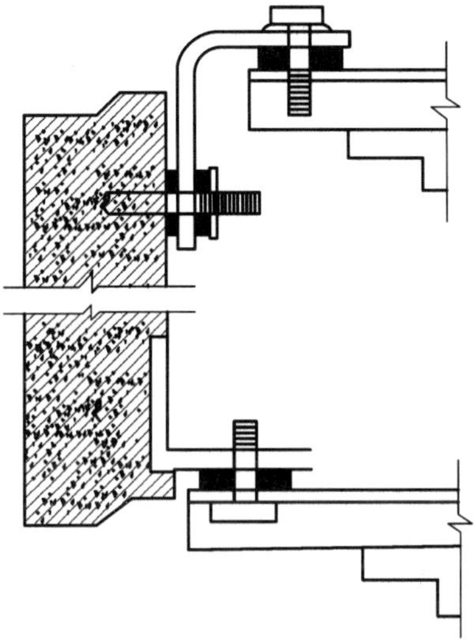

图 8-10　外挂板连接示意图

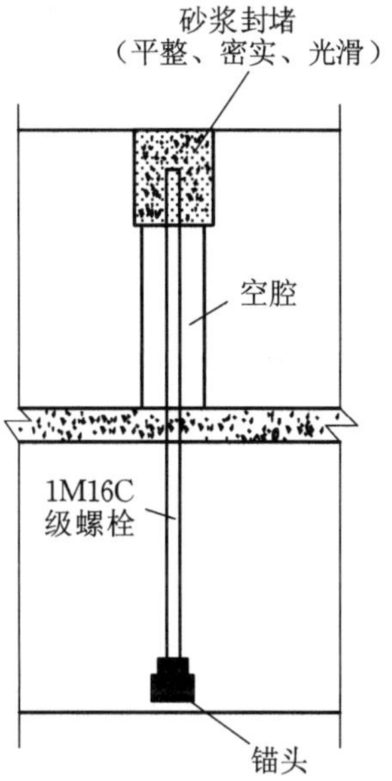

图 8-11　螺栓连接示意图

(2) 螺栓连接在全装配式混凝土结构中的应用

螺栓连接是全装配式混凝土结构的主要连接方式，可以连接结构柱、梁。非抗震设计或低抗震设防烈度设计的低层或多层建筑，当采用全装配式混凝土结构时，可用螺栓连接主体结构。

习　　题

8-1　装配式混凝土结构体系包括哪些？

8-2　装配式建筑结构常用构件有哪些？

8-3　简述装配式混凝土结构安装前的准备工作。

8-4　简述装配式剪力墙结构的施工特点。

8-5　预制构件的场地有哪些要求？

8-6　简述预制墙板安装流程。

8-7　预制楼板安装应符合哪些要求？

8-8　简述浆锚灌浆连接的施工要点。

9 BIM工程施工技术

【本章要点】

本章主要内容包括BIM技术基本知识、BIM施工模拟技术的应用、BIM的施工应用及模型导入等。本章的教学重点为BIM施工模拟技术的应用、BIM的施工应用及模型导入。

【学习目标】

掌握:BIM施工模拟技术的应用、BIM的施工应用及模型导入。

熟悉:BIM技术的优势,BIM技术在工程施工中的作用。

了解:BIM技术的概念。

9.1 BIM技术基本知识

CAD技术将建筑师、工程师们从手工绘图推向计算机辅助制图,实现了工程设计领域的第一次信息革命。但是此信息技术对产业链的支撑作用是断点的,各个领域和环节之间没有关联,从产业整体来看,信息化的综合应用明显不足。BIM是一种技术、一种方法、一种过程,它既包括建筑物全生命周期的信息模型,同时又包括建筑工程管理行为的模型,它将两者进行完美的结合来实现集成管理,它的出现将可能引发整个A/E/C(Architecture/Engineering/Construction)领域的第二次革命。

9.1.1 BIM技术较二维CAD技术的优势

(1) 基本元素

BIM技术中基本元素(如墙、窗、门等)不但具有几何特性,同时还具有建筑物理特征和功能特征。

(2) 修改图元位置或大小

BIM技术中所有图元均为参数化建筑构件,附有建筑属性;在"族"的概念下,只需要更改属性,就可以调节构件的尺寸、样式、材质、颜色等。

(3) 各建筑元素间的关联性

BIM技术中各个构件是相互关联的,例如删除一面墙,墙上的窗和门跟着自动删除;删除一扇窗,墙上原来窗的位置会自动恢复为完整的墙。

(4) 建筑物整体修改

BIM技术中只需进行一次修改,则与之相关的平面、立面、剖面、三维视图、明细表等都会自动修改。

(5) 建筑信息的表达

BIM技术中包含了建筑的全部信息,不仅提供形象可视的二维图纸和三维图纸,而且提供工程量清单,以及施工管理、虚拟建造、造价估算等更加丰富的信息。

9.1.2 BIM技术在工程施工中的作用

(1) BIM的可视化平台可以让业主随时检查其设计是否符合自己的要求,且BIM技术所带来的价值优势是巨大的,如能缩短工期、早期得到可靠的工程预算、得到高性能的项目结果、方便设备管理与维护等。

(2) 优化进度计划,相比传统的横道图,BIM 4D可直观地模拟施工过程,以检验施工进度计划是否合理有效。

(3) 模拟施工现场,更合理地安排物料堆放、物料运输路径及大型机械位置。

(4) 跟踪项目进程,可以快速辨别实际进度是否提前或滞后。

(5) 使各参与方与各利益相关者能更有效地沟通。

9.2 BIM施工模拟技术的应用

通过BIM技术建立建筑物的几何模型和施工过程模型,可以实现对施工方案进行实时、交互和逼真的模拟,进而对已有的施工方案进行验证、优化和完善,逐步代替传统的施工方案编制方式和方案操作流程。在对施工过程进行三维模拟操作中,能预知在实际施工过程中可能遇到的问题,提前避免和减少返工以及资源浪费的现象,优化施工方案,合理配置施工资源,节省施工成本,加快施工进度,控制施工质量,以达到提高建筑施工效率的目的。

9.2.1 施工方案模拟体系流程

施工方案模拟体系流程如图9-1所示。

从体系架构中可以看出,在建筑工程项目中使用虚拟施工技术,将会是个庞杂繁复的系统工程,其中包括建立建筑结构三维模型、搭建虚拟施工环境、定义建筑构件的先后顺序、对施工过程进行虚拟仿真、管线综合碰撞检测以及最优方案判定等不同阶段,同时也涉及建筑、结构、水暖电、安装、装饰等不同专业、不同人员之间的信息共享和协同工作。

9.2.2 BIM施工方案模拟技术应用

施工方案模拟应用于建筑工程实践中,首先需要应用BIM软件Revit来创建三维数字化建筑模型,然后从该模型中自动生成二维图形信息及大量相关的非图形化的工程项目数据信息。借助于Revit强大的三维模型立体化效果和参数化设计能力,可以协调整个建筑工程项目信息管理,增强与客户的沟通能力,及时获得包括项目设计、工作量、进度和运算方面的信息反馈,在很大程度上减少协调文档和数据信息不一致所造成的资源浪费。用Revit根据所创建的BIM模型可方便地转换为具有真实属性的建筑构件,促使视觉形体研究与真实的建筑构件相关联,从而实现BIM中的虚拟施工技术。

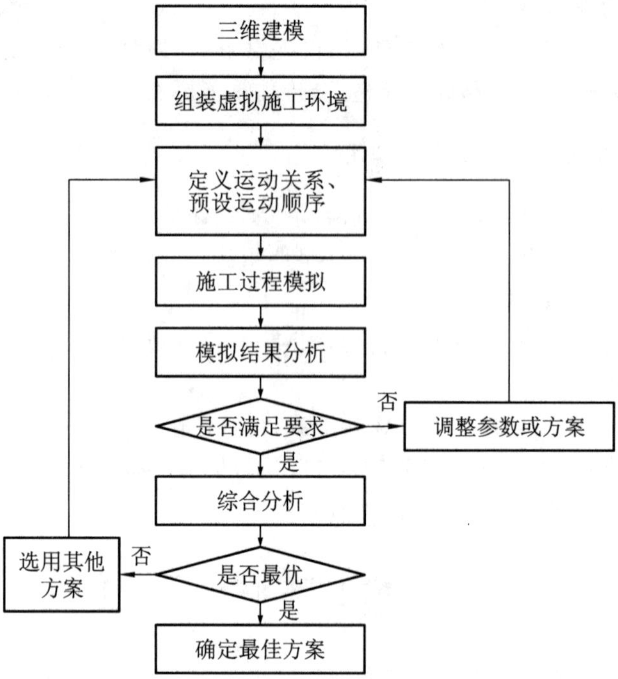

图 9-1　施工方案模拟体系流程

9.3　BIM 施工应用及模型导入

9.3.1　BIM 技术施工应用的准备工作

9.3.1.1　实施总体安排

(1) BIM 实施评估流程

由 BIM 目标应用及流程确定 BIM 信息交换要求和基础设施要求。BIM 实施前的评估流程如图 9-2 所示。

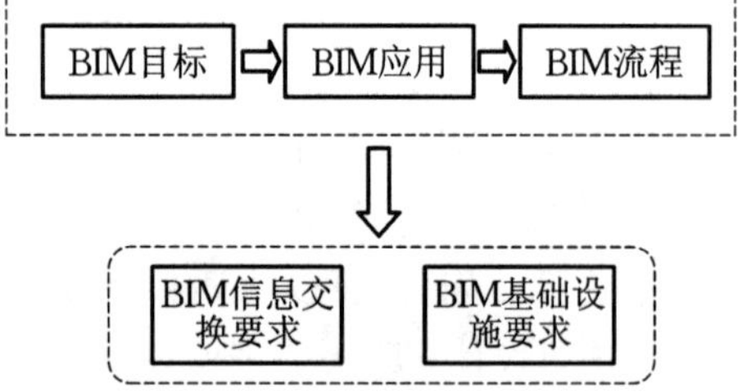

图 9-2　BIM 实施前的评估流程

在实际操作过程中，根据项目的特点，结合参建各方对 BIM 系统的实际操控能力，对比 BIM 主导单位制定的目标，可在施工过程中实施的 BIM 应用有：

① 模型维护；

② 深化设计——三维协调；

③ 施工方案模拟；

④ 施工总流程演示；

⑤ 工程量统计；

⑥ 材料管理；

⑦ 现场管理。

(2) BIM 模型实施团队组织安排

BIM 作为一项全新的技术手段,推动传统建筑行业变革,也必将产生新的工作岗位和职责需求,这就使得 BIM 总监的职位应运而生。BIM 总监由业主指定,旨在传递业主的投资理念和项目诉求。BIM 总监代表业主制定设计任务书和 BIM 要求,接受设计单位交付的 BIM 成果,控制 BIM 模型的质量,形成基于 BIM 的数据库。投资顾问、工程监理、施工单位各条线技术人员共享建筑信息资料,投资顾问根据 BIM 数据库提取工程量清单,形成投资成本分析;工程监理和施工单位根据 BIM 数据库确定施工内容,制定施工方案,组织安排生产。

BIM 的精髓在于协同,协同的方式包括共享和同步,在这样一个理想的组织机构内,由 BIM 团队来产生和维护 BIM 数据库,其他各利益集团共享数据,并随之产生新的数据,新的数据再次共享,不同利益集团各取所需,充分发挥 BIM 应用的巨大优势。以施工单位为主导的理想 BIM 团队组织构架如图 9-3 所示。

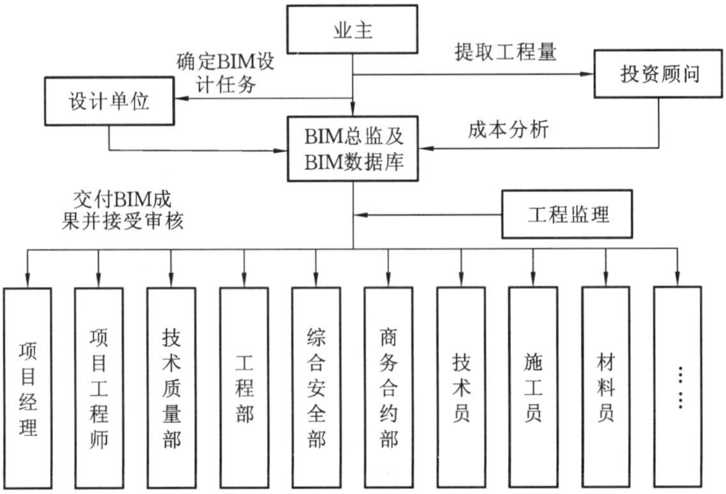

图 9-3　以施工单位为主导的理想 BIM 团队组织构架

(3) BIM 模型应用工作的内容安排

每一个特定的 BIM 应用都有其详细的工作顺序,包括每个过程的责任方、参考信息的内容和每一个过程中创建和共享的信息交换要求。

以某工程为例,项目 BIM 策划实施背景为:

① 设计单位仅提供二维图纸。

② 施工总承包单位根据设计资料构建模型,并管理 BIM 模型。

③ 分包单位负责深化设计模型及配合工作。

④ BIM 模型应用包括如下内容:

a.模型维护:通过信息添加和深化设计,将施工图模型提升至竣工图模型。

b.预制加工:利用三维模型,工厂化预制生产加工管道及构件。

c.三维协调:综合设计协调,排除建筑、结构、机电、装饰等专业间的冲突。

d.快速成型:采用三维打印或数字化机床生产加工异型构(配)件。

e.三维扫描:三维扫描测量及放线定位。

f.材料管理：材料跟踪及物流管理。

g.虚拟施工：虚拟施工演示并优化施工方案。

h.进度模拟：施工进度模拟。

i.现场管理：现场安全及场地控制。

j.工程量计算及分析：工程量统计及成本分析。

BIM 模型应用实施的内容如表 9-1 所示。

表 9-1 BIM 模型应用实施

类别	内容
模型构建	完成模型构建，根据设计资料信息（包括材质等），表现设计意图及功能要求，具体工作内容包括： ①三维可视化是 BIM 应用的重要内容，在构建模型后，建筑、结构、机电各专业应先沟通，检查模型与设计方案差异。 ②对模型的检查主要集中在对工程量统计的对比、设计模型的零碰撞检查和构件的材料、规格检查等方面。 ③工程量统计的对比：进行模型自导工程量与业主提供工程量清单的对比，对比时不仅要控制总量，重点还要控制按构件类型划分的分量，分量不合格的模型不能视为正确的模型，应提交业主，要求设计单位修改。 ④设计模型的零碰撞检查：进行建筑、结构、机电各专业之间的碰撞检查分析工作，有碰撞问题及时提交业主，要求设计单位修改。 ⑤构件的材料、规格检查：针对设计说明及设计图纸中表达的内容，对照模型进行逐一确认，保证模型的材质、规格等信息和 2D 图纸中的表述一致。 ⑥根据工程难点、特点，以及业主关注的重点，安排足够的技术人员进行三维可视化制作，进行建筑、结构、机电各专业的功能化分析
三维管线综合协调	在复杂的工程中，存在种类繁多的机电管线与建筑结构的空间碰撞问题，碰撞结果输出的形式、碰撞问题描述的详细程度、找寻碰撞位置的方法，在 BIM 软件中均有较成熟的应用方案。三维管线综合协调的工作内容为： ①三维管线综合协调为工程的重要内容，在接收设计模型后，应首先与设计方、业主沟通，确定模型的分区范围。 ②根据土建施工进度计划，充分估计到审批流程的时间，制订详细的深化设计、碰撞检测、材料加工、设备采购、机电安装的完成计划。 ③根据深化设计的进度，进行建筑、结构、机电各专业之间的三维碰撞协调分析，对于体量较小的单体建筑，一次完成全部碰撞检查；对于体量较大的单体建筑，可采用分层分区的方式逐次完成碰撞检查
模型维护	完成施工建模、输入施工信息，达到竣工模型要求，其工作内容为： ①完成日常的施工建模工作，包括临时辅助设施、支撑、体系等。按照项目 BIM 规划的要求，参考工程部进度计划条目命名方式，完成模型构件命名。 ②按照设计说明及设计图纸中的表达，根据材料报审审批情况，完成构件材料综合信息输入。 ③根据工程进度，输入主要建筑构件、设备的施工安装时间，主要依据为挖土令、浇灌令、打桩令、吊装令等。 ④综合考虑运营管理对信息的基本要求，为运营管理阶段的使用，建立模型信息基础

续表 9-1

类别	内容
工程量统计	通过对日常模型的维护，完善工程量的统计，为工程决算提供计算依据。其工作内容为： ①根据施工模型，对照设计变更单、业主要求等模型修改依据，完成工程量统计。 ②建立反映施工进度成本管理的 5D 模型，估算成本消耗情况，将资源消耗、现金流情况、成本分析，每月报总包商务部门。 ③阶段工程实物量的统计，配合阶段工程款申请。 ④根据最终的竣工模型，提供工程决算的计算依据
施工进度模拟与方案演示	施工进度模拟可以形象直观、精确地反映整个项目的施工过程和重要环节，其工作内容为： ①在项目建造过程中合理制定施工方案，掌握施工工艺方法。 ②优化使用施工资源以及科学地进行场地布置，对整个工程的施工进度、资源和质量进行统一管理和控制，以缩短工期、降低成本、提高质量。 ③应根据月、季、年进度计划制定施工总流程，并以双周周报、月报的形式进行提交。 ④对照实际发生成本，进行全过程成本监控。 ⑤根据施工进度情况，动态调整施工总流程模型，在调整中对重要节点进行监控，如深化设计时间、加工时间、设备采购时间、安装时间等，发现问题，立即上报，避免影响工程进度
施工方案优化	施工方案优化主要通过对施工方案的经济、技术比较，选择最优的施工方案，达到加快施工进度并能保证施工质量和施工安全，降低消耗的目的。 施工方案的优化有助于提升施工质量和减少施工返工。通过三维可视化的 BIM 模型，可使沟通的效率大大提高。BIM 模型代替图纸成为施工过程中的交流工具，提升了施工方案优化的质量。施工方案优化的工作内容为： ①对于存在较大争议的施工方案，围绕技术可行性、工期、成本、安全等方面进行方案优化。 ②施工方案演示及优化的资料，应在施工方案报审中体现，并作为施工方案不可缺少的一部分提交业主和监理审批。 ③在施工组织设计编制阶段，应明确施工方案 BIM 演示的范围，深刻理解“全寿命、全过程”的含义，挑选重要的施工环节进行施工方案演示。“重要”环节指的是：结构复杂、施工工艺复杂、影响因素复杂的施工环节。 ④紧密联系专项施工方案的编制，动态调整模型，此模型不用于工程量统计和信息录入，仅作为施工演示。 ⑤施工方案应满足清晰、直观、详细的要求，反映施工顺序和施工工艺
BIM 竣工模型提交和过程记录	工作内容为： ①根据工程分部分项验收步骤，不晚于分部分项验收时间内提交分部分项竣工模型。 ②基于 BIM 的项目管理工作，探索以 BIM 工具来实现项目管理的质量控制目标、进度控制目标、投资控制目标和安全控制目标，真正改变传统建筑业的粗放式的管理现状，实现精细化的管理。 ③BIM 应用的过程资料非常重要，为此，要求形成 BIM 操作全过程记录，对于重点原则和操作的内容，形成相应的规章制度，所形成的资料作为后续或其他工程的参考

9.3.2 BIM 施工数据准备

数据准备即 BIM 数据库的建立及提取。BIM 数据库是每个具体项目海量数据创建、承载、管理、共享支撑的平台。企业将每个工程项目 BIM 模型集成在一个数据库中，即形成了企业级的 BIM 数据库。BIM 技术能自动计算工程实物量，因此 BIM 数据库也包含量的数据。BIM 数据库可承载工程全生命周期几乎所有的工程信息，并且能建立起 4D(3D 实体＋时间)关联关系数据库。这些数据信息在建筑全过程中动态变化，并可以及时、准确地调用系统数据库中包含的相关数据，加快决策进度、提高决策质量，从而提高项目质量，降低项目成本，增加项目利润。BIM 数据库对整个工程项目的意义见表 9-2。

表 9-2　BIM 数据库对整个工程项目的意义

意义要点	具体内容
快速算量，精度提升	通过建立 6D 关联数据库，可以准确、快速计算工程量，提升施工预算的精度与效率，由于 BIM 数据库的数据粒度达到构件级，可以快速提供支撑项目各条线管理所需的数据信息，有效提升施工管理效率
数据库调用，决策支持	BIM 数据库中的数据具有可计(computable)的特点，大量工程相关的信息可以为工程提供数据后台的巨大支撑。BIM 中的项目基础数据可以在各管理部门间进行协同和共享，工程量信息可以根据时空维度、构件类型等进行汇总、拆分、对比分析等，保证工程基础数据得以及时、准确地提供，为决策者进行工程造价项目群管理、进度款管理等方面的决策提供依据
精确计划，减少浪费	施工企业精细化管理很难实现的根本原因在于无法快速、准确获取海量的工程数据以支持资源计划，致使经验主义盛行。而 BIM 的出现可以让相关管理条线快速、准确地获得工程基础数据，为施工企业制订精确的人、材、机计划提供有效支撑，大大减少了资源、物流和仓储环节的浪费，为实现限额领料、消耗控制提供了技术支撑
多算对比，有效管控	管理的支撑是数据，项目管理的基础就是工程基础数据的管理，及时、准确地获取相关工程数据就是项目管理的核心竞争力。BIM 数据库可以实现任一时点上工程基础信息的快速获取，通过合同，计划与实际施工的消耗量，分项单价、分项合价等数据的多算对比，可以有效了解项目运营是盈是亏，消耗量有无超标，进货分包单价有无失控等问题，实现对项目成本风险的有效管控

9.3.3 BIM 模型导入、检查及优化

9.3.3.1 BIM 模型导入、检查流程及要求

(1) 模型导入与检查工作流程

iTWO 一直倡导有效利用 BIM 数据和最大化 BIM 的价值。在应用过程中，反复强调 BIM 概念中的“I”(信息元素)的重要性。要将设计模型升华，需加入建筑信息，丰富模型内涵，扩展模型应用面。在模型中输入的建筑数据将贯穿建筑与基建的整个流程和价值链——包括预算编制和投标处理、估价、建造管理、协作平台、成本控制、采购管理等各个方面。

因此，设计端的模型导入前，需要按照 iTWO 的建模规则进行检查，并且添加必要的属性信息，主要进行的工作包括以下几项：

① 构件的几何搭接关系：主要作用是提前设置好构件之间的搭接关系，再由算量组根据项目及规范要求，通过编辑公式实现扣减关系，以满足不同构件重合部分混凝土的归属要求，达到规范的要求。

② 构件信息属性的添加：主要作用是给构件添加各种不同的信息属性，后期各模块可以通过构件拥有的不同信息进行构件的筛选，从而快速、准确地提取想要的构件，方便各模块工作人员对模型的使用。

③ BIM 数据调优器：查看构件的分类及完整性，调整构件属性信息，修复不容易计算的构件，以满足 iTWO 的计算要求。

④ 冲突报告：检查构件不符合要求的碰撞，通过构件信息及图片形成冲突报告。

⑤ 三维模型算量：可根据不同需求检查模型属性信息是否有遗漏及错误。

(2) BIM 模型对象属性信息要求

为了满足后期算量、计价、施工管理、总控等模块的要求，可以通过构件拥有的不同信息进行构件的筛选，从而快速、准确地提取想要的构件，方便各模块工作人员对模型的使用，需要对设计阶段的 BIM 模型添加必要的属性信息。属性信息添加的基本原则为：利用建模工具的属性和单元名称准确表述对象的内涵，各种对象属性命名统一。

9.3.3.2 BIM 模型导入

(1) 模型轻量化处理

为了缩小 Revit 文件的体量以及删除多余的信息，在模型交付的时候，需要对 Revit 文件进行清理。

模型清理包含三个方面：清除外部链接文件、清除内部多余的族构件和清除多余的视图样板等。

① 清除外部链接文件：通过管理面板下的“管理链接”删除多余的外部链接模型和参考图纸。

② 清除内部多余的族构件：通过管理面板下的“清除未使用项”来清理多余的族构件、模型组和样式。

③ 清除多余的视图样板：通过“视图”→“视图样板”→“查看样板设置”来清除多余的视图样板。

(2) 模型导出详细程度和图形质量要求

为了确保工作流程迅速进行，首先需要限制的是数据大小。减少导出几何模型(及其后台的数据)的数量可以达到以下目的：

① 提高导出过程的效率；

② 缩减导出文件的大小；

③ 优化导入应用。

在导出文件中去除干扰信息(非必需属性)，从而免去在导入过程中重复删除这些对象所需工作量。

指定模型详细程度，可选择粗略或中等，以减少 Revit 视图的详细数据量，从而减少导出对象的数量，控制导出文件的大小，这同样可以使导入程序性能更佳。

对于冲突检测或可视化，缩减数据大小的其他选项如下：

① 关闭图形的可视状态。即适当地隐藏视图中的元素种类。例如，可以从 3D 视图的省略地形导出，如果只想渲染一个建筑外观，就可以隐藏在建筑物内部出现的对象。这样可以减少对象的数量，减少从 Revit 导入到另一个应用程序的数据量，从而提高性能。

② 使用区域裁剪。定义特定部分的导出，建议使用三维视图中或二维视图中的区域裁剪。完全落于裁剪区域外的元素将不被包括在导出文件中。这种方法对大型模型特别有用。例如，对于办公楼会议室的室内渲染，使用区域裁剪只导出会议室的 3D 视图，省略建筑其余部分。

9.3.3.3　BIM 模型检查与优化

(1) 新建项目

① 在 iTWO 中，需要新建一个项目，然后才可以导入模型数据。

② 点击屏幕左下角的“Navigation”按钮，启动 iTWO 导航。

③ 在目标项目文件集合上点击右键，选择“新建”项目，创建新项目。

(2) BIM 数据检查

模型在导入 iTWO 过程中，必须使用 BIM 数据调优器对模型进行检查。

(3) 与算量相关的模型检查

在算量计价模块中，可以进行与算量相关的模型检查。通过组件类型，检查楼层信息、材质、混凝土强度等级、注释等信息是否正确、完整，以保证后期算量模块可以提取到对应的信息。

(4) 冲突报告

通过与建筑、结构和机电(MEP)模型整合，iTWO 可以进行跨平台、跨专业的冲突检测，同时利用 iTWO 的模型分析规则对模型的 BIM 信息进行检查。具体操作步骤如下：

① 右击项目，新建“冲突报告”。

② 进入设置定义窗口，通过过滤器筛选所需的构件。

③ 建立多个动态选择集，用来运行冲突检测。

④ 切换到冲突检测窗口，在计算运行面板内添加“计算运行”，点击“计算”按钮，开始进行碰撞计算。

⑤ 进入冲突结果窗口查看碰撞结果，对有意义的碰撞可以添加说明，建立冲突组。

习　　题

9-1　BIM 技术在工程施工中有何作用？

9-2　简述施工方案模拟体系的流程。

9-3　BIM 模型应用包括哪些内容？

9-4　施工进度模拟具有什么特点？

9-5　施工方案可以通过哪些方面进行优化？

9-6　设计端的模型导入主要进行哪些工作？

参考文献

[1]徐伟,吴水根.土木工程施工基本原理[M].2版.上海:同济大学出版社,2021.
[2]穆静波,侯敬峰.土木工程施工[M].3版.北京:中国建筑工业出版社,2020.
[3]韩俊强,袁自峰.土木工程施工技术[M].2版.武汉:武汉大学出版社,2017.
[4]程国强.BIM工程施工技术[M].北京:化学工业出版社,2019.
[5]王鑫,赵腾飞.装配式混凝土结构施工技术与管理[M].北京:化学工业出版社,2019.
[6]刘将.土木工程施工[M].西安:西安交通大学出版社,2021.
[7]宫海.装配式混凝土建筑施工技术[M].北京:中国建筑工业出版社,2020.
[8]赵学荣,陈烜.土木工程施工[M].2版.北京:清华大学出版社,2020.
[9]康玉梅.土木工程施工[M].2版.北京:中国建筑工业出版社,2020.
[10]李伟,张洪军.施工项目管理中的BIM技术应用[M].北京:化学工业出版社,2019.
[11]黄延铮,魏金桥.装配式混凝土建筑施工技术[M].郑州:黄河水利出版社,2017.
[12]全国二级建造师执业资格考试用书编写委员会.建筑工程管理与实务[M].北京:中国建筑工业出版社,2019.